文化商丘 应天文化

主　编　刘玉杰

本卷著者　郭文佳　韩　坤　龙坡涛

中华书局

图书在版编目(CIP)数据

文化商丘·应天文化/刘玉杰主编;郭文佳,韩坤,龙坡涛本卷著. —北京:中华书局,2020.11
ISBN 978-7-101-14762-9

Ⅰ.文… Ⅱ.①刘…②郭…③韩…④龙… Ⅲ.①地方文化-商丘②文化史-商丘-北宋 Ⅳ.G127.613

中国版本图书馆 CIP 数据核字(2020)第 174376 号

书　　名	文化商丘·应天文化
主　　编	刘玉杰
本卷著者	郭文佳　韩　坤　龙坡涛
丛 书 名	文化商丘
责任编辑	许旭虹　徐麟翔
出版发行	中华书局
	(北京市丰台区太平桥西里 38 号　100073)
	http://www.zhbc.com.cn
	E-mail:zhbc@zhbc.com.cn
印　　刷	北京瑞古冠中印刷厂
版　　次	2020 年 11 月北京第 1 版
	2020 年 11 月北京第 1 次印刷
规　　格	开本/710×1000 毫米　1/16
	印张 14¼　插页 2　字数 168 千字
印　　数	1-3050 册
国际书号	ISBN 978-7-101-14762-9
定　　价	78.00 元

文化商丘编委会

编委会主任：王战营

编委会副主任：张建慧

执行副主任：王全周

主编：刘玉杰

副主编：李可亭　郭文剑

编委会委员

刘玉杰　赵云峰　李可亭　刘秀森　郭文剑
王良田　朱凤祥　郭文佳　王　纲　陈功文
张学勇　刘正义　刘万华　刘少杰　王小块
李月英

序　一

　　商丘历史文化悠久厚重，是华夏文明和中华民族的发祥地之一。华夏文明上下五千年在商丘没有中断过。作为一名历史文化工作者，我一直对商文化抱着深厚兴趣。过去从众多的历史文献典籍中，零星碎片地了解一些。今商丘市以高度的文化自信和文化自觉，以商文化为主脉，集合火文化、古城文化、圣人文化、汉梁文化等文化形态，以历史教科书形式，编纂这么一套文化丛书，读之如渴在临泉清，饿在闻肉味，实则欣喜，大呼过瘾，故为之序。

　　《诗经》《史记》等史籍都记载说："天命玄鸟，降而生商。""商"作为地名，在五帝时期就有了。黄帝和少皞时代，东夷氏族群中的玄鸟族西迁至商丘，战胜了土著人，建了第一座都城，名为"商"，后来又以地名为族名，产生了商部族。商文化在我国历史文化中地位十分重要。搞清楚它的历史渊源、发展脉络、基本走向，它的独特创造、价值理念、鲜明特色，对增强文化自信和价值观自信有着重要意义。习近平总书记说："不忘本来才能开辟未来，善于继承才能更好创新。"

　　我从事文物、古城保护工作多年，经常关注有关古城建设方面的知识。试想，当时的玄鸟族为什么选择商这个地方定居并建城呢？我国众多的古代文献显示，古代先民选择定居地点是很讲究的。出于对生存环境和防御需要的考虑，先民们往往对周边的生态环境格外关注。西汉时期的晁错就曾向皇帝建议在"移民实边"时，必须考虑生态环境。

他说："臣闻古之徙远方以实广虚也，相其阴阳之和，尝其水泉之味，审其土地之宜，观其草木之饶，然后营邑立城，制里割宅，通田作之道，正阡陌之界，先为筑室，家有一堂二内，门户之闭，置器物焉，民至有所居，作有所用，此民所以轻去故乡而劝之新邑也。"（《汉书·晁错传》）可见古人在考虑新的居住环境时，要选择那些水质甘美、土地肥沃、草林茂盛的地方，继而加以规划，开辟道路，建造房屋，合理安排居室结构，如此才能在发展农业的同时，使人们对新的居住环境感到满意，体现出农业社会人居环境建设的基本要求和特点。古代城市选址对自然环境要求更高，不但涉及地形、地质、气象、水文、资源、交通等多种因素，还要考虑政治、经济、军事、文化等诸多方面的影响。《管子》曰："凡立国都，非于大山之下，必于广川之上，高毋近旱而水用足，下毋近水而沟防省。因天材，就地利，故城郭不必中规矩，道路不必中准绳。"管子的话既反映了城市选址对自然环境和山水格局的严格要求，又强调城市选址应充分结合地利条件，视地形的实际情况而定，不必强求形式上的规整。先人的城市建设理念重地利，讲实效，对于摒弃单一的城市格局，突出城市个性特色以形成独有风格的文化景观十分重视。同时，我国古代"以农立国"，强调根植于富足农业基础之上，对土壤、水源的要求格外重视。玄鸟族之所以选择在商地定居并建城，说明当时商丘诸方面的条件是相当优越的。

据《晋书》《帝王世纪》等史籍记载，黄帝之孙、五帝之一的颛顼"始自穷桑，而徙邑商丘"。"帝喾高辛氏年十五而佐颛顼，三十登位，都亳"。颛顼把都城迁到商丘，帝喾把都城也定在这里，说明颛顼和帝喾时代商丘诸方面的条件依然比其他地方优越。

帝喾的儿子契在尧、舜时都被封于商丘，建商国，都亳。夏朝时，帝相为后羿所逐，居于商丘，商丘一时成了夏都。契传十四世到成汤，推翻了腐败的夏桀建立商朝，亳是商朝的第一座都城，直到二百多年后的第十三代商王河亶甲才迁都于相。后又经几次迁徙，到第二十位商王"帝盘庚之时，殷（上古时殷、商并称）已都河北，盘庚渡河南，复居成汤之故居……治亳，行汤之政"（《史记·殷本纪》）。此后，第二十八位商王武乙才自亳迁于河北（安阳地区）。自成汤至帝辛，商朝凡十七世三十一王。周朝整个时期，商丘古城称睢阳，一直是"作宾于王家"的宋国都城。秦朝末年，睢阳城是楚汉相争的战略要地。两汉时期，睢阳一直是梁国的都城。隋唐时期，她又是"中州锁钥，江淮屏障，河洛咽喉"，是战略位置极其重要的兵家必争之城；宋朝时她是"四京"之一的南京；明、清两朝，她因是"南控江淮，北临河济"的咽喉重镇，朝廷极为重视。

商丘古城饱经沧桑，在历史上因水患和兵灾曾多次损毁，但灾难过去又重建、改建，从五帝、夏、商、周、秦、汉、三国、两晋、南北朝、唐、宋、元、明、清，直到现在，一直延续下来。其五千年不断脉的悠久历史，标记着中华民族的历史和文明进程。中国的历史文化名城虽然不少，但像商丘古城这样从远古五帝到现在一直脉络不断的实为罕见。这是商丘古都城突出的价值所在。

由于历史的原因，明朝初年之前的商丘古城的面貌被历代黄河泛滥、河水携带的泥沙蒙于地下。20 世纪 90 年代，中国社会科学院考古研究所和美国哈佛大学皮保德博物馆组成的中美联合考古队对其进行考古调查，才发掘出商丘古城距今三千余年前的宋国古都城遗存。现在展现在世人面前的重建于明朝正德年间的商丘古城之下，沉睡着五帝时期的商城、亳城，春秋时期的宋国都城，秦汉和隋唐时期的睢阳城，宋代南京城，明初归德城。这也是商丘古城历史发展独有的形态，体现了她博大精深的文化内涵。文化景观是人类活动相继叠加的结果。因此，我一直认为，商丘古都城是"中国城建史博物馆""中国天然城池博物馆"。

儒、道、佛、墨四家是中华文化形成的支柱。史书记载，商丘是道家创始人之一庄子的故乡、儒家创始人孔子的祖籍，也是墨家创始人墨子的故乡，文化底蕴丰厚。

西汉刘向《列女传·契母简狄》记载："契之性聪明而仁，能育其教，卒致其名。尧使为司徒，封之于亳。"《史记·殷本纪》载："契长而佐禹治水有功。帝舜乃命契曰：'百姓不亲，五品不训，汝为司徒而敬敷五教，五教在宽。'封于商，赐姓子氏。"《汉书·艺文志》曰："儒家者流，盖出于司徒之官。"说明儒家文化的源头是商的始祖、尧舜时的司徒契。南宋时期，儒家的代表人物朱熹重建白鹿洞书院，亲手制订《白鹿洞书院学规》说："父子有亲。君臣有义。夫妇有别。长幼有序。朋友有信。右五教之目。尧、舜使契为司徒，敬敷五教，即此是也。"从史书对夏商周文化的有关记载来看，儒家思想和司徒契一脉相承。墨子也讲三代、先王，与儒家有一个共同的文化源头。商丘的文化底蕴之丰厚不言而喻。

文化复兴是实现中华民族伟大复兴中国梦的重要组成部分。历史悠久的商丘，应该让自己丰厚的文化资源展示魅力，很好地宣传出去，让全国乃至世界都了解商丘，让商丘的文化资源尽可能多地转化为人们的知识财富，让文化遗产资源"活起来"，融入广大民众的现实生活。

商丘市委、市政府组织专家、学者编写这套文化丛书，弘扬中华优秀传统文化，希望只是开端，以后要不断深入研究，不断取得新的更大的成果，为弘扬中华民族优秀文化作出独特贡献。

以此为序。

原故宫博物院院长　单霁翔

序 二

文化典籍是人类文明社会发展成果的重要载体与文明程度的标志。国有史，方有志，家有谱，这是中华民族数千年的优良传统，譬如《春秋》《左传》《史记》等都是中国人精神文化成长的重要历史记录。文化典籍的编纂传承能够有效地增强民族精神文化认同和国家凝聚力。地方文化史志是国家历史文化典籍的细化和补充，是国家、民族历史文化的血肉神经与单元标本。《文化商丘》丛书编纂出版的目的就是从文化视角系统整理商丘地区五千多年的文明史，挖掘保护传承商丘地区优秀历史文化资源。

商丘历史悠久，文化灿烂，处于华夏文明起源的核心区域，是中华民族文明发源地之一。商丘历史文化是华夏历史文明的重要组成部分，并发挥着重要作用。华夏五千年文明史在商丘从无间断，这是商丘的特点和优势。

商丘是中华民族和中华文明的发源地之一

毛泽东同志曾在红军长征到达陕北后说过非常著名的两句话："自从盘古开天地，三皇五帝到如今。"中华文明的源头是三皇五帝，据《尚书大传》《风俗通义》等古籍记载：三皇即燧人氏，称燧皇，伏羲氏，称羲皇，神农氏，称农皇；五帝即黄帝、颛顼、帝喾、尧、舜。据史料记载，三皇五帝都曾在商丘及周边留下过足迹，其中"三皇"中的燧人氏、神农氏和"五帝"之一的帝喾高辛氏长期生活在商丘。燧人氏钻木取火，"以化腥臊"，开启了中华先民的熟食时代和人类文明的新纪元，被奉为"人文始祖"。火的发明和应用，极大地推动了人类社会的进步。一方面，开启了人类的熟食生活，引起人类习性以至生理上的变革，从而使人类从动物中分离出来；另一方面，有了火，极大地推动了氏族社会生产力的发展。燧人氏被后人奉为火神，成为三皇之首。如今，位于商丘古城西南 1.5 公里处的燧皇陵就是历史的见证。

神农氏就是传说中的炎帝，也叫朱襄氏。《吕氏春秋·古乐》记载，朱襄氏受伏羲氏禅位而有天下。炎帝本为朱襄氏，因其开创了上古农业文明，被尊称为神农氏、农皇。在当时陈州的柘城（今商丘市柘城县），在县城东十里朱崮寺（今柘城县大仵乡朱堌寺村）有朱襄陵。所以可以得出结论"炎帝神农氏都于商丘"。

帝喾是五帝之一，也是"五帝"之首黄帝的曾孙，受封于高辛（今商丘市睢阳区高辛镇），故又称高辛氏，《史记·五帝本纪》记载，高辛"聪以知远，明以察微。顺天之义，知民之急"。《史记·殷本纪》也记载："殷契，母曰简狄，有娀氏之女，为帝喾次妃。三人行浴，见玄鸟堕其卵，简狄取吞之，因孕生契。"帝喾次妃简狄吞玄鸟之卵而生契，契就是商人的始祖，这也是《诗经·商颂》中所说的"天命玄鸟，降而生商"。《左传·昭公元年》记载："昔高辛氏有二子，伯曰阏伯，季曰实沈，居于旷林，不相能也。日寻干戈，以相征讨。后帝不臧，迁阏伯于商丘，主辰。商人是因，故辰为商星。迁实沈于大夏，主参。"这段记载说明，帝喾的两个儿子不和睦，日寻干戈，互相征讨，无奈，帝喾只好将他们分别分封到商丘和大夏（今山西太原），实际上阏伯与契为同一人（历史学家郭沫若考证），即是商族的始祖。到阏伯六世孙亥的时候，商部落已经比较壮大，生产出的产品自己用不完。亥聪明勇敢，服牛驯马以利天下，带着族人赶着牛车到别的部落进行产品交换，以物易物，开创了华夏商业贸易的先河。《管子·轻重戊》记载："殷人之王，立帛牢，服牛马，以为民利。"因此，商丘被称为"华商之源"。

商丘不仅是中华古文明的发祥地之一，也是中国姓氏文化的重要发源地。据专家考证，商、子、汤、宋、戴、武、钟、殷、葛、穆等许多姓氏都发源于商丘。至今，商丘大地上仍然留存有燧皇陵、阏伯台、帝喾陵等文化遗迹，有力地证明商丘是远古人类活动的主要区域之一，商丘在华夏文明发展初期就具有重要的地位。商丘的历史文化伴随着华夏历史文化的产生而产生、发展而发展，见证了华夏文明的历史沧桑，也是华夏文明辉煌灿烂的地方代表之一。

商丘是春秋战国和两宋时期著名的"圣人之都"

华夏文化的发展在其核心地带展现了强大的生命力。进入春秋战国时期，形成了儒、道、墨等所谓的"诸子百家"，中华文化出现了"百花齐放，百家争鸣"的鼎盛局面。春秋战国时期，商丘为宋国区域，宋国是"中华圣人文化"的源头，处于中国传统文化核心地位的儒家、道家、墨家、名家四大学派皆出自宋国。诸子百家中，老子、庄子、墨子、惠子的故里，以及孔子的祖居之地，均在商丘及附近。这个时期的商丘被称为"圣人之都"，以商丘为轴心，辐射周边，在豫、鲁、苏、皖地域交汇处形成了"中华圣人文化圈"。

诸子百家中的这些圣人、圣贤都与商丘有着重要的联系。《汉书·艺文志》曰："儒家者流，盖出于司徒之官。"说明儒家文化的源头是商的始祖、尧舜时的司徒契。儒家始祖孔子的祖籍就在商丘，孔子"少居鲁，长居宋"，曾多次回到宋国，娶亲、祭祖、讲学，自觉继承了商汤"以德理政"的传统，形成儒家以"仁"为代表的思想。道家代表人物老子是鹿邑人，长期在商丘一带活动。道家的另一位代表庄子，其故里就在民权县境内，遗存有庄子井、庄子墓等。墨家的代表人物墨子是宋国人，长期奔波在鲁楚等地，曾做过宋国的大夫。名家的惠施以及融合道、墨两家的宋钘，均为宋国人。被西方学者称为"轴心时代"的春秋战国时期，为华夏文明的发展注入了强大的生命力。诸子百家的儒、道、墨、名等或起源于今天的商丘，或与商丘有着重要的联系，在夏、商、周三代文明的引领下，以宋国为中心，在春秋战国时期形成的"中华圣人文化圈"，成为华夏历史文化的重要内容，影响了数千年中华文化的发展进程。

两宋时期的商丘古城，开创了中国华夏文化继春秋"百家争鸣"圣人文化后的又一座文化高峰。坐落在商丘的应天书院为北宋"四大书院"之首，在中国古代教育史上的地位难以超越，北宋名臣范仲淹在此由求学到讲学，他继承戚同文"天下同文"之志，以"天下为己任"，为北宋培养了大批国之重臣。

商丘是中国重要的古都城之一

商丘是 1986 年国务院公布的我国第二批历史文化名城，时任国家文物局局长单霁翔称其为"中国城建史博物馆""中国天然城池博物馆"，建城历史可以上溯到夏商时期。文明的漩涡在不断地汇聚力量，发展壮大。著名历史学家、北京大学教授李零先生提出了一个重要观点，华夏文化的古都城主要分布在北纬 35°（更准确地说，是在北纬 34° 至 35° 之间，大体相当于渭水和黄河中下游流经的地方）左右，即今曲阜、商丘、郑州、洛阳、西安、宝鸡、天水一线，形成了夏、商、周三大文明板块。根据《史记》等传世文献记载，商族的早期活动地区就在"商板块"南部，其第一都城"亳"就在今天的商丘东南部。《史记·殷本纪》裴骃《集解》引皇甫谧语："梁国谷熟为南亳，即汤都也。"张守节《正义》引《括地志》云："宋州谷熟县西南三十五里南亳故城，即南亳，汤都也。"这里的梁国、宋州都是指今商丘，谷熟是今虞城县谷熟镇。从传说中的帝喾都亳，到有文献记载的商汤都南亳，直到清朝末年，商丘的城市地位一直非常重要。商丘具备了作为"大古都"的历史、政治等构成因素，成为中国历史上重要的古都城之一。因此，中国古都学会在《2015 年中国古都学会年会关于推进商丘市古都文化研究与发展的意见》中指出，商丘是中国古代重要的都城之一。

商丘是历史上影响中国命运的战争事件的多发之地

商丘地处豫东平原，"广衍沃壤，则天下之膏腴"，襟带河洛，背依黄河，屏蔽江淮，历史悠久，素为中原门户，自古为兵家必争之地。楚宋鏖兵于泓水而定兴衰，汉高祖斩蛇于芒砀以兴义师，张巡拒逆于睢阳乃佑江南一隅。明清以降，反帝反封建的太平天国、捻军均长期于商丘活动，为共和国举行奠基礼的睢杞战役、淮海战役都以商丘为主战场。在商丘的土地上演出过一幕又一幕足以改变历史进程的战事，在中国军事史上有着重要地位。

平定汉初"七王之乱"，商丘成为稳固汉室的首功之地。汉景帝二年（前 155），御史大夫晁错上《削藩策》，提议削弱诸王势力，加强中央集权。汉景帝采用晁错的建议，于次年冬下诏削夺吴、楚等诸侯王的封地。以吴王刘濞为首的七个刘姓宗室诸侯王，由于不满朝廷削减他们的权力，以"清君侧"之名举兵向西。《史记·梁孝王世家》记载，七国反叛，行至梁国（今商丘），吴楚先攻击梁国的棘壁（今商丘市柘城县境内），杀死数万人。梁孝王据守睢阳城，命韩安国、张羽为大将军，抵抗吴楚之兵。吴楚之兵无法西进，转而进攻周亚夫的军队。周亚夫固守壁垒，不肯交战，且暗中派兵南下，夺取泗水入淮之口（今江苏淮安境内），断绝了叛军的粮道，吴兵大败，士兵多半饿死或逃跑，周兵率队追击，大破吴楚联军。吴楚先头军被破，七国叛军阵脚大乱，兵败如山倒。由此足见梁国睢阳城在汉代军事地位之重要。

　　张巡血战睢阳城，使商丘成为佑护大唐复国的"江淮屏障"。天宝十四年（755）冬，影响中国历史进程的安史之乱爆发。河东三镇节度使安禄山发动所部镇兵十五万众，反于范阳，"烟尘千里，鼓噪震地"。当时海内承平数十年，猝闻范阳兵起，远近震骇，所到之处，守将或不战而逃，或望风而降，京师震惊，唐玄宗被迫南遁。至德二年（757）安禄山死后，其子安庆绪继任并派出大将尹子奇率领叛军围攻地处睢阳渠要冲的睢阳城。太守许远自度实力不足以抗敌，就邀请当时据守宁陵的唐朝名将张巡来协助自己一起保卫睢阳城。张巡随即率兵三千入驻睢阳，与许远合兵一处，共保睢阳。睢阳为大城，城高墙厚，城内居民有数万之众，经过张巡、许远的战略部署，更为坚固，叛军多次进攻未果。《新唐书·张巡传》记载，当时睢阳城内粮尽，将士曾提议夺城东奔，得粮食后，与敌军决一死战；但张巡、许远以为睢阳是豫东门户、中州锁钥、江淮屏障、河洛襟喉，叛军据而有之，必将战火引向江南，大唐便失去粮饷供应。张巡、许远等人宁可死守也不愿弃城，可见睢阳城战略地位之重要。睢阳之战，从至德二年一月开始，至十月陷落，张巡及其部将保护江淮半壁江山免于战乱十个月之久。当时，唐王朝也仅靠长江、淮河流域的赋税支撑，睢阳位于大运河汴河河段中部，是漕运重镇，如果失守，河运中断，后果不堪设想。睢阳城坚持十个月之久，在此期间朝廷不断获得江淮财赋的接济，完成了恢复、准备到反攻的过程。在睢阳城破前一个月已收复西京长安，在睢阳陷落十天后又收复了东京洛阳，叛军无力南下，唐王朝得以保全。唐代文学家韩愈曾在《张中丞传后叙》一文中评价此次战役之功："守一城捍天下，以千百就尽之卒，战百万日滋之师，蔽遮江淮，沮遏其势，天下之不亡，其谁之功也！"

　　淮海战役是决定当代中国命运的关键一战，商丘是淮海战役的肇始地和结束地。商丘作为决定中国命运的淮海、渡江两大战役的总前委所在地，在全国是独一无二、绝无仅有的，为淮海战役、渡江战役、全中国的解放以至新中国的建立作出了巨大的历史性贡献，有着不可替代的作用。1948年11月6日，虞城县张公店战斗打响了淮海战役第一枪，拉开了淮海战役的序幕；1949年1月10日，淮海战役在永城县陈官庄地区画上了圆满的句号。商丘是淮海战役总前委司令部、政治部、后勤部、总兵站所在地，是解放战争时期我党我军中原地区的政治、军事、指挥中心，是我党我军的大后方基地，是淮海战役的大本营。淮海战役总前委司令部就设在今睢阳区张菜园村，刘伯承、邓小平、陈毅等人在张菜园村指挥了淮海战役第三阶段的战斗。商丘是对淮海战役支持最大、贡献最多、牺牲最重的地方，仅永城、夏邑两县就出动支前民工一百六十万人次，贡献粮食1.5亿斤，为战争的胜利作出了重大贡献。

总之，商丘历史悠久，文化厚重，内涵丰富。商文化、火文化、圣贤与名人文化等作为其鲜明代表，是中华民族诚信精神、契约精神、创新精神、拼搏精神、奉献精神的集中体现。商丘儒、墨、道文化的内涵着重体现了忠诚孝道、社会和谐、道德修养、礼义廉耻、理想人格、和而不同的思想品格。在商丘发生的历次重大战役中孕育了敢于担当、恪尽职守、坚守正义、英勇奉献的爱国主义精神气概。这些都与中华优秀传统文化的精神内涵相一致，成为中国历史文化重要的组成部分，为华夏历史文明作出了重要贡献。

地方文化典籍史料的搜集整理应该真实而全面

文字是人类文明发展到相当程度之后的产物，中华民族有详细文献记载的历史始于西周共和元年，即公元前841年。夏商周断代工程考据发布的《夏商周年表》，确定夏代始年大约为公元前2070年，距今约已四千多年。《史记》首篇从《五帝本纪》开始，黄帝距今约五千年。三皇在五帝之前，燧皇位居三皇之首，学界一般认为燧人氏时代在一万年之前甚至在十万年前。商丘有全国唯一一座燧皇陵，是"中国火文化之乡"。所以商丘的文化史不应受五千年文明史的时间局限，必须广泛、全面收集整理文化史料，以传后人。

王国维提出"二重证据法"，即以地下的材料与纸上的材料相比较以考证古史的真相。黄现璠将历史文献、考古史料、口述历史三者结合起来的治史法，称为"黄氏三重证据法"。近年有叶舒宪等学者提出应用"四重证据法"研究文化史，包括传世文献、出土文献和文字、人类学的口传与非物质文化遗产（民俗学和民族学材料）、图像和文物。由于黄河改道泛滥等原因，商丘地区大量古代人类文化遗迹湮没于地下，不能因为暂时考古发现不够而否定文献记载、民俗活态文化的真实性；由于文明悠久而传播远阔的原因，不能因为某些文化资源在全国不具有唯一性而舍弃不做记载传承。

华夏历史文明传承创新区建设是党中央、国务院赋予中原经济区的重大文化使命。以坚定的文化自信，承担起传承华夏历史文明的责任，商丘人敢于担当。相信《文化商丘》系列丛书的编纂出版将裨益于传承创新历史文明，裨益于商丘精神文明高地建设，裨益于商丘又好又快跨越发展。

是为序。

中共商丘市委书记　王战营

目　录

前　言

　　商丘是一座具有深厚历史文化积淀的城市，延续发展了中华民族五千年的文明史，是中国古代王朝重要的都城之一，是中原城市群中一颗耀眼的明珠。

　　商丘是国务院命名的中国历史文化名城，这里历史悠久，文化灿烂，有着丰厚的文化底蕴，曾为中华民族文明的发展作出了卓越贡献，在中华文明发展史上具有特别重要的历史地位。象征着"中华文明之火"的燧皇陵、标志着"华商之源"的商祖祠、汉字鼻祖仓颉墓等文物古迹星罗棋布，美不胜收。火文化在人类文明发展上的重要地位不言而喻，汉字传承了华夏上下五千年的文明史，商业更是极大地促进了社会的文明进步。繁荣灿烂的历史文化是城市发展的宝贵财富与精神灵魂之所在。商丘古城遗存尤为丰厚，在商丘大地上就掩埋着几座洗尽铅华的古城遗址，如商代早期的都城南亳、周代时期的宋国都城、西汉时期梁国睢阳城、隋唐时期的古宋城、北宋陪都南京城等。从先秦到宋朝，商丘引领时代发展的先潮，在中国古代文明史上地位独特。

　　早在原始社会时期，这里已有人类的活动，留下了丰富的文化遗存。根据考古和文化普查，睢县出土的陶扁壶、柘城出土的隐匿纺轮、夏邑出土的陶板、永城王油坊出土的陶盆陶碗，以及众多陶制农具等，都证明商丘一带历史悠久，文化灿烂，是中华文明开发最早的地区之一。

　　距今约一万年前后，燧人氏居商，发明了人工取火，结束了人类茹毛饮血的蛮荒状态。这是中国远古文明到来的一个重要标志。人工取火的发明为人类自身的发展和畜牧业的出现提供了重要的物质基础。因而，商丘被公认为华夏文明火源，燧人氏被称为华夏文明火祖，至今在商丘古城西南三华里处尚有燧皇陵墓遗存。国家文物局原局长张文彬先生说，"商丘曾是华夏文明之火的源头之一"。

黄帝之后的四位帝王——颛顼、帝喾、尧、舜，也都在商丘一带留下了足迹。《晋书·地理志》记载："颛顼始自穷桑（今山东曲阜北），而徙邑商丘（今商丘市睢阳区南部）。"[①]《帝王纪》记载："帝喾高辛氏年十五而佐颛顼，三十登位，都亳（今睢阳区南）。"《归德府志》记载得更为详细："帝喾陵在府城南高辛里，帝喾所都之地，帝喾都亳，故葬此。……有宋太祖开宝元年诏祀帝王陵寝碑可考。"[②]据史书载，尧、舜也多在今山东西南之地繁衍生息。尧之弟契封于商丘，之子商均封于有虞。《括地志》云"宋州虞县，舜后封也"[③]，便是有力的证明。

三皇五帝时期，商丘地处于黄淮两河下游中间地带，当时沼泽密布，河流纵横，气候温和，地势平坦，适宜于人类繁衍生息。远古人选择这个地方开发创业是可信的，至少可以说它是中华历史文化开发最早的区域之一。

商朝时期的商丘，是商部落的发祥地、商朝的建立地和商业的发源地。

商丘是商部落的发祥地。商人的祖先相传是高辛氏的后裔，商人早期主要活动于东部孟诸泽畔的商丘附近，在不断开发这一片土地肥沃、物资丰富的薮（sǒu）泽地带的过程中发展起来。商部落以玄鸟（燕子）为图腾，相传简狄吞食玄鸟卵而生契，契就是商部落的始祖。《史记·殷

---

① ［唐］房玄龄：《晋书》卷 14《地理志》，中华书局 1982 年版。
② 河南省商丘地区地方志编纂委员会编，杨子建、莫振麟点校：《归德府志》，中州古籍出版社 1994 年版。
③ ［唐］李泰撰，贺次君辑校：《括地志辑校》卷 3《宋州》，中华书局 1980 年版。

本纪》:"殷契,母曰简狄,有娀(sōng)氏之女,为帝喾次妃。三人行浴,见玄鸟堕其卵,简狄取吞之,因孕生契。"①《诗经·商颂·玄鸟》:"天命玄鸟,降而生商,宅殷土茫茫。"②契因此有"玄王"之称,是商部落的始祖。

根据《史记·殷本纪》记载,从契到商汤建立商朝,商部落共传有十四代,即契、昭明、相土、昌若、曹圉(yǔ)、冥、振(亥)、上甲微、报丁、报乙、报丙、主壬、主癸、天乙(成汤)。

商丘是商朝的建立地。夏朝末年,夏王桀残暴无道、残害民众、侵夺诸侯、众叛亲离、民心不服,商汤趁夏乱而消灭夏的许多属国,以扩大自己的力量,并最终灭掉了夏朝。

商汤灭夏,首先是从进攻其邻国葛国开始的。《孟子·滕文公下》载:"汤居亳,与葛为邻。"葛即葛伯国,在今宁陵县境内。"汤始征,自葛载,十一征而无敌于天下。"③汤进攻葛的理由是"葛伯放而不祀",即葛伯放纵,不遵守礼法,不祭祀祖先。商汤灭掉葛伯国之后,进一步扩大攻势,剪除夏的羽翼,削弱夏桀的势力,又先后灭掉了韦(河南滑县东)、顾(河南范县东)和昆吾(河南濮阳东南)等国。此时,商汤又以伊尹为相,举兵伐夏,取得了鸣条(河南封丘东)之战的胜利,建立了商王朝。商汤灭夏后,回师亳邑,众多诸侯前来朝会,表示臣服。商汤又向四面征伐,使商王朝的统治进一步稳固。《诗经·商颂·殷武》颂道:"昔有成汤,自彼氐羌,莫敢不来享,莫敢不来王,曰商是常。"④表明汤建立的商王朝已得到众多诸侯的拥戴,颂扬他建立的赫赫武功和建商立国的丰功伟绩。

---

① 〔汉〕司马迁:《史记》卷3《殷本纪》,中华书局1982年版。
② 〔宋〕李昉:《太平御览》卷922《羽族部》,中华书局2011年版。
③ 〔清〕秦蕙田:《五礼通考》卷85《吉礼》,影印文渊阁《四库全书》本135册,台湾商务印书馆1986年版。
④ 〔清〕秦蕙田:《五礼通考》卷85《吉礼》,影印文渊阁《四库全书》本135册,台湾商务印书馆1986年版。

　　商丘是商业的发源地。契孙相土作乘马，六世孙王亥作服牛，以至于发展畜牧业，使农业生产得到进一步发展。由于物阜民丰，于是便出现了早期商业。王亥亲自带领商队越过黄河、济水，远去河北有易氏（今河北易县）进行交易，使商丘成为中华民族商业发源地。基于此，人们称从事交易活动的人为商人，尊称王亥为商业始祖。我国著名历史学家、夏商周断代工程首席科学家李学勤先生在商丘考察后题词曰："商人商业源于商丘。"商丘是商部族的起源地、商朝的分封建都之地与华商始祖王亥的故里，"商业之源"成为商丘的重要品牌标识之一，商祖祠华商文化广场已经连续成功举办了多届国际华商节，华商国际论坛亦成功举办多次，在商丘人民对商文化的重视和推动下，商丘已经成为全球华商和海外华人华侨的寻根拜祖的圣地。

　　周代时，商丘是宋国的封地。宋国是商纣王庶兄微子启的封国。微子，名启，因封于微邑（山东梁山西北），故名微子。他与箕子、比干称为"殷之三仁"。当时，微子看到商朝日趋没落，行将灭亡，曾多次劝谏纣王，但是商纣王不听从他的建议。于是，微子愤而出走，乞降于周。周公东征后，封微子启于宋，都商丘。正如《史记·宋微子世家》所说，"命微子开代殷后，奉其先祀，……国于宋，微子故能仁贤，乃代武庚，故殷之余民甚戴爱之"[①]。

　　宋国从微子启建国开始，历经西周、春秋和战国。公元前286年，齐、楚、魏三国伐宋，杀宋王偃，三分其地，宋亡。宋国共经历32代，享国736年。

　　秦统一六国后，秦在这里置砀郡，西汉建梁国，唐设河南道，北宋划京东西路，金代随北宋旧制将京东西路改为山东西路，是直属中央的一级行政区建制。元代虽将归德府划归江南江北中书省，但其辖境仍包括宿、亳、徐、邳四州，明清时期，这里称归德府。

---

① ［汉］司马迁：《史记》卷38《宋微子世家》，中华书局1982年版。

汉代时期的商丘（永城），作为汉兴之地，在此置重要封国——梁国。其辖境北至今河南滑县、浚县、内黄，山东冠县，河北馆陶，西至高阳（今河南杞县西南），南至胡（今安徽阜阳北），东至独山湖以东邹县，皆膏腴之地，为西汉大国、富国。梁孝王刘武筑梁园三百里，广招天下俊杰，文风大盛，枚乘《七发》、司马相如《子虚赋》、梁怀王太傅贾谊《治安策》《过秦论》、经学博士戴德、戴圣的《大戴礼记》《小戴礼记》以及焦延寿、丁宽的易学著作，皆出于梁国。今永城芒砀山西汉梁王陵墓群，有着惊动世界的文物发现。

三国两晋南北朝时期，商丘地域的行政区划多有变迁。三国时期，商丘地区属魏，魏国地方政区建置实行州、郡、县三级制，商丘隶属豫州、兖州，为梁国、陈郡、陈留国分辖。西晋政区建置基本因袭三国魏，商丘隶属豫州、兖州，为梁国、陈留国分辖。东晋时，商丘隶属兖州为梁郡。南北朝时期，中国分裂割据，政区建置更迭频繁，商丘先后隶属后赵、前燕、前秦、后燕、后秦、北魏、北齐等，但在文化上也有新的发展。魏晋之际在意识形态上产生了一种唯心主义的玄学思潮，清谈之风盛行。梁国（今睢阳南）人杨泉，反其道而行之，深究"自然之体"和"自然之理"。他从研究天文、地理、工艺、农业、医学等自然科学出发，提出了"所以立天地者，水也；成天地者，气也"的命题，著有《物理论》《太玄经》等哲学著作。此外还涌现出了以南朝骈（pián）赋大家江淹、名噪南朝的诗人江总为代表的江氏文化氏族（均系今商丘市民权县人），其著作宏富，影响甚深。江淹是南朝颇有影响的骈赋大家，历仕宋、齐、梁三个朝代。江淹才思横溢，诗赋精工靓丽，构思新颖，文风苍劲峭拔，脍炙人口，《别赋》《恨赋》最为著名，世人有口皆碑，也为后人称道不已。江总，南朝陈大臣，文学家，善撰文，著有《江令君集》32卷。

隋唐时期的商丘地域文化获得了进一步的发展。在隋代，通济渠的修筑意义重大。该渠以宋州首府宋城（今睢阳区）为要冲，西自洛水东至江苏盱眙入淮河，贯穿商宋大地数百里，河宽四十步，两岸筑路，杨柳成行，龙舟来往如梭，成为联络南北的纽带，对当时和以后唐宋两代中原和江淮地区之间经济和文化交流起到了重要促进作用。此外，张巡、许远在睢阳誓死抵抗安史叛军，有力打击了叛军的嚣张气焰，使叛军无法越城以掠夺江淮财赋，为后来唐军平定安史之乱立下大功。此外，李白"十载客梁园"，以及杜甫、高适的梁宋之游，留下了诸多不朽诗篇，给商丘带来了盛唐诗风，带来了文化繁荣。

宋朝时期的商丘地位独特，是北宋的政治中心、经济中心和文化教育中心。北宋时，商丘作为赵匡胤的发迹地、大宋王朝称号的起因地，其政治地位更加突出，不可替代。后来，商丘成为北宋应天府、陪都南京，宋高宗赵构也在此即帝位，都说明了商丘在北宋具有独特的政治地位，是北宋重要的政治中心。宋朝建立时，赵匡胤为归德节度使，治所在宋州，所以国号为"大宋"。同时，北宋统治者认为宋朝的建立是顺应了天命，于是宋真宗在景德三年（1006）改宋州为应天府。真宗大中祥符七年（1014）升应天府为南京，与西京洛阳、北京大名一起作为宋朝的三大陪都，三大陪都与东京开封合称四京。正因为商丘是北宋的京城之一，才有后来的宋高宗在商丘即帝位，所以商丘为北宋的政治中心。

商丘交通发达，经济繁荣，是北宋财政经济的重要支柱，在北宋农业发展、交通和手工业、商业等方面，都具有重要地位，是北宋经济中心。

在宋代文化教育方面，应天书院是北宋四大书院之一，历经北宋一代不衰，为北宋培养和造就了大批人才，而且应天府在整个北宋时期名人俊士辈出，著述丰厚，文化成就突出，使商丘成为北宋的文化教育中心。尤其是兴学重教，堪称北宋之最。晏殊知应天府，在戚同文讲学处和曹诚筑学府的基础上繁荣了应天书院，尤其是邀请范仲淹任主教，使应天书院达到了辉煌的境地。应天书院居当时全国四大书院（其他三个为嵩阳书院、白鹿洞书院、岳麓书院）之首，庆历三年（1043），又升为南京国子监，其地位高于一般地方学校，与东京（汴梁）、西京（洛阳）国子监并列为全国最高学府，培养了众多的栋梁之材。在此攻读五年又在此执教的范仲淹，在应天府为母服丧，写下了万言奏章《上执政书》，官至参知政事。他的"居庙堂之高则忧其民，处江湖之远则忧其君"的忧国忧民意识，"先天下之忧而忧，后天下之乐而乐"①的高贵品德，成为后代文人学士为人做官的座右铭。天下奇才张方平从应天书院走出后，一直在朝廷为官，官至三司使，总揽了北宋朝的经济大权，针对当时复杂的社会问题，提出了诸多独到的政治主张，有力地配合了范仲淹的革新，著作有《玉堂集》二十卷、《乐全集》四十卷。在应天书院的影响下，一时中原学风大振，北宋时应天书院仅为应天府培养的人才，《宋史》中有记录的进士有 30 人，《宋史》中有传记的名人有 38 人。其中代表性的如名臣兼学者赵概，硕学名儒教育家戚纶和王砺、王洙父子，文学家王尧臣，著名经学家程迥（jiǒng），著名医学家王贶（kuàng）等一大批文人学士。他们著述颇丰，为宋朝文化宝库增添了丰富内容。

正是因为商丘是宋朝的政治中心、经济中心和文化教育发展中心，所以其在宋朝的历史地位极为重要。正是商丘在宋朝所具有的独特地位，使得北宋成为商丘在中国历史上影响较大的一个时期，宋代的应天文化值得我们认真探讨和研究。

党的十九大开启新时代，新时代踏上新征程。建设国家区域中心城市，是河南省委、省政府提出的新时代商丘发展的新定位，是商丘市委提出的总揽商丘经济社会发展全局、推动高质量发展的大方略。

近些年，商丘市委市政府高度重视文化建设，提出以发掘整理与开发利用商丘深厚文明史的历史文化内涵为主导，以商丘古城文化为主线，依托商丘厚重文化底蕴，打造商丘文化品牌，构建商丘文化高地，强力推动商丘古城文化传承创新，推动商丘社会经济发展。为商丘建设国家区域中心城市铸魂，强力推进商丘古都城文化传承弘扬创新发展，

---

① ［宋］范仲淹撰，李勇先、王蓉贵点校：《范仲淹全集》卷 8《岳阳楼记》，四川大学出版社 2007 年版。

功在当今，泽被后世，意义重大，影响深远。^①

商丘文化是推动商丘经济社会发展的重要源泉和动力，强力推动商丘文化传承并将其发扬光大是商丘人民一项光荣而重要的任务，对商丘地区发展意义重大。正如习近平总书记所指出："中国有坚定的道路自信、理论自信、制度自信，其本质是建立在 5000 多年文明传承基础上的文化自信。"

商丘文化源远流长、丰富多彩。早在春秋战国时期，以宋国为中心，商丘地区成为以孔子、老子、庄子、墨子等儒家、道家等各种思想"百家争鸣"的重要核心区，逐步形成了"中华圣人文化圈"。商丘市范围内的火文化、商文化、庄子文化、汉梁文化、木兰文化、应天文化等绚烂夺目，是灿烂的中华文化的重要组成部分，对中国古代乃至现当代社会文化的发展仍具有重要的意义。《文化商丘》之《应天文化》就是在这一背景下应运而生的。希望通过《应天文化》的介绍，使大家对宋代尤其是北宋时期商丘的政治、经济、文化有更清晰的认识和了解，为文化商丘建设提供强大能量和内涵支撑。

郭文佳

2018 年 3 月

---

① 郭文剑：《为国家区域中心城市建设铸魂》，《商丘日报》2018 年 2 月 26 日。

第一章　应天文化与北宋政治

宋朝时期，商丘历史地位独特，是大宋王朝应天府所在地，亦是赵宋一朝的原庙、宗庙、祖庙——圣祖殿（鸿庆宫）所在地，也是北宋最早设立的陪都南京。宋朝的建立者赵匡胤起家于此，大宋王朝国号起因于此，南宋的第一个皇帝宋高宗也是在商丘称帝即位的，所以说商丘是两宋的龙兴之地，是宋朝重要的政治、经济和文化教育中心，在两宋人心中有着极其独特的、不可取代的重要政治地位。

第一节　兵家必争之地：唐宋之际的商丘——睢阳

商丘，位于河南省东部，古黄河南岸，北依山东，东接江苏，南临安徽，是国务院命名的中国历史文化名城之一，有着悠久的历史和灿烂的文化，是历史上商族的发源地和宋国所在地。春秋战国时期，宋国与齐、鲁两国一样，都是先进文化的代表，是儒、道、墨三大学派的活动中心。商丘是夏朝、商朝、周朝宋国、汉朝梁国、晋朝梁国、宋朝等的都城，燧人、颛顼、帝喾、商汤、微子、刘武、元颢、赵构等先后在此建都立国。西汉时，这里是梁国的封地。隋时称宋州，唐玄宗时改称宋州为睢阳郡，仍是中原经济文化最发达的地区之一，是兵家必争的战略要地。

今商丘古城（归德府城）墙

一　唐代之前的睢阳

睢阳，因地处古睢水之北而得名，是一个传承有序、源远流长的历史文化名地，今商丘市仍设置有睢阳区。睢阳处于中原与东南经济区的接合部，十方辐辏，襟带江淮，地理位置优越，经济发展水平较高，自古以来一直是兵家必争之地和商贾云集中心。早在周朝宋国时期，这里的冶金、蚕丝、制革、制陶、酿酒、玉器制作等已经相当发达。西汉时期，梁国都城睢阳是与长安、洛阳等并列的十三个区域性经济中心之一，经济实力雄厚，已经成为著名的大城市。据《汉书》记载，"梁多作兵器弩弓矛数十万，而府库金钱且百巨万，珠玉宝器多于京师"[①]。另据《史记·货殖列传》记载，"夫自鸿沟以东，芒、砀以北，属巨野，

---

① ［汉］班固：《汉书》卷47《文三王传》，中华书局1962年版。

此梁、宋也。陶、睢阳亦一都会也"①。所以，在汉代"七国之乱"时，梁孝王刘武坚守梁国，首当其冲，力挫吴楚叛军，使其终不能西进长安，最终覆灭。据"七国之乱"的主力吴楚联军被平定后统计数据，西汉朝廷与梁国所杀伤和掳掠的敌军、物资基本相等，梁孝王在平定"七国之乱"中立下首功，梁国发挥了中流砥柱的战略作用。

位于商丘永城市的西汉梁孝王陵

隋末唐初，群雄割据，国家衰败，民不聊生。唐朝建立后，渐次削灭群雄，统一中原。唐武德二年（619）四月，王世充称帝建立"大郑"政权，改梁郡置梁州。唐武德四年（621），改梁郡为宋州。唐太宗贞观元年（627），分天下为十道，宋州隶属于河南道。唐玄宗天宝元年（742），"诏天下诸州改为郡，刺史改为太守"，宋州又改称睢阳郡，统领十县，即宋城、襄邑、宁陵、虞城、谷熟、下邑、楚丘、柘城、砀山、单父。当时的宋城，规模仅次于汴州的开封城，城邑中有九万户，人口四五十万。

---

① ［汉］司马迁：《史记》卷 129《货殖列传》，中华书局 1982 年版。

　　唐代开元年间（713—741），唐玄宗李隆基知人善任，赏罚分明，改革治国，选拔出了宰相姚崇、宋璟、张说、张九龄等名臣，开创了历史上著名的开元盛世。但是，好景不长，到了天宝年间（742—756），唐玄宗一改开元时期的励精图治、选贤任能做派，不仅深居宫中，怠于政事，而且任奸弃贤，不纳忠言。开创了盛世之后，李隆基逐渐开始满足了，沉溺于享乐之中。没有了先前的励精图治精神，也没有了改革时的节俭之风，正直的宰相张九龄等人先后被罢官，李林甫爬上了相位。唐玄宗由积极进取的有为明君，转变成安于享乐、奢侈腐败的帝王，由"亲君子，远小人"逐渐转变为了"亲小人，远君子"，导致国家政治昏暗，危机四伏。

　　天宝四年（745）八月，唐玄宗册封杨玉环为贵妃。为了讨杨贵妃的欢心，李隆基可谓费尽心机。为了迎合她喜欢服装的心理，有专门为贵妃服务的七百多人给她做衣服。为了让她吃上喜欢的荔枝，李隆基还下令开辟了从岭南到京城长安的几千里贡道，以便荔枝能及时地用快马运到长安。脍炙人口的唐代诗歌"长安回望绣成堆，山顶千门次第开。一骑红尘妃子笑，无人知是荔枝来"，所描绘的就是千里加急、为杨贵妃运送荔枝的情形，也表达出了唐代诗人杜牧对这种奢靡之风的极度反感和讽喻。唐玄宗因宠爱杨贵妃而重用国舅杨国忠，杨国忠平步青云，做上了唐朝宰相。杨国忠的权势无人能比，兄妹二人的飞黄腾达也为日后的悲惨结局埋下了伏笔。

　　在杨国忠的专权下，朝政开始混乱起来。可以说，唐朝的转向衰落固然有李隆基的过失，但杨氏兄妹特别是杨国忠这个哥哥没有起到正面的作用，他的为非作歹，也没有给妹妹带来好运，反而把妹妹送上了不归路，以至于后来安史之乱跟随唐玄宗逃亡时，兄妹二人双双命丧马嵬坡。美丽并不是罪过，但美丽却是一个起因。在杨国忠的一手遮天之下，首先是朝政混乱。朝政混乱扰乱了国家经济的正常发展。

二　唐代的睢阳保卫战

天宝十四年（755）十一月，身兼范阳、平卢、河东三节度使的安禄山趁唐朝内部政治腐败、兵力空虚之际，联合契丹、室韦、突厥等少数民族组成十五万大军，号称二十万，以"忧国之危"、奉密诏讨伐杨国忠为借口在范阳起兵反叛，从此，前后长达八年之久的安史之乱爆发，也揭开了地方割据势力与唐中央政府争夺全国最高统治权的序幕。

当时海内承平日久，百姓已几代没有见过战争了，听说范阳兵起，远近都震惊。河北都是安禄山统辖范围内的，叛军所经过的州县都望风瓦解，当地县令或者开门迎接叛军，或者弃城逃跑，或者被叛军擒杀，叛军很快就控制了河北。十二月，安禄山叛军仅用一个月的时间就攻占了东都洛阳，次年十二月叛军攻入首都长安。唐玄宗逃到成都，太子李亨在灵武称帝，是为唐肃宗，唐玄宗被遥尊为太上皇。安禄山则自称大燕皇帝，年号圣武。

虽然长安被叛军攻占，但唐王朝幅员辽阔，还有很多军事重镇掌握在李唐王朝手中，正是凭借这些重镇的拉锯战、持久战，李唐王朝才平定了安史之乱，获得了最后的胜利。在这些关键性的战役中，睢阳保卫战无疑是唐王朝转败为胜极为关键的一环。

古代商丘水系密布，有所谓"八水过宋"之说。发源于宁陵的睢水，是古代商丘主要河流，它流出商丘后，经安徽、江苏北部汇泗水入淮。隋之前及隋炀帝开挖的大运河，就充分利用了睢水等天然河道。因为隋唐大运河修筑后，商丘（睢阳）的地理位置更为突出，这条沟通南北的大动脉从商丘城南通过，将这座战略重镇与京师和东南财赋重地连接起来，被赋予了更重要的地位。诚所谓睢阳据江淮之上游，为汴洛之后劲，南控江淮，北临河济，彭城居其左，汴京建于右，形胜联络，是以保障江南，襟喉关陕，为大河南北之要道。

大运河（通济渠）商丘南关段遗址

　　睢阳素有"江淮之蔽屏，河洛之襟喉"之称，叛军想据睢阳南下江淮和江汉地区，以切断唐王朝的钱粮来源，掠夺其财富作为持久战争的资本。因此，对唐王朝来说，以兵力扼守睢阳不落入叛军之手是平定叛乱的基础。唐将张巡、许远、雷万春等领导的轰轰烈烈的睢阳保卫战拉开了序幕。

　　张巡（709—757），邓州南阳人。他幼年聪慧，才智过人。壮年后，志气豪迈，知识广博，熟读经典，知晓阵法。玄宗开元末年（741），中进士第三名，初任太子通事舍人。天宝年间调授清河令，政绩考核为最高等，任期满后回京待迁。当时，杨贵妃的族兄杨国忠把持朝政，权势显赫。有人劝张巡去拜见杨国忠，张巡严词拒绝。因为不愿依附权贵，张巡尽管政绩突出也未能迁升。后张巡调任清河县令，政绩显著，清正廉洁，治内政通人和，百姓安居乐业。安史之乱发生后，叛军军威迅猛，所到之处，守将不战而逃，或者望风而降，唐玄宗被迫南遁。在此生死危亡之际，张巡起兵讨贼，在宁陵、雍丘（今河南杞县）一带屡破敌军。后来雍丘县令令狐潮投敌，协同叛军围攻县城。张巡扼守六十多个昼夜。

唐至德二年（757）正月，安史叛军将领尹子奇率兵十三万，攻打睢阳，以控制运河，进而夺取江淮地区。张巡率众增援，与太守许远兵合一处，共御强敌。首战告捷，斩敌二万余人。为激励士气，帝诏张巡为御史中丞，许远为侍御史。尹子奇第一次围城十六天后，撤去支援潼关。三月，重围睢阳城，当时城内守军不足两万，兵力悬殊很大。至七月，睢阳城内粮草绝尽，将士饥病交加。张巡派大将南霁云求援不力。这时，很多人主张撤离睢阳向东退守。"（张）巡、（许）远议以睢阳，江淮保障也，若弃之，贼乘胜鼓而南，江淮必亡。"① 遂决心坚守到底。

在长达 10 个月的时间里，张巡率领 6800 名大唐将士和 4 万睢阳百姓，浴血抗敌，用兵如神，屡战屡胜，使敌军屡遭重创，展开了一场惊天地、泣鬼神的睢阳保卫战。张巡与广大军民同仇敌忾，与敌人进行了殊死拼杀。战争相持到十月初，城中完全绝粮，连树皮、茶纸也吃光了，将士就杀马而食，战马杀光了，就罗雀掘鼠而食。最后由于众寡悬殊，粮尽援绝，尹子奇带领叛军最终将西南城门捣破进城，张巡等人被俘。尹子奇几次劝降张巡，得到的都是连连痛骂，"吾欲气吞逆贼，顾力屈耳"②。张巡、许远、雷万春、南霁云等 36 员将领不屈而死。

"盖睢阳襟带河济，屏蔽淮、徐，舟车之所会，自古争在中原，未有不以睢阳为腰膂之地者。唐天宝末张巡、许远力守睢阳以抗贼锋，贼围益急，或议弃城东走，巡、远曰：'睢阳者江、淮保障。若弃之，贼必乘胜长驱，是无江、淮也。'论者谓睢阳坚守，既足以挫贼之锋，使不敢席卷东下，又即以分贼之势，使不得并力西侵，江、淮得以富庶全力，赡给诸军。贼旋荡覆，张、许之功于是乎伟矣。"③ 睢阳保卫战名垂青史、悲壮卓绝、意义重大，可谓大唐历史上最为铁血的战争。当时，朝廷

---

① ［宋］欧阳修、宋祁：《新唐书》卷 192《张巡传》，中华书局 1975 年版。
② ［后晋］刘昫：《旧唐书》卷 187《忠义传》，中华书局 1975 年版。
③ ［清］顾祖禹撰，贺次君、施和金点校：《读史方舆纪要》卷 50《河南》，中华书局 2005 年版。

仅剩下长江、淮河流域的赋税支撑着，睢阳位于大运河的汴河河段中部，是江淮流域的重镇，如果失守，运河阻塞，后果不堪设想。张巡、许远守睢阳，兵力最多时也不满7000，前后400余战，竟然歼灭叛军12万人。睢阳保卫战旷日持久，在此期间朝廷不断地得到江淮财赋的接济，已完成了恢复、准备到反攻的过程，前一个月已收复西京长安，在睢阳陷落后10天又收复了东京洛阳，叛军再也无力南下，为唐军转败为胜创造了极为有利的条件。

由于张巡坚守睢阳有功，他死后，朝廷诏赠他为扬州大都督。宋朝大观（1107—1110）年间，赐爵侯，谥忠烈。张巡、许远历来受人崇敬，自唐代以来，睢阳人民多次建庙、祠纪念二人的功绩，现在商丘古城南门外还建有纪念他们功绩的"张巡祠"。

睢阳保卫战遏止了叛军南下，保住了大唐半壁江山和江淮丰厚的财源，为大唐王朝反攻赢得了宝贵的时间和物质保障。客家人南迁时，不仅把家搬走，也把对张巡、许远、南霁云、雷万春的崇拜带到异地。所以，江浙东南一带百姓对他们非常尊崇，祀奉张巡、雷万春的庙宇分布甚广。

安史之乱的后果是极其严重的，战乱使社会遭到了一次空前浩劫，也使唐王朝自盛而衰，一蹶不振。

坐落在商丘古城南门外的张巡祠

三　唐代安史之乱后的睢阳

安史之乱爆发后，为了抵御叛军进攻，原来只设在边关的军镇制度扩展到了内地，最重要的州设立节度使，指挥几个州的军事，较次要的州设立防御使或团练使，以扼守军事要地。于是，各地出现不少节度使、防御使、团练使等大小军镇，后来扩充到全国。节度使等本是军事官职，但节度使又常兼所在道的观察处置使之名，逐渐成为地方上军政长官，是州以上一级权力机构。大则节度，小则观察，构成唐代后期所谓藩镇，亦称方镇。唐朝中央政府本以为可以通过藩镇来平定一些叛乱，不料藩镇就是导致唐朝混乱乃至灭亡的总根源。这些藩镇有的自补官吏，不输王赋；有的不入贡于朝廷，甚至骄横地称王称帝，与唐王朝分庭抗礼直到唐亡。唐朝后期逐渐陷入藩镇割据的泥潭，中央政权日渐式微。外地将领拥兵自重，在军事、财政、人事方面不受中央政权控制的局面，一直持续百多年直至唐末黄巢之乱，导致唐朝灭亡。

宋州作为军事要地，自然也不例外，成为了重要藩镇之一。唐朝后期，置宣武军治于宋州，兼领亳、辉、颖三州，亦曰宋州节度。唐僖宗任命朱温为宣武军节度使，逐渐发展成最强大的藩镇。唐哀帝天祐四年（907），宣武军节度使朱温篡唐自立，改国号为梁，建元开平，自此历时近三百年的唐朝灭亡，中原地区进入五代十国的分裂割据时期。唐庄宗同光元年（923），李存勖灭掉了后梁，建立后唐，建都洛阳。时任宣武军节度使袁象先（朱温外甥）带着盘踞宋州十余年掠夺的数十万赃银，跑到都城洛阳，归降了后唐。李存勖厚待袁象先，并赐他姓名李绍安，改原来的宋州宣武军为归德军，仍让他回原地镇守，还告诉袁说，"归德之名，为卿设也"。意思是说，袁象先投降了后唐，就是归顺后唐的有德之人了，宋州也是归顺有德之城。这大概是商丘归德府之名的最早由来。

唐朝灭亡后的五代十国时期，是中国历史上不堪回首的超级乱世，出现了"极目千里、无复烟火"的悲惨局面。建国——篡位——重新建国——继续篡位，似乎没有哪个统治者能够重建一个汉唐式的大一统帝国，中国始终处于这样的军阀割据状态，并且看不到尽头，似乎中华民族就要在这样无休止的征战中走向灭亡了。

第二节　两宋龙兴之地：赵匡胤改归德军为宋州

宋朝时期，商丘历史地位独特，是北宋陪都南京，是应天府，是宋朝的政治、经济和文化教育中心。宋朝的建立者赵匡胤起家于此，大宋王朝国号起因于此，南宋的第一个皇帝宋高宗也是在商丘称帝即位的，所以说商丘是两宋的龙兴之地。而商丘在两宋的地位之所以如此重要和不可取代，根本起源于商丘是北宋开国皇帝赵匡胤的发迹地和大宋王朝国号的起因地。

从开平元年（907）朱温灭唐建梁，到北宋建立，共计 50 余年，是中国古代历史上的五代十国时期，也是中国历史上军阀割据混战的大分裂时期。这一时期，以中原地区为主要活动舞台，先后建立过五个王朝，一个代替一个，朝代更迭如走马灯一般。五代依次为梁、唐、晋、汉、周五个朝代，即"朱李石刘郭，梁唐晋汉周"。因为这五个朝代的名称都曾在历史上出现过，为与以前的同名朝代相区别，史称后梁、后唐、后晋、后汉与后周。

一　五代的纷乱与睢阳变迁

开平元年（907），朱温篡唐建立后梁，这是五代的开始。同光元年（923），盘踞太原的晋王李克用之子李存勖灭后梁，建立后唐。后唐之后的五代君王均出自李克用的子孙与部属。后唐历经后唐明宗的扩张与整顿，国力强盛，但发生内乱后，被石敬瑭引契丹军攻灭，后晋建立。不久契晋关系恶化，契丹军南下灭后晋，建立辽朝。同时刘知远在太原建立后汉，并收复中原。郭威篡后汉建后周，后周世宗柴荣苦心经营，使后周隐隐有一统天下的希望，夺取后蜀四州、南唐十四州、辽两州，但柴荣在北伐燕云十六州时重病被迫班师，后不幸病亡。柴宗训即位后不到半年，就被赵匡胤所篡，建立北宋，五代结束。

与此同时，汉族聚居区先后还有十个相对较小的割据政权存在，其中九个在南方，即吴、南唐、吴越、楚、前蜀、后蜀、南汉、南平（荆南）、闽，北方一个为北汉，被统称为十国。江南以吴国最强，而后被李昪篡位，建立南唐，其次有吴越与闽国等。湖广则被荆南、楚国与南汉等占据。南唐国力最强，先后攻灭闽国、楚国，但多次用兵使得国力衰退，最后败于后周。蜀地有前蜀、后蜀，国家富强，是仅次于南唐的强国，然而耽于安乐，最后亡于中原。北汉是十国中唯一在北方的，是后汉刘氏后裔所建。赵匡胤建立宋朝后，与其弟宋太宗相继扫荡群雄，于979年统一除交州与幽云十六州外的中国本土地区，十国结束。

"五代十国"这一称谓出自宋欧阳修所撰《新五代史》，是对五代（907—960）与十国（902—979）的合称。通观历史，五代十国是中国历史上著名的一段大分裂时期。五代十国的封建统治者们，依靠各自手中掌握的军队，分别割据一方，"大者称帝，小者称王"，互相吞并，倒戈兵变，改朝换代，如同儿戏。整个中华大地如"瓜分豆剖"一般被他们蹂躏着。

五代短短53年，竟弄出"八姓十四君"，真可谓"天地闭，贤人隐"[1]。贤人少见，忠臣亦稀缺。"天子宁有种耶？兵强马壮者为之尔。"[2]这句著名的豪言壮语就出自后晋的成德节度使安重荣之口，将五代军事实力派们的司马昭之心暴露无遗，也反映了当时藩帅们普遍存在的思想。《宋史》说五代官僚"视事君犹佣者焉，主易则他役，习以为常"，用现代语言解释是说：臣子看待皇帝，像雇工看待雇主一样，雇主换了，

---

① ［宋］欧阳修：《新五代史》卷34《一行传》，中华书局2015年版。

② ［宋］欧阳修：《新五代史》卷51《安重荣传》，中华书局2015年版。

他就到别处受雇，习以为常。

天下大势，浩浩荡荡，分久必合，合久必分。历史的车轮滚滚向前，经过50余年的割据战乱之后，急需重新建立一个大一统的王朝，结束分崩离析的局面，历史最终选择了后周的一名大将——赵匡胤。

五代的开国皇帝，大都以方镇起家，把强大的镇兵直接变为中央的禁军，从而使中央军事力量较地方其他藩镇力量强。五代政权虽频繁更迭，但不管谁当上了皇帝，他们都要想办法加强中央的权力，限制和削弱地方割据势力，在这方面已采取了不少措施，积累了很多经验。

尤其在周世宗（柴荣）时，一方面注意减苛捐杂税，均田赋，充分理解孟子所说"民之为道也，有恒产者有恒心，无恒产者无恒心"①的道理，罢营田赐民为永业，以稳定发展生产；另一方面注意训练军队，努力进行统一战争，这些政策都是成功的。周世宗先后从后蜀那里夺取了秦（甘肃天水）、凤（陕西凤县东南）、成（甘肃成县）、阶（甘肃武都县东）四州，又亲自带兵打败相对强大的南唐，夺取淮南江北十四州之地。显德六年（959），他又率军北伐，准备收复被辽朝控制的燕云十六州，可惜只占领了瓦桥、益津、淤口三关后便得了重病，在商议取幽州时病倒，不得不班师回军开封。不久，年仅39岁的周世宗病逝，由他7岁的幼子柴宗训即位，史称周恭帝。"主少国疑"，国内原本稳定团结的政治形势一下子紧张起来。长期跟随周世宗南征北战的大将赵匡胤，逐渐被安插在重要岗位上，当周世宗死后他即成为举足轻重的人物。

二　宋太祖赵匡胤发迹于商丘

赵匡胤（927—976），字元朗，小名香孩儿、赵九重，涿郡（今河北省涿州市）人。后唐天成二年（927），赵匡胤出生于洛阳夹马营（今

---

① ［战国］孟子：《孟子》卷5《滕文公上》，中华书局2015年版。

河南省洛阳市瀍河区东关）的一个军官家庭。高祖赵朓，在唐朝官至幽都（今北京）县令；曾祖赵珽，于唐朝任御史中丞；祖父赵敬，历任营、蓟、涿三州刺史。赵匡胤为赵弘殷次子，长兄赵匡济早夭，母亲为杜氏（昭宪太后）。据《宋史》记载："汉初，漫游无所遇，舍襄阳僧寺。有老僧善术数，顾曰：'吾厚赆汝，北往则有遇矣。'"① 意思就是说，后汉初年，赵匡胤到处游历而没有发挥才能的机遇，便在襄阳一座寺庙里住下。有一个老和尚善于看相，看到他之后说："我把我所有的全部资助给你，你往北去会有奇遇。"赵匡胤往北去以后，于乾祐元年（948）投身后汉枢密使郭威帐下，参与征讨河中节度使李守贞，屡立战功。

乾祐四年（951），郭威在澶州（河南濮阳）发动兵变，进军开封，代汉建周。赵匡胤积极拥立郭威，因此被后周所重用，任东西班行首，拜滑州副指挥使。郭威之子柴荣为开封府尹时，赵匡胤深受器重，转为开封府马直军使。赵匡胤也不负众望，在后周征伐南唐时表现出色，屡建战功。柴荣即位后，很快就先后擢升赵匡胤为归德军节度使（治所在宋州）、义成军节度使（河南北部）、忠武军节度使（河南中部）等要职，成为股肱大将。

随着赵匡胤地位与权力的不断上升，与五代走马灯似的帝王们一样，也逐渐有了做皇帝的想法。在周世宗死后不久，就上演了历史上著名的陈桥兵变、黄袍加身的闹剧。其实，"点检做天子"的流言早在后周末期赵匡胤任殿前都点检之前就已经流传开来。据《宋史》记载："六年，世宗北征，为水陆都部署。世宗在道，阅四方文书，得韦囊，中有木三尺余，题云'点检作天子'，异之。"② 这也说明，当时作为禁军统帅的殿前都点检一职的权力之大，已经超过外地藩镇，成为皇权的最大威胁。

---

① ［元］脱脱：《宋史》卷1《太祖纪》，中华书局1977年版。
② ［元］脱脱：《宋史》卷1《太祖纪》，中华书局1977年版。

　　周世宗柴荣死前，为了防止时任殿前都点检的张永德（郭威的女婿）发动政变，煞费苦心地作了一番安排，首先免除张永德军职，然后任命亲信赵匡胤为检校太傅、殿前都点检，使赵匡胤掌握了禁军的统帅权。周世宗死后，7岁的幼子柴宗训即位，赵匡胤作为周世宗指派的四个顾命大臣之一，又被委任为归德军节度使、检校太尉，左右朝政，地位日隆。

　　显德七年（960）元旦，赵匡胤以镇（河北正定）、定（河北定县）二州的名义，谎报军情，说是契丹勾结北汉大举南侵，要求后周中央政府急速派兵抵御。宰相范质、王溥等不辨虚实，立即派赵匡胤率军出征。大军出城之日，开封城内"策点检为天子"的谣言已引起了极大的轰动，因害怕动乱身亡，"士民恐怖，争为逃匿之计"，惟独后周内廷被蒙在鼓里。赵匡胤率军于初三早晨出征，天黑以前驻军于开封东北二十里的陈桥驿。一些将领却聚集在一起，悄悄商量。有人说："现在皇上年纪那么小，我们拼死拼活去打仗，将来有谁知道我们的功劳，倒不如现在就拥护赵点检做皇帝吧！"没多久，这消息就传遍了整个军营。次日早晨，赵匡胤弟（赵匡义）与掌书记赵普等指挥将士，发动兵变，把早已准备好的一件黄袍披在赵匡胤身上，举为天子。据《宋史》记载："诸校露刃列于庭曰：'诸军无主，愿策太尉为天子。'未及对，有以黄衣加太祖身，众皆罗拜呼万岁。"[①]大军随即回师开封取代后周，宣布年幼的周恭帝退位，赵匡胤当了皇帝，史称宋太祖。

　　黄袍加身御海宇，五代纷争从此休。赵匡胤在位期间，依据宰相赵普的"先南后北"的策略，致力于统一全国，先后灭亡荆南、武平、后蜀、南汉及南唐等南方割据政权，完成了全国大部的统一。赵匡胤汲取五代离乱教训，为了加强中央集权，同时避免禁军军将也黄袍加身，使类似陈桥兵变的历史剧重演，篡夺自己的政权，注重削弱禁军首领及地方藩镇的兵权，先后两次"杯酒释兵权"，罢去禁军将领及地

---

① ［元］脱脱：《宋史》卷1《太祖纪》，中华书局1977年版。

方藩镇的兵权,解决了自唐朝中叶以来地方节度使拥兵自擅的局面。"显德六年,幼主宗训即位,匡胤以殿前都检点领归德节度使归德镇宋州。匡胤既代周,遂以宋为国号。"① 这就是说,因赵匡胤当初担任归德军节度使的地方,治所在宋州,就改国号为大宋(意思是光大宋地),仍定都开封,史称北宋。同时,赵匡胤又改归德军为宋州,以示彰显国号。显然,赵匡胤视宋州为自己的发迹之地、龙兴之地。北宋的建立,与商丘有不解之缘,宋王朝名称的由来,都与商丘紧密相关。

第三节 北宋陪都南京:宋真宗升宋州为应天府

因为赵匡胤发迹于商丘(宋州),并且声称这是顺应了天命,自己之所以能当皇帝是奉天承运。于是,到了宋朝第三位皇帝宋真宗时期便对"太祖旧藩"更加重视,多次下诏书,先将宋州升格为应天府,后又将应天府升格为南京,以示重视和不忘本源。正因为如此,北宋一代,把陪都南京的地位摆在仅次于首都开封府的位置,不断地加以扶持,使南京在全国有着特殊的历史地位。在北宋王朝的重视和不断经营之下,南京的发展欣欣向荣,战略地位也日益重要。

一 应天府的设立

景德三年(1006)二月,宋真宗赵恒正式下诏改宋州为应天府。诏曰:"睢阳奥区,平台旧壤,两汉之盛,并建于戚藩,五代以还,荐升于节制,地望雄于征镇,疆理按于神州,实都畿近辅之邦,乃帝业肇基之地。……用彰神武之功,且表兴王之盛。宋州宜升为应天府。"② 而且定宋城县为次赤,宁陵、楚丘、柘城、下邑、谷熟、虞城等县并为次畿。可见,当

---

① [清]顾祖禹撰,贺次君、施和金点校:《读史方舆纪要》卷7《历代州域形势》,中华书局2005年版。

② [清]徐松辑,刘琳等点校:《宋会要辑稿》方域2之1,上海古籍出版社2014年版。

时北宋统治者已经明确认定宋州是"帝业肇基之地",并且明确了应天府所辖行政区划。宋真宗认为,为了彰显赵匡胤代周建宋、一统天下的神武之功,宋州作为龙兴之地,应该升格为应天府。当然,宋真宗将宋州升格为应天府,是利用人们君权神授的观念,为了证明先祖赵匡胤"黄袍加身"是遵从天意、受命于天的,也是为了论证大宋王朝政权得来的合法性与神圣性。

大中祥符七年(1014)正月,宋真宗赵恒从东京开封府(今河南开封)率众臣前来应天府圣祖殿祭拜先祖,并下令塑造太祖、太宗、真宗像,侍于圣祖殿之侧,并改圣祖殿为鸿庆宫,这成为赵宋一朝的原庙、宗庙、祖庙。除了每年的例行朝谒外,每逢新皇帝登基、册封皇后等,都要举行隆重的祭祀活动,这一惯例直至北宋灭亡。后来,康王赵构在南京鸿庆宫祭祖后,即位于南京,建立南宋。许多著名文学家都曾为鸿庆宫撰写赋表,如欧阳修的《贺鸿庆宫成奉安三圣御容表》、刘敞的《鸿庆宫三圣殿赋》、苏辙的《陪杜充张恕鸿庆宫避暑》、苏颂的《元日鸿庆宫朝拜二十韵》等,虽然都是为皇帝歌功颂德并描绘了鸿庆宫的场景,但都足以说明鸿庆宫在赵宋王朝政治上的巨大影响。

二 北宋"四京"之一的商丘

很多人都知道北宋有所谓"四京"①,商丘是为南京,作为拱卫京城的重要门户。史载:"大中祥符七年正月二十九日,诏曰:睢水名区,实一方之都会;商丘奥壤,为三代之旧邦。形势表于山河,忠烈存于风俗。惟文祖之历试,盖王命之初基。今者伸款谒于桧庭,既扬茂则,徇徯来于竹苑,方需湛恩。期克壮帝猷,俾肇新京邑,用志兴王之地,允符追孝之心。应天府宜升为南京,正殿以归德为名。咨尔都民,承

---

① "四京"是指东京开封府(今河南省开封市)、西京洛阳河南府(今河南省洛阳市)、南京应天府(今河南省商丘市)、北京大名府(今河北省大名县)。

予世德，庆灵所佑，感悦良多。二月一日，诏名南京门曰崇礼，双门曰祥辉，外西门曰回銮。"① 同年三月，宋真宗在大力营建应天府鸿庆宫的同时，正式下诏升应天府为南京，建行宫正殿，以归德为名，称"归德殿"，以示追本溯源。至此，应天府成为当时宋朝的唯一陪都，与当时的首都东京开封府并立成为"二京"。宋朝南京对赵宋王朝的巩固及发展起着重要的作用，发挥着重大的政治影响，也是商丘厚重历史文化的重要组成部分。

据《归德府志》载："宋时南京城，城周十五里四十步。东二门，南曰廷和，北曰昭仁。西二门，南曰顺城，北曰回銮。南一门曰崇礼，北一门曰静安。内为宫城，周二里三百六十步间曰重熙、颁庆。京城中有隔门，门二，东曰承庆，西曰祥辉；东有关城，周二十五里八十三步。东西南北各有一门。"据此可知，北宋时期的南京城是一座规模宏大的城池。清初朱彝尊曾这样描绘过当时的繁荣景象："商丘，宋之南京也。东都盛时，由汴水浮舟达通津门，三百里而近，车徒之毂五，冠盖之络绎，妖童光妓自露台瓦市而至，乐府之流传，朝倚声而夕勾队于碧堂上"。② 这则记载，略可窥见当时商丘繁盛之一斑。

宋真宗诏升应天府为南京之后，这种两京并立的局面，一直至宋仁宗庆历年间（1041—1048）之前没有任何改变，充分说明了南京在宋人心中的极端重要性。

直到庆历二年（1042），契丹在燕云十六州一带集结重兵，声言要伺机南侵。消息传至东京，有人主张迁都洛阳。枢密使吕夷简认为，如果迁都洛阳，将使契丹不加抵抗渡过黄河。那时，城池再坚固，也难阻挡敌人的继续进攻。契丹"畏壮侮怯"，如果匆忙迁都洛阳，是向敌人示弱。他建议应该建都大名府（今河北大名东北），表现出仁宗要亲

---

① ［清］徐松辑，刘琳等点校：《宋会要辑稿》方域 2 之 1，上海古籍出版社 2014 年版。
② ［清］朱彝尊：《曝书亭集》卷 40《宋院判词序》，影印文渊阁《四库全书》本 1317 册，台湾商务印书馆 1986 年版。

征的决心，这样才能挫败契丹南侵的图谋。宋仁宗采纳了吕夷简的主张，并因宋真宗曾于咸平三年（1000）驻跸大名府亲征契丹，于是在当年五月改称大名府为"北京"。后来，又以河南府（今河南洛阳）为西京，才最终形成了北宋"四京"的格局。

北宋王朝虽营建了"四京"，但对"四京"的战略、职能定位并不相同。东京为首都、京畿路路治，是全国政治、经济和文化中心；南京是京东路路治和宗庙社稷所在地，是重要的经济文化中心；西京为京西北路路治；北京是河北东路路治。北宋王朝对于商丘的重视，并不只是"以太祖旧藩也"，还为当时商丘的地理形势所定。通过前文可知，商丘自古是战略要地，它"南控江淮，北临河济，彭城居其左，汴京连其右，形胜联络，足以保障东南，襟喉关陕，为大河南北之要道焉"[①]。

三　北宋重镇——南京

众所周知，唐代以后，中国的经济中心就从黄河流域逐渐转移到了长江流域。但是因战略位置、政治形势等原因，北宋仍然与五代时期的各个王朝一样，将首都定在了黄河之滨的开封。而北宋时，东南已成为全国最富庶的地区，北方首都需要依赖东南物资财赋的支撑，内河漕运就成为了北宋政府攫取江淮财富的主要运输线，并且形成了北宋"漕运四渠"。

由于北宋都城开封设在黄河中下游的大平原上，因此，宋朝特别重视这一地区的水陆交通建设，形成了以开封为中心的水陆交通网。隋唐以来沟通南北的大运河通济渠，又称为汴河。北宋对运河进行一系列整治，运输能力大增，形成以京师开封为中心的运河系统。北宋漕运分四路向京都汴京开封府集运，分别是：淮汴之粟由江南入淮水，

---

① 清康熙四十四年《商丘县志》。

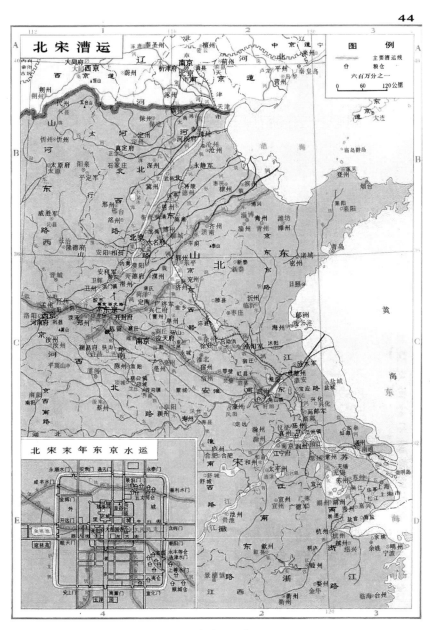

北宋漕运图①

_____

① 郭沫若主编:《中国史稿地图集》,中国地图出版社 1990 年版。

经南京、汴水入京；陕西之粟由三门峡附近转黄河，入汴水达京；陕蔡之粟由惠民河转蔡河，入汴水达京；京东之粟由齐鲁之地入五丈河达京。上述四河合称漕运四渠，其中来自东南六路的淮汴之粟占主要地位。

北宋汴河即隋朝大运河的通济渠，唐时改称广济渠，宋时俗称汴河。北宋时期，汴河穿宋州城而过，商丘水上交通很便利，成为漕运枢纽之地，是宋代的经济中心。商丘在宋都开封的东南方向，交通畅达，北有古汴渠，南有涡河，特别是汴河的疏通，成了全国物资运输的大动脉，是北宋经济收入的重要支柱。商丘位置适中，汴河穿流而过，每年经商丘从江南运往京城开封的粮食就有五百万到七百万石之多，从商丘集散的其他土特产品、手工业品数量之大，是临近几个城市所不能及的。《宋会要辑稿》中多次描绘此地的繁荣景象，这里商旅辐辏，经济繁荣，实为"一方之都会"①。

因此，商丘成为北宋重要的物资集散地，农业、手工业、商业发达，成为仅次于都城东京的经济重心。宋庠曾在诗中这样描写汴河："虎眼春波溢岩沟，万艘衔尾响中州。控淮引海无穷利，枉是滔滔半浊流。"②陆路交通方面，从京城开封向东经南京、徐州可达海州（连云港）。商丘作为首都开封的东南门户，近可屏蔽淮徐地区，远可南通吴越之地。又因为商丘紧邻汴梁，是北宋漕运四渠的最重要一支，源源不断地转运东南地区漕运而来的各种物资，对于确保首都开封的繁荣至关重要。这样，在商丘地区，水路和陆路相互交错，形成了四通八达的交通网络体系，有力促进了该地区社会经济的发展，有力保障了北宋一代首都东京开封的繁荣发展。

北宋一代，首都东京开封和南京应天府因内河漕运发达，物质生活

① ［清］徐松辑，刘琳等点校：《宋会要辑稿》方域 2 之 1，上海古籍出版社 2014 年版。
② ［宋］宋庠：《元宪集》卷 15《汴渠春望漕舟数十里》，影印文渊阁《四库全书》本 1087 册，台湾商务印书馆 1986 年版。

丰富，社会经济高度繁荣，社会文化方面也达到了很高的水平，名家辈出，文化繁荣。曲折流传千年的《睢阳五老图》就是证明当时商丘文化繁盛的一个极好例子。

当一幅画流传上千年，它所记录的就不仅是画中的人，还有那些为保存它的人所付出的艰辛。而当这幅画拥有数十位历代名家的题跋时，它的存世就显得愈加珍贵。这幅画，就是著名的《睢阳五老图》。北宋宋仁宗年间（1022—1063），有五位闲居在睢阳（今河南商丘市睢阳区）的"高级退休官员"，他们分别是杜衍、王涣、毕世长、朱贯、冯平，即所谓"五老"。他们中有宰相级别的官员，也有"省部级官员"，五位老人年龄都在八十岁以上，最年长者九十四岁，他们的年龄相加足有四百余岁，在那个时代实属罕见。五位长寿老人退休后过着闲云野鹤般的生活，见到睢阳风光秀美，便在那里结社赋诗，安度晚年，并与当时被贬主政商丘的欧阳修相互唱和，一时引领社会风尚，传为盛事佳话。"庆历末，杜祁公告老，退居南京，与太子宾客致仕王涣、司农卿致仕毕世长、兵部郎中致仕朱贯、尚书郎致仕冯平为'五老会'，吟醉相欢，士大夫高之。祁公以故相耆德，尤为天下倾慕。五人年皆八十余，康宁爽健，相得甚欢，故祁公诗云：'五人四百有余岁，俱称分曹与挂冠。'是时欧阳文忠公留守睢阳，闻而叹慕，借其诗观之。因次韵以谢，卒章云：'闻说优游多唱和，新诗何惜借传看。'"[1]

出于对他们的敬重，睢阳当地一位丹青高手为了将五老相会睢阳的故事作为一段佳话流传下去，突发灵感，为他们各画了一幅全身肖像图卷，题名《睢阳五老图》，并让五人在图上赋诗。钱明逸于北宋至和三年（1056）为之作序。此画绘制精美，尤其是人物脸部描绘细腻生动，栩栩如生。《睢阳五老图》问世后名声大振，誉满京城。史传欧阳修、晏殊、范仲淹、文彦博、司马光、程颢、程颐、苏轼、黄庭坚、苏辙等十八

---

[1] ［宋］王辟之：《渑水燕谈录》卷5，中华书局1997年版。

位北宋重量级文化名人纷纷在画上题诗题跋。南宋至清末，上百位名
人为之题赞，可谓流传有序，堪称一部国宝级画作。

《睢阳五老图》为北宋时期画作，曲折流传千年，堪称一部中国名
画小史。《睢阳五老图》历经宋元明清和民国，至今已有千年，仍保存
完好。在大多数的时间里，此图一直珍藏于"五老"的后代中。一幅
国宝能如此有序地流传，在画史上是十分罕见的。《睢阳五老图》的珍
贵不仅在于画作本身，历代名家的题跋在书法史上也具有极为重要的
地位，堪称千年国宝珍品，也是北宋时期商丘文化繁盛一时的最好历
史见证。应该说明的是，五老大都不是睢阳人，但是都不约而同地将
睢阳选作了自己的致仕养老之地，赋诗酬唱，怡然相得，从一个侧面
也充分印证了当时南京应天府在北宋一代的确是交通要地、经济重镇、
文化高地。

第四节　南宋立国之始：宋高宗应天府登基继统

北宋末年，社会积贫积弱问题日益严重，国势衰微。外部有金朝政
权与之对立，金朝不断侵扰北宋，而北宋统治者不断妥协退让。宋徽
宗赵佶即位后，面对已经成为强弩之末、内忧外患逐渐严重的北宋王朝，
宋徽宗先是整顿朝政，可是一年以后，逐步懈怠政务，导致了北宋王
朝的灭亡。

一　艺术家皇帝宋徽宗

宋徽宗赵佶生于元丰五年（1082）十月十日，自幼养尊处优，逐渐
养成了轻佻浪荡的性格。据说在他降生之前，其父宋神宗曾到秘书省观
看收藏的南唐后主李煜的画像，"见其人物俨雅，再三叹讶"，随后就生
下了徽宗，"生时梦李主来谒，所以文采风流，过李主百倍"。这种李煜
托生的传说固然不足为信，但在赵佶身上，的确有李煜的影子。宋徽宗

自幼爱好笔墨、丹青、骑马、射箭、蹴鞠，对奇花异石、飞禽走兽有着浓厚的兴趣，尤其在书法方面创立了"瘦金体"，更是表现出非凡的天赋。但是，宋徽宗是一名优秀的艺术家，却不是一名出色的皇帝。

宋徽宗即位之后启用新法，在位初期颇有明君之气。但他在位后期逐渐耽于享乐，大兴土木，重用奸相蔡京、宦官童贯等，弄得朝政日非，天下大乱，各地农民起义此起彼伏，使北宋的政治进入最黑暗、最腐朽的时期。

蔡京等腐败官员巧立名目，给农民增加各种赋税和劳役，从中搜刮，百姓苦不堪言。这种腐朽的统治加之统治阶级内部矛盾的出现，使社会生产、人民生活受到极大的影响并遭到严重的破坏。人民在这种环境下无法生存，不得不起来反抗。方腊起义、宋江起义等农民起义此起彼伏，国内阶级矛盾日益激化。宋徽宗虽然镇压和瓦解了这些国内的农民起义，度过了农民起义带来的一场统治危机，但是东北地区女真族的兴起，却使北宋王朝面临覆灭的命运。

此外，徽宗在外交、军事上接连进退失据，先是听从蔡京之议，与金国联手攻击日渐末路的辽国，约定功成后把原纳给辽的岁贡"转名过户"予金，而宋则可得回失陷多年的燕云十六州，结果却并不如意。北宋末年，原为辽朝臣属的北方女真族逐渐强大，辽天庆四年（1114），金太祖完颜旻统一女真诸部后起兵反辽。于翌年在上京会宁府（今黑龙江哈尔滨）建都立国，国号大金，并于1125年灭辽朝。北宋宣和二年（1120），宋、金两国结成海上之盟，协议金攻辽中京，而宋攻辽燕京，事成之后，燕云十六州归宋，宋需将本来献给辽的岁币转献给金，而辽的其余国土亦归金。宋廷原以为据此便可轻易夺取燕云十六州，可是没料到辽军抵不住金兵的进攻，却不惧怕与腐朽不堪的宋军作战，结果宣和四年（1122）北宋两次出兵攻打燕京，均被辽的燕京守兵打得大败。到这年年底，金兵由居庸关进军，攻克燕京。攻燕之战把宋朝的腐朽虚弱暴露无遗，两年以后，金朝即发兵灭宋，引发了历史上著名的靖康之变。

二 靖康之变与北宋亡国

当金军兵临城下时，宋徽宗接受李纲之言，匆匆禅让给太子赵桓。赵桓登基后改元靖康，是为宋钦宗。但是，宋钦宗同样不是一名出色的皇帝。他为人优柔寡断、反复无常，对政治问题缺乏判断力和敏锐力，是历史上懦弱无能的昏君，听信奸臣谗言，罢免了李纲。金兵围攻东京开封，他却无力抵抗。钦宗靖康元年（1126）闰十一月，金军攻陷开封城。次年四月，金军胁迫宋徽宗与宋钦宗及宗室、官员士大夫等三千余人北迁金国，北宋政权灭亡。

金天会五年（1127）四月，金兵统帅宗翰、宗望带着被俘的徽宗、钦宗二帝和赵氏宗室、大臣三千余人，以及掠夺的大量金银财宝、仪仗法物，北归金国，东京城中公私积蓄为之一空。北宋王朝由盛而亡，只经历了短短160余年时间。靖康之耻导致了北宋的灭亡，深深刺痛汉人的内心，南宋大将岳飞在《满江红》中悲愤异常："靖康耻，犹未雪，臣子恨，何时灭！"

靖康二年（1127），徽钦二帝被金兵掳走时，宋徽宗第九子康王赵构因为被朝廷派遣出使金营，在河北磁州被宗泽等人劝说，赵构并未继续前往金营。对此，史载："康王至磁州，州人杀王云，止王勿行，王复还相州。"① 开封城破时，康王赵构由于不在城内，幸运地躲过一劫而免于此难。康王赵构在宗泽等人的劝说下，决心重建大宋王朝，不久在南京应天府登基继统。靖康二年（1127）五月初一，康王赵构在南京鸿庆宫祭祖后，正式即皇帝位，建立南宋，改元建炎，成为宋高宗，是为南宋立国之始。后在金兵的追赶下，宋高宗从南京出发，逃往扬州、瓜州、镇江、临安等地，后来临安（杭州）成了南宋的都城。

---

① ［元］脱脱：《宋史》卷23《钦宗纪》，中华书局1977年版。

三　南宋肇基于商丘

东京开封沦陷，徽钦二帝被俘，距离开封不远的南京应天府自然也不安定，整个华北陷入战乱之中。在这种情况下，宋高宗赵构最好的策略应该是立即南逃，在南方找到立足之地。但为何赵构选择在南京应天府即位，这是有其必然性的。宋高宗之所以在商丘登基称帝，是因为商丘是北宋陪都南京，是北宋都城之一，他希望能在应天府重建宋王朝。可见，商丘对宋王朝来说，政治地位极为重要。同时，在宋朝的宗法中，祭祀祖先是十分重要的组成部分，是其宗庙制度的重要形式之一，神御殿（鸿庆宫）也就成为国家祭祀祖先的重要部分，并逐步形成了一种成型的制度形态，体现着一定的政教关系。商丘作为赵宋王朝的潜龙之地和最早确立的陪都，有其特殊历史地位，所以成为了赵构登基继承大统的首选之地。

当然，商丘能够作为北宋的三大陪都之一，除了此地是赵氏王朝的发迹地外，还为商丘当时的地理形势所定。商丘自古为战略要地，它"南控江淮，北临河济，彭城居其左，汴梁连其右，形胜联络，足以保障东南，襟喉关陕，为大河南北之要道焉"①。北宋定都开封，商丘既成为东南之门户，近可屏幕淮徐，远可南通吴越，地理位置十分重要；又因商丘紧临汴梁，为"舟车之都会，自古争在中原，未有不以睢阳为腰膂之地者"。显而易见，商丘的地理位置极为重要。北宋时，这里交通畅达，北有汴河，南有涡河。汴河是北宋连接南北的交通大动脉，从商丘穿越而过，汴河两岸，形成许多热闹的河市，经营粮食面粉、牛马牲畜、瓜果蔬菜以及纸张等日用生活品。《宋会要辑稿》中多次描绘此地的繁荣景象，这里商旅辐辏，经济繁荣，实为"一方之都会"②。

可见，商丘作为赵匡胤的发迹地，大宋王朝称号的起因地，其政治

---

① 清康熙四十四年《商丘县志》。
② ［清］徐松辑，刘琳等点校：《宋会要辑稿》方域2之1，上海古籍出版社2014年版。

地位显而易见，不可替代。后来商丘成为北宋陪都南京、应天府，都
说明了商丘在北宋所具有独特的陪都的政治地位，是北宋重要的政治
中心，这也是宋高宗赵构选择在南京应天府登基继统的根本原因。

第二章　应天文化与北宋教育

北宋时期，中央官学教育体制逐渐由精英垄断型向大众普及型回归，经历了从严控入学之门到广开来学之路的转化过程，地方教育发达、书院教育的勃兴，催生了两宋发达的书院文化。宋朝兴盛的书院教育，打破了官学的垄断局面，促进了知识和文化的流动，在中国教育史上留下重要的一笔。应天书院为北宋四大书院之一，在北宋教育发展史上占有重要地位。应天书院在建立和发展过程中不仅为北宋王朝培养了大批人才，而且为开启北宋理学思潮、奠定宋代学术基础作出了重要贡献，在宋代教育史、文化史上都占有举足轻重的地位。

第一节　右文抑武国策：宋代书院文化的勃兴

大宋王朝享国 300 余年、仅次于两汉 410 年国运，在漫长的中华历史上占有重要的一席之地，不论政治、经济、文化、生产力，还是社会发展都空前繁荣，各方面均达到了历代封建王朝发展的巅峰，可谓前无古人。然而，长久以来，人们都习惯将宋朝称为"弱宋"，一个富甲天下、空前繁盛、经济总量占当时世界一半多的富庶国家，却和"弱"字沾上了关系，被相关学者形容为富而不强，这是为什么呢？

因为和之前的"强汉""盛唐"等大一统王朝相比，大宋的疆域面积最小，军队在对外战争中取胜的次数最少。大宋军队面对辽、金，甚至弱小的西夏的入侵，大都胜少败多，多少次被对方打得狼狈不堪，一溃千里，丧师失地，割地赔款，这也是澶渊之盟后屈辱"岁币"的由来。所以，宋朝虽是经济、文化上的"巨人"，但毫无疑问是军事上的"侏儒"，与汉唐盛世是无法同日而语的。而宋朝军事上"侏儒"的根源就在于开国皇帝赵匡胤制定的右文抑武国策。

一　北宋的祖宗家法

据《三朝北盟会编》《避暑漫抄》等很多宋代史料记载，宋太祖赵匡胤"黄袍加身"夺取政权后，为了汲取五代迭代纷乱的教训，确保赵宋王朝享国久长，想出一招"杯酒释兵权"的妙计，既不荼毒功臣，又可消除潜在的隐患。同时，他定下右文抑武的国策，立有"不杀士大夫"等祖宗家法，并且在宫殿中为后世赵氏子孙继位者勒石为戒。关于宋太祖的祖宗家法，王夫之的《宋论》、顾炎武的《日知录》均有提及，可见他们也是相信的。但由于正史不载此事，所以人们又常常半信半疑。但不管是否确有其事，不杀士大夫，基本上还是符合宋代的史实的。历史上很少有哪个朝代中士大夫的地位超过宋代。但是，赵宋王朝并非没有杀过士人的记录，并非没有文字狱的恶政，比如北宋著名文人苏轼就曾因为"乌台诗案"而被捕入狱。但是，宋朝确实是中国历史上杀士人较少的一朝、文字狱较少的一朝，这无疑都得益于宋太祖"不杀士大夫"的祖宗家法。

至于为何宋太祖确立右文抑武的国策，王夫之在《宋论》中曾一针见血地指出："夫宋祖受非常之命，而终以一统天下，底于大定，垂及百年，世称盛治者，何也？唯其惧也。"[1]宋太祖惧怕什么，怕的是武将专权。唐末五代百年来，武将跋扈、动辄夺权篡位的血腥局面，他亲身经历，记忆犹新。所以，宋初皇帝们要防范武将，要重用文臣。于是，

---

[1]　[清] 王夫之:《宋论》卷1《太祖》，中华书局1964年版。

赵匡胤听从了宰相赵普的建议，行重文轻武之国策，武将听从文官辖制，军人没有实权，地位极低，有时形同囚犯。时间一久，导致"兵无常帅，帅无常师；兵不习将，将不知兵"。大宋军队虽然数量庞大，但只吃粮不能打仗的"冗兵"很多，军人待遇比文官差得太多，以至于许多士兵为了糊口，居然去打工或给军官家里当仆役。这样的军队战斗力可想而知，看过《水浒传》的人应该知道，大宋正规军的战斗力远远不如祝家庄、曾头市的乡兵，这也是宋太祖立下的"右文抑武""兴文教，抑武事""不杀士大夫"等基本国策必然导致的结果，也是造成大宋王朝经济文化"巨人"、军事"侏儒"的根本原因。

有宋 300 余年，文人士大夫的地位之高，待遇之优渥，为其他朝代所无法比肩。所以，士大夫在战争中的作用固然不大，但其对赵宋王朝的忠心还是随处可见的。南宋以半壁江山与金、元对峙 150 余年，成为中国历史上支撑时间最久的南方王朝。当年，蒙古铁骑席卷亚欧大陆，只是在进攻南宋时才遇到了其征战史上最持久和最激烈的抵抗，比如持续长达 40 年的钓鱼城之战。在蒙古铁骑之下，宋朝是当时世界上坚持最久抗争最激烈的国家。以文天祥、陆秀夫等人为代表的宋代士大夫，以百折不挠、身殉宋室的壮烈行动，回报了大宋王朝的优礼。元人脱脱所撰《宋史》曾赞叹道："士大夫忠义之气，至于五季，变化殆尽。宋之初兴，范质、王溥，犹有余憾，况其他哉！艺祖首褒韩通，次表卫融，足示意向。厥后西北疆场之臣，勇于死敌，往往无惧。真、仁之世，田锡、王禹偁、范仲淹、欧阳修、唐介诸贤，以直言谠论倡于朝，于是中外搢绅知以名节相高，廉耻相尚，尽去五季之陋矣。故靖康之变，志士投袂，起而勤王，临难不屈，所在有之。及宋之亡，忠节相望，班班可书，匡直辅翼之功，盖非一日之积也。"[①]

宋太祖"不杀士大夫"的誓约、右文抑武的国策不仅是古代最开明

① ［元］脱脱：《宋史》卷 446《忠义传》，中华书局 1977 年版。

的国策，而且在宋朝 300 年间得到了有效的执行，而作为历史的回报，则是让宋朝成了中国文明的巅峰。不说别的，仅就中国人的四大发明来说，除造纸外，其余火药、活字印刷术、指南针三项，这些宋朝人智慧的结晶，一直到今天，仍是当代社会所需要的。而就我们须臾离不了的书本、报纸、文件、宣传品，乃至于网络上所使用的印刷体方块字而言，更是被称为"宋体"，这个"宋"，就是宋朝的"宋"。所以说，我们当下的生活方式，与秦汉唐，已经相去甚远，从文化渊源上讲，与宋朝却是最为接近的。北宋是文人得宠的朝代，是文化人的天堂，学术文化的成就极高，中国文化至此更趋精深成熟，难怪英国历史学家汤因比说："如果让我选择，我愿意活在中国的宋朝。"

北宋立国以来，得益于右文抑武的国策，使社会风气从五代时的"重武轻文"变成"重文轻武"，文人地位迅速提升，社会普遍形成尊崇读书人的风气。右文抑武的国策，也促成了书院文化、书院教育的勃兴。书院文化的兴盛，反过来又催生了一大批文化名家走上历史舞台，使宋代在文化和科技领域创造出许多辉煌的成果，成为中国古代文化最繁荣、科技最发达的朝代之一。古代四大发明有三个发明完成于宋朝或得到大规模实际的运用，在北宋中后期还呈现了文化大家"井喷"的罕有现象。

二　古代书院的演变史

书院是唐宋至明清出现的一种独立的教育机构，是东亚古代教育制度有别于西方欧洲"学院"教育的一种独特形式。书院是古代特有的教育组织形式和学术研究单位。它是中国古代教育史和中国思想史上重要的一环，对于古代教育的发展、人才的培养以及学术理论的繁荣起过重要的作用。在中国历史上，书院是实施藏书、教学与研究三结合的高等教育机构，开始只是地方私立教育组织，最早出现在唐朝，正式的教育制度则是由朱熹创立，发展完备于宋代。

唐末至五代期间，战乱频繁，官学遭受破坏、庠序失教，许多读书人避居山林，模仿佛教禅林讲经制度创立书院，自主传播儒家文化学术，开始出现一批私人创办的早期书院，后来书院这一独特的民间教育机构逐渐发展壮大，并出现官学化倾向。书院制度萌芽于唐，勃兴于宋，废止于清，前后千余年的历史，对中国封建社会教育与文化的发展产生了重要的影响。

书院原由富室、学者自行筹款，于山林僻静之处建学舍，或置学田收租，以充经费。后来，很多著名书院由朝廷赐敕额、书籍，并委派教官、调拨田亩和经费等，逐步变为半民半官性质的地方教育组织，发展成为私人或官府所设的聚徒讲授、研究学问的场所，在社会上影响很大。比如北宋时期有著名的"四大书院"，明代无锡有"东林书院"，曾培养了杨涟、左光斗这样一批不畏阉党权势、正直刚硬廉洁的进步人士，他们被称为"东林党"。

其实，"书院"一词最早出现于唐代。中国最早有明确记载的官办书院开始于唐朝，为开元六年（718）唐玄宗在东都洛阳敕建的丽正书院，后又别称丽正殿书院、丽正修书院、集贤殿书院等，但都为藏、修书之所，并没有教育功能，与后来的书院概念相去甚远。各种地方志和《全唐文》中记载了一些唐代私人创建的书院。这些书院大多是私人读书处，如草堂书院、李公书院，这些读书处也不是真正意义上的书院。但是，有一些书院已有了教授生徒的功能，如义门书院，"唐义门陈衮建，聚书千卷，以资学者，子弟弱冠悉令就学"①。由上可见，虽然唐代的官府书院和以私人读书地命名的书院并不是后代所言的具有教育意义的书院，但是部分书院如义门书院、皇寮书院、松州书院等已可作为真正意义上的书院。五代承唐，仍有书院的创设，只是和唐一样，数量少、

---

① ［清］谢旻、陶成：《江西通志》卷 22《九江府》，影印文渊阁《四库全书》本 513 册，台湾商务印书馆 1986 年版。

规模小，仅仅是书院发展的最早期形态。

宋代书院的发展掀起了一个新高潮。北宋九朝几乎都有书院的创设。宋代书院的兴起始于范仲淹执掌南都府学，特别是庆历新政之后，在北宋盛极一时。这时候就出现了"四大书院"的说法。到了南宋朱熹时期更盛，各延大儒主持，成为理学书院，每一所书院都成为远近闻名的学术重镇。

元朝书院制度已经没有了两宋全面发展的气象转而畸形发展，专讲程朱之学，并供祀两宋理学家。明朝初年，书院转衰，直到王阳明成为心学大家，书院才在某种意义上再度兴盛。但明朝后期，书院因批评时政，妄议天下，遭当道之忌，明世宗嘉靖帝、首辅张居正等皆曾下令毁书院，尤其阉人魏忠贤借口东林党与东林书院事件，尽毁天下书院，中国古代书院从此走向没落。满清入主中原，对书院所保存的华夷元气，犹有余悸，所以继续抑制书院发展。雍正十一年（1733），皇帝正式明令各省建书院，采取鼓励态度，书院渐兴，但不分官立私立，皆受政府监督，没有了宋元时的讲学自由风气。直到庚子后新政，庚子诏令将全国书院改制为新式学堂，延续了一千多年的古代书院制度最终瓦解。自民国年代起在香港、台湾均有不同学校称作书院，但已与古代的书院有所出入。

"风声雨声读书声声声入耳，家事国事天下事事事关心"，诗书传家、书香门第是中国古代读书人的人格追求。无论哪朝哪代，老百姓都认为"万般皆下品，唯有读书高"，都把读书看作一等一的大事，于是在千百年的历史流转中，承载着文明和思想火花的"书院"为中国传统文化的薪火相传起到了重要的作用。

在书院的千年发展史上，得益于两宋右文抑武的国策，书院文化快速发展，至南宋朱熹趋于完备。中国历史上著名的"四大书院"均勃兴于宋代，宋代无疑是古代书院文化的顶峰。在宋代，书院成为理学家探讨高深学问的地方，名家辈出，蔚为壮观，书声琅琅，令人神往，成为书院发展史上的黄金时代。

第二节　四大书院之首：从南都学舍到应天书院

"四大书院"的说法最早成型于北宋，因为宋朝之时虽然武运衰败，但是文化却最兴盛，宋朝之时文人的待遇是历朝历代以来最高的，大文豪大才子层出不穷。在这样的气氛下，书院也就开始兴盛，私人讲学授徒亦蔚然成风，逐渐形成了"四大书院"，比如宋末马端临《文献通考》中《学校考》就专门谈及了宋朝四大书院。

一　四大书院

中国古代书院肇创于唐，繁盛于宋元，北宋时期形成了四大书院，历明清而不衰，赓续千年之久。迄至近代，才逐渐为新式学校教育所取代。在上千年的发展进程中，书院文化内涵丰富、博大精深，形成了以人格修养为旨归的尚德精神、以经世致用为特点的务实精神、以薪火相传为特征的创新精神。

但是，历史上究竟哪四所书院可以称得上"四大"，则各有各的见解。现在通常是指应天书院（在今河南商丘睢阳区南湖畔）、岳麓书院（在今湖南长沙岳麓山）、嵩阳书院（在今河南郑州登封嵩山）、白鹿洞书院（在今江西九江庐山）。其中，应天书院起源之早、规模之大、持续之久、人才之多，居古代四大书院之首。

北宋"四大书院"之中，岳麓书院坐落于湖南长沙湘江西岸的岳麓山脚下，嵩阳书院坐落于河南登封嵩山南麓，白鹿洞书院坐落于江西庐山五老峰南麓，三大书院都设立在偏僻安静的山林胜地，唯独应天书院位于北宋南京的繁华闹市之中，由私学"南都学舍"到官学，从应天书院升为应天府学，再由府学升为南京国子监，人才辈出。随着晏殊、范仲淹等人的加入，应天书院逐渐发展为北宋最具影响力的书院，成为名副其实的"四大书院"之首。可以说，应天书院经历了北宋一代长期发展过程，为北宋培养了大批优秀人才。其办学精神影响全国，在宋代文化史上占有突出地位，使商丘文化接续古宋诸子百家争鸣而至汉梁苑辞赋盛宴之后，又进入到一个文化灿烂时期。

宋代以后许多重要学术流派的形成，无不与书院紧密联系在一起。北宋的濂、洛、关、闽之学，南宋的朱子学派、湖湘学派、陆王学派，明清的泰州学派、东林学派、蕺山学派、浙东学派、颜李学派、桐城学派、乾嘉学派等，几乎都是在书院文化教育中产生并发展起来的。黄宗羲在《宋元学案》一书中，就把不少学术流派直接以该书院名称予以命名，如"丽泽诸儒""沧州诸儒""岳麓诸儒""槐堂诸儒"等，表明了书院教育与学术发展的相继相随。

宋代，四大书院逐渐形成了独具特色的会讲与讲会之制，并对书院体制产生了重要影响。书院会讲，实为各书院举行的学术性聚会或研讨会，含有对时人所关心的重大政治学术问题的会同讨论、讲辩之意，由此形成一批"会讲式书院"。例如，南宋乾道三年（1167）张栻主讲岳麓书院时，即邀请朱熹到书院讲学，史称"岳麓之会"或"朱张会讲"，开创书院自由讲学风气。这些会讲开不同学派在书院讲学之先河，对促进书院教学、活跃书院学术气氛起了巨大推动作用，也为书院发展注入了活力，反映了书院在学术上兼容并蓄优良学风的形成。

二　荜路蓝缕的南都学舍

应天府书院又称"应天书院、睢阳书院、南京书院、南都书院、南京国子监"，现址位于河南省商丘市睢阳区商丘古城南湖畔，是中国古代著名的四大书院之一。应天府书院前身为睢阳书院，是五代后晋时的商丘人杨悫所创办。北宋大中祥符二年（1009），宋真宗改升应天书院为府学，称为"应天府书院"，并正式赐额"应天府书院"。大中祥符七年（1014），应天府（今河南商丘）升格为南京，成为宋朝的陪都，应天书院又称为"南京书院"。庆历三年（1043），应天府书院改升为"南京国子监"，成为北宋最高学府，同时也成为中国古代书院中唯一一座升级为国子监的书院。

应天书院的历史，可以追溯到五代时的后晋（936—947）。唐朝覆亡后，中国历史进入"五代十国"分裂时期，官学遭受破坏、庠序失教，中原地区开始出现一批私人创办书院，应天府书院由此而生。应天书院最早创办于五代后晋天福六年（941），始名"宋州南都学舍"，创办人为杨悫。当时天下大乱，割据一方的封建统治者无暇顾及教育，而宋州虞城却有一位"力学勤志，不求闻达"①的学者杨悫，聚徒讲学，热心教育事业。杨悫乐于教育，在归德军将军赵直扶助下创办睢阳学舍（因地处南京，后称"南都学舍"），聚众讲学，教化乡里。南都学舍成立后建有藏书楼，办学成绩显著，培养出了一批人才，名儒戚同文便是其中的一位。

杨悫死后，戚同文继承了老师的事业，在宋州继续从事教育活动，影响甚大。当时，住在宋州的将军赵直为他筑室数楹，让他聚徒授教。据《宋史·戚同文传》记载："戚同文，字同文。宋之楚丘人。世为儒。幼孤，祖母携于外氏，奉养以孝闻……始，闻邑杨悫教授生徒，日过其学舍，因授《礼记》，随即成诵，日讽一卷，悫异而留之。不终岁毕通《五经》，悫即妻以女弟。自是弥益勤励读书，累年不解带……同文纯质尚信义，人有丧者，力拯济之，宗族闾里贫乏者周给之，冬月，解衣裘与寒者。不积才，不营居室，或勉之，辄曰：'人生以行义为贵，焉用此焉！'由是深为乡里推服。"②可见，戚同文是一位好学不倦、乐善好施、崇尚德义的学人。因戚同文学识渊博，精通五经，执教有方，前后门下登第者相继不绝，像宗度、许骧、王砺、陈象舆、高象先、滕涉等都是他的学生，后来都成为北宋台阁重臣的著名人物。可以说，正是杨悫、

① ［元］脱脱：《宋史》卷457《隐逸传》，中华书局1977年版。
② ［元］脱脱：《宋史》卷457《隐逸传》，中华书局1977年版。

戚同文早年的聚徒讲学，开了宋州兴教重学的风气，它不仅为北宋培养了一批人才，更为应天书院的诞生奠定了基础。

北宋的建立，结束了天下纷争的混乱局面，社会环境处于一个相对稳定的时期。且北宋休养生息，开科举，兴农业，当权者也急需选拔一批有识之士，历经乱世的大批心怀抱负的文士多想一展才华。因此，整个北宋好学之风甚浓。宋太祖建隆元年（960）归德改称宋州。北宋政权为选拔急需人才，实行开科取士，南都学舍的生徒参加科举考试，登第者竟有五六十人之多，声震朝野。各地文人、士子慕戚同文之名不远千里而至宋州求学者络绎不绝，出现了"远近学者皆归之"的盛况，南都学舍逐渐形成了一个学术文化交流与教育的中心。宋太宗太平兴国元年（976），戚同文去世，虽然受赠礼部侍郎，但南都学舍却一度关闭。

景德二年（1005），宋真宗因宋太祖赵匡胤尊号为"应天广运仁圣文武至德皇帝"，遂将宋朝龙兴之地宋州（今河南商丘）升州为府，称应天府。应天府民曹诚曾为南都学舍学生，对老师聚徒讲学的情景十分怀念，于是慷慨出资300万，在府城戚同文旧舍为屋150间，聚书1500卷，广招学生，并于次年聘戚同文之孙戚舜宾为主院，以曹诚为助教，从而重新恢复了南都学舍。

三　应天府书院的正式创建

宋真宗大中祥符二年（1009），为赢得政府的支持，曹诚愿以学舍入官，将所建学舍和书籍全部捐给政府。曹诚的举动得到政府支持，真宗皇帝大为嘉叹，"面可其奏"，亲自批复曹诚的请求。同时，宋真宗下诏表彰，端明殿学士盛度"文其记"，并御赐书院匾额"应天府书院"。应天书院改为府学，由应天府幕职官直接提举，官府拨学田十顷，充作学校经费。《宋会要》里载有大中祥符二年二月二十四日宋真宗对应天书院赐额的这份诏书。从此，应天书院取得了官学地位，得到官方承认，成为宋代

今商丘古城南门外重建的应天书院

较早的一所官学书院。应天书院被纳入地方官学管理后，北宋当权者通过赐书、赐匾额、赐学田等手段逐渐加强了对书院的控制。但是，在教育方针和教学方法上，书院仍有充分的独立性，保留着私学教育的鲜明特点。

大中祥符七年（1014），应天府又升格为南京，为宋朝三京之一。此时的应天书院又被称为"南京书院"。宋仁宗初年，北宋著名文学家晏殊任应天知府。任职期间，晏殊对书院教育极为重视。他大力聘请名师任教，使应天书院得到了较快的发展。

应天书院在晏殊任南京留守时获得较快发展。晏殊是北宋著名贤相、政治家、文学家。他感到北宋王朝表面上看是太平盛世，但实际危机四伏，人才匮乏，内无良相，外无强兵，人民贫困，社会浮靡。要扭转这种局面，就必须要培养人才。而要培养人才，就必须兴学校，请名师。他当时就延请了硕学名儒王洙和著名政治家、文学家、曾在应天书院求过学的范仲淹分别到书院讲学授课。其时的应天书院盛况空前，闻名远近。"由是四方从学者辐辏，其后宋人以文学有声名于场屋朝廷者，多其所教也。"①经过王洙、范仲淹等人的努力和官府的支持，应天书院又一次得到振兴。"人乐名教，复邹鲁之盛；士为声诗，登周召之美。既而丘园初秀，阀阅令嗣，拳拳允集，济济如归。"其盛况可以与孔孟邹鲁讲学媲美。自真宗大中祥符二年（1009）至仁宗天圣六年（1028），应天书院的学生"相继登科"，当时更是"魁甲英雄，仪羽台阁，盖翩翩焉未见其止"②，成为北宋一大学府。

仁宗景祐二年（1035），应天书院改为府学，并给学田十顷，正式编入官学系列。这时的应天府学更加兴旺，"生徒实繁，规模大备，风教日盛，诗礼日闻。以是出名流、取甲第者多矣，历公卿、居富贵者多矣。得非兴学明道之显效欤？"③

四　作为国子监的应天书院

庆历三年（1043），宋仁宗又将应天书院升为南京国子监，其地位高于一般地方学校，与东京（汴梁）国子监、西京（洛阳）国子监并列为全国最高学府。这样一来，应天书院历北宋一代经久不衰，为赵宋王朝培养了不少人才。

在北宋一代，随着政治的稳定，经济的发展，也带来了文化的繁盛，再加上朝廷大力提倡以文治国，鼓励文教，通过赐书赐田等方式，鼓励扶植民间书院的发展，使教育事业空前发达，以应天书院为首的四大书院蓬勃发展、熠熠生辉。应天书院倡导明体达用，提倡学生遍游山川实地考察，使学生获得感性知识；并强调发扬苦学精神，把培养

---

① ［宋］司马光：《涑水记闻》卷10，中华书局1989年版。
② ［宋］范仲淹撰，李勇先、王蓉贵点校：《范仲淹全集》卷8《南京书院题名记》，四川大学出版社2007年版。
③ ［宋］林表民：《赤城集》卷5《丹丘州学记》，影印文渊阁《四库全书》本1356册，台湾商务印书馆1986年版。

人才作为书院教育的核心。这些精辟见解形成了完全区别于科举的书院教育制度，使众多的经世致用人才脱颖而出。它们创造了丰厚的文化成果，迎来了这一地区文化发展的高峰期，成为北宋颇具影响的文化、教育中心和人才培养基地。

应天府教育事业的发达，交通的便利，也吸引外地学子纷纷到此求学，如孙复、石介、郭贽、傅求、赵瞻、郑雍等慕名而来。他们的到来，带动和促进了应天府文化教育事业的进一步发展。孙复、石介通过在应天书院的学习，成为北宋的巨儒名臣，著名的"宋初三先生"中他俩就占有其二。一些名士退休后，也乐意在应天府颐养晚年。如北宋名相杜衍，在宋仁宗庆历七年（1047）告老退职后，见到睢阳风光秀美，就定居南京。他和先后退休居此地的礼部侍郎王涣、司农卿毕世长、兵部郎中朱贯、尚书郎冯平赋诗酬唱，研习书法，安度晚年，一时传为佳话，号"睢阳五老"，并有《睢阳五老图》曲折流传千年。这些名儒俊士的到来，促进了应天府文化教育事业的发展，对当地文化教育的繁荣作出了贡献。

应天书院培养的人才不仅有政治家、思想家、文学家，还有教育家、军事家、学者和诗人等，他们在北宋政治文化舞台上发挥了重要作用，扮演了重要角色。特别是范仲淹在应天书院的学习和执教，更提高了应天书院的知名度，为朝廷栽培了诸多人才。诚如学者所论："北宋三大唯物主义思想家李觏、张载、王安石；三大教育家孙复、胡瑗、石介；三大军事家和战将庞籍、文彦博、韩琦；三大现实主义诗人石延年、梅尧臣、苏舜钦；三大诗文改革家穆修、尹洙、欧阳修；四大进步政治家富弼、余靖、蔡襄、叶清臣等，他们都是范仲淹的学生，长期受到其师的奖赏、奖掖与教诲，并较好地继承了老师的追求新知、热衷创新进取的思想。他们活跃于当时的政治、军事、经济、文化教育、学术思想等各个领域，成为中国历史上的显赫人物，有的甚至影响了中国历史和中国文化史的发展进程。这是范仲淹教育思想的功绩，也是应天府书院引以自豪、令人钦佩的辉煌历史。"①

北宋时期商丘的经济文化事业的发展，推动了应天书院教育事业的发展。隋唐五代以来，商丘经济文化事业发展繁盛。经济上，粮食产量得到大幅度提高。商品生产和商业活动也异常繁荣。正是由于商丘地区的社会发展和经济繁荣，才有力支撑了应天书院的发展繁盛。同时，北宋时期，商丘文化教育事业发达，社会上崇学重教风气浓厚，具有良好的教育环境，这就吸引了大批优秀学子到应天书院学习深造，也推动了应天书院的教育事业的繁盛。

商丘的区位优势、交通条件、经济文化的发展促进了应天书院的发展繁盛。反过来，应天书院的发展繁盛，也为应天府培养了不少文人俊士，推动着商丘社会文教事业的发展。历史上，应天府一带文人俊士众多，但真正大规模地涌现是从北宋开始的。根据清代乾隆十九年的《归德府志》卷六《选举表一》进士科的记述，唐代时商丘地区有进士 5 人，五代时有 2 人。而北宋时期应天府进士的数量，《宋史》有记录的就达 30 人。如王尧臣，王洙的侄儿，受王洙和范仲淹的教诲，学业精进，天圣五年（1027）24 岁时便一举夺魁。

第三节　应天书院骄子：以天下为己任的范仲淹

北宋时期，随着应天书院政治地位、学术影响的不断提高，一批又一批的学子从全国各地慕名而来，在此求学问道，其中的很多人后来都成为国家栋梁，范仲淹就是一个杰出代表，是应天书院的一代骄子。

范仲淹（989—1052），字希文，苏州吴县人（今江苏吴县人），北宋著名政治家、教育家、军事家和文学家。他一生清廉自律、勤政爱民，

---

① 刘卫东：《论应天府书院教育的历史地位》，《河南大学学报》（社会科学版）2001 年第 5 期。

在政治、军事、教育和文学上都
取得了非凡的成就，终身践行着
他的誓言——先天下之忧而忧，
后天下之乐而乐，对后人影响深
远。毛泽东同志在青年时期就已
认识到范仲淹是一位历史上为数
极少的伟人："中国历史上不乏
建功立业的人，也不乏以思想品
德影响后世的人。前者如诸葛亮、
范仲淹，后者如孔孟等人。但二

范仲淹画像

者兼有，既办事兼传教之人，历史上只有两位，即宋代的范仲淹与清
代的曾国藩。"① 然而，我们思考他成才的原因，追根溯源是与他青年时
期在南京应天书院接受的正规教育密切相关的。"他与应天书院有着极
为密切的关系，是应天书院培养和造就了他，也是他在宋仁宗天圣年
间振兴了应天书院。"②

一　范仲淹在应天书院寒窗苦读

　　范仲淹的父亲范墉主要从事幕僚工作。他两岁时，范墉在徐州病逝，
家里遂陷入贫困。母亲谢氏带着幼小的范仲淹改嫁到朱家。范仲淹也
随其继父朱文翰改名为朱说。朱文翰当时是一位县令，经常调动工作，
范仲淹母子随他先后游历过许多地方，而年少的范仲淹每到一地都勤奋
读书。朱文翰任澧州安乡（今湖南安乡）县令时，范仲淹就"侍母偕来，
常读书于老氏之室曰兴国观者，寒暑不倦"③。范仲淹读书极其刻苦，特

---

①　孙宝义、刘春增、郭桂兰：《毛泽东的读书人生》，中央文献出版社 2001 年版。
②　李可亭：《商丘通史》上编，河南大学出版社 2000 年版。
③　［宋］范仲淹：《范仲淹全集》附录《范文正公书堂记》，四川大学出版社 2007 年版。

别是他随继父到山东长山县附近长白山苦读不懈的精神，给人留下了深刻的印象：每晚煮两合（一升的五分之一）粟米粥，第二天用刀划成四块，早晚各取两块，拌几根腌菜，调点醋汁，吃完继续读书。当读书十分疲乏时，就用冷水浇脸。他这样夜以继日，风雨不误的读书学习生活一直坚持了三年。这时，那里的存书已不能满足他的求知欲望。同时，他也获知了自己的真实身世，胸怀大志的范仲淹痛苦悲泣，拜别母亲，开始了新的求学道路。

北宋大中祥符四年（1011），22 岁的范仲淹经过艰苦跋涉，终于来到仰慕已久的南京应天书院。胸怀天下的范仲淹，一方面以苦为乐，磨砺自己的意志，在应天书院"五年未尝解衣就寝，夜或昏怠，辄以水沃面，往往膳粥不充，日昃始食。同舍生或馈珍膳，皆拒不受"，学颜回苦中寻乐；另一方面，他专心致志，昼夜诵读经书。大中祥符七年（1014）正月，宋真宗亲谒亳州太清宫回至应天府，全书院学生争往观看皇帝銮仪，唯独范仲淹一人在舍内诵读如常，可见他读书是何等的专心致志。经过五年在应天书院的刻苦攻读，范仲淹不仅泛通儒家经典，而且磨砺了金石之操。这些都为其入仕后清廉自律和勤政爱民打下了深厚的根基。正是这五年的寒窗苦读，使范仲淹具备了作为一个大政治家的基本素质。终于，他在大中祥符八年（1015），举进士礼部第一名，出任广德军司理参军。天禧元年（1017），擢任文林郎权集庆军节度推官，上《奏请归宗复姓表》，始复姓范。

二　范仲淹在应天书院取得的巨大成就

范仲淹与应天书院有着不解之缘。大中祥符年间（1008—1016），他在应天书院苦学五年，高中进士。天圣年间（1023—1032），他又在母校应天书院辛勤执教两年，取得了巨大成功。这七年虽然短暂，但在他的一生中占据着重要地位。特别是在应天书院的两年执教中，他在政治、教育、学术和文学等方面都取得了重大成就。

政治上，范仲淹在应天书院时期作《上执政书》，开启"庆历新政"先河。范仲淹自幼丧父，孤苦伶仃，在成长和为官的过程中，他深深地看到了百姓的疾苦、国家的危难，他知道宋王朝表面上繁荣昌盛，其实却隐藏着尖锐复杂的阶级矛盾和民族矛盾。为此，他在应天书院辛勤教学的同时，突破臣子守丧不能上书言事的礼制，向当时宰相王曾上了一份长达万言的《上执政书》。他在书中详细分析了当时的社会现状，指出宋王朝面临的内忧外患方面的可怕危机，并进一步推论如不立即革新将造成严重的后果，"苦言难入，则国听不聪矣；倚伏可畏，由奸雄或伺其时矣；武备不坚，则戎狄或乘其隙矣；贤才不充，则名器或假与人矣；国用无度，则民力已竭矣；天下无恩，则邦本不固矣"①。不仅如此，他还有针对性地提出了改革方案，共论证了六大国策：一固邦本，二厚民力，三重名器，四备戎狄，五杜奸雄，六明国听。范仲淹认为宋王朝经过几十年的发展，积弊甚重，必须及时进行改革，才能"为富为寿数百年"。在北宋王朝的改革史中，正是一批批像范仲淹、王安石这样的忧国忧民、坚毅果敢的忠臣贤士，不计荣辱，排除阻力，前仆后继厉行改革，才进一步促进了北宋王朝的稳定和繁荣。虽然范仲淹当时的这份进言没收到什么效果，但引起了当时宰相王曾对他的赏识。天圣六年（1028），范仲淹守孝期满，王曾就授意晏殊举荐范仲淹为秘书阁校理，开始了他的立朝生涯。范仲淹的一生与他的这份进言都有着极密切的关系。苏轼曾这样高度评价他："公在天圣中居太夫人忧，已有忧天下致太平之意，故为万言书以遗宰相，天下传诵。至为将，擢为执政，考其生平所为，无出此书者。"②

教育上，范仲淹在应天书院培养了孙复、石介、张方平等一批北宋名臣名家。孙复、石介是"宋初三先生"之二，共同创建了泰山学派，

---

① ［宋］范仲淹撰，李勇先、王蓉贵点校：《范仲淹全集》卷9《上执政书》，四川大学出版社2007年版。

② ［宋］苏轼：《苏轼文集》卷10《文正公集叙》，中华书局1986年版。

是北宋理学思潮的先声，后文详谈。张方平（1007—1091），是南京（今河南商丘）本地人，历仕仁宗、英宗、神宗三朝，是北宋杰出的政治家、理论家和文学家。张方平 13 岁入应天书院读书，颖悟绝人，凡书一阅终身不再读，写文章不打稿，千万言立就，被赞誉为"天下奇才"。当范仲淹在应天书院执教时，张方平深受范仲淹的影响，接受了他的变革思想。范仲淹也非常欣赏张方平之才，向朝廷多次举荐张方平。范仲淹主持庆历改革时，张方平成为他的左膀右臂。王巩撰《张方平行状》称："范文正公参知政事，时政有所厘革，必伺公入直，始出事目，降敕词，尝谓朝士：张舍人于教化深，非但妙于文辞也。"①范仲淹倚重张方平，张方平也非常感激范仲淹的知遇之恩，终生以其门生自居。范仲淹去世后，由苏颂代为起草的祭文道出了二人生前的深厚情谊。"某早岁之幸，辱公周旋，乡闾相从，日接燕闲。洎登禁闼，尝从内班，昨麾武林，复踵于贤。明好之笃，晚乃益坚，论议相直，中无间然。"②另一方面，范仲淹还特别注意师资队伍建设，对当时的一些硕学名儒，他能留则留，能延则延。如对王洙，他代晏殊上书朝廷，乞留王洙继续为书院讲说。天圣七年，范仲淹离开书院后，王洙一直留在书院任教，直到被荐为国子监说书才离开。经过王洙、范仲淹的努力和官府的支持，应天书院又一次得到振兴。当时的应天书院盛况空前，闻名远近，四方从学者辐辏而至，可与孔孟邹鲁讲学媲美。

学术上，范仲淹在应天书院期间开启了北宋理学思潮的兴起。范仲淹对理学思潮兴起的开启首先体现在他对儒学复兴的积极提倡和重视兴学育才。此时的范仲淹在思想上已把复兴儒学、培养人才作为兴宋的根本，为此在实践上他极重视教育，培育人才。这在他执教应天书院期间已突出地表现出来。尊师重道、严谨治学、有教无类、诲人不

---

① ［宋］张方平撰，郑涵点校：《张方平集》卷 40《状志传记·行状》，中州古籍出版社 1992 年版。
② ［宋］苏颂：《苏魏公文集》卷 70《代张端明祭范资政》，中华书局 1988 年版。

倦、爱护学生、严格要求等这些都是范仲淹在应天书院期间的执教实践。他的辛勤耕耘效果显著，培养了一批像孙复、张方平这样的北宋名臣，四方学者也奔赴应天书院求学，致使在全国兴起了影响深远的尊师重道和兴办书院之风。显然，范仲淹在宋学渊源中的开拓地位是不可否认的。他在应天书院时期积极提倡复兴儒学，兴学育才，疑经惑经，敢于担当等实践活动对北宋理学思潮的兴起和发展功不可没。他是宋学初期把兴学育才和振兴宋朝、革新政治的现实需要相结合的首位政治家。范仲淹在宋学的发展史上起着开新启后的重要作用。

　　文学上，范仲淹在应天书院进行了一些诗文创作。范仲淹在应天书院学习和执教的过程中，先后写了《睢阳学舍书怀》《送李殿院赴阙》等诗，写下《上执政书》《南京府学生朱从道名述》以及《南京书院题名记》等文章。而最能体现其文采的当是《睢阳学舍书怀》和《上执政书》。"白云无赖帝乡遥，汉苑何人吹洞箫。多难未应歌凤鸟，薄才犹可赋鹪鹩。瓢思颜子心还乐，琴遇钟君恨即销。但使斯文天未丧，涧松何必怨山苗。"这首诗首先表达作者如同浮游不定的白云，远离家乡、孤苦伶仃的凄凉之情，而远方飘来的无名箫声，更加剧了凄凉。然后，转而勉励自己虽处境凄凉，但不能自甘沉沦，而是积极进取、奋发向上。接着表达自己要像颜回一样以苦为乐、磨砺意志，希望遇到知己和伯乐以实现自己的宏志，体现了他追求儒家内圣外王的境界。最后，表示自己对未来充满信心，相信自己会实现心中的抱负。这首诗"直抒胸臆，格调高迈，催人奋发，而且用典贴切，语言朴素，情景交融，达到了深刻的思想内容和完美的艺术形式的高度统一，在当时承袭五代柔靡浮艳风气、西昆体盛行的宋初诗坛上，是一首难得的佳作"①。《睢阳学舍书怀》是范仲淹在应天书院读书期间唯一一首留存下来的杰出诗作，是他当时勤苦读书、志存高远的真实写照，充分体现了他骨子里对真善美

---

① 刘洪生：《范仲淹在应天府的诗文创作》，《河南广播电视大学学报》2003 年第 2 期。

的追求，而与这种精神一脉相承的《上执政书》，则是有一定社会经验的他在行动上的进一步体现。《上执政书》从文学角度看有着很高的思想价值和艺术价值。他在《上执政书》里所书写的宋王朝现状、危机以及所提出的改革措施都是极富现实意义的。写作手法上，这篇政论性散文洋洋洒洒，构思巧妙、结构严谨、论证精辟、语言犀利，读来朗朗上口，极富艺术魅力，可与《岳阳楼记》相媲美。

通过在应天书院执教活动，范仲淹形成了作为一个大政治家的人才观，这种人才观是实实在在地通过书院教学、从政等活动体现出来的。同时，范仲淹作为一位书院教育大家的人格力量与师长的宽阔胸怀，对造就应天书院（南都学舍）人才与学术在宋初的轰动效应起了相当大的助推作用，因为只有人格才能影响人格，人格的影响在教育中确是最为关键的。作为教育家，范仲淹人格影响当中最核心的部分就是"每感激论天下事，奋不顾身"的精神气质，"先天下之忧而忧，后天下之乐而乐"的豪迈心态，这无疑深刻地影响了一大批包括孙复、石介等书院生徒在内的读书人。所以，明末清初的黄宗羲高度评价范仲淹这一点，认为范仲淹对于扭转北宋文风居功甚伟，"一时士大夫矫厉尚风节，自仲淹倡之"①。

范仲淹在应天书院五年的刻苦学习和两年的成功执教为他后来成为著名的大政治家奠定了深厚的基础。而应天书院也因为一批像范仲淹这样的著名学者的加入迅速兴盛起来，声名远扬，影响深远，历千年之久仍被后人怀念。范仲淹在应天书院的七年是非常有意义的。前五年的刻苦学习，使他拥有了学识，拥有了智慧，拥有了如金石般的志操。他在应天书院的两年执教，是他第一次成功的教育实践。以后他无论到何地任职，都积极兴办教育，为国家培养了大批有用的人才。乃至"庆历新政"中，首次实施全国各地办公学，普及学校教育，为我国教育事业的

---

① 黄宗羲：《宋元学案》，中华书局 1986 年版。

发展作出了重大贡献。他在应天书院的这二年使他初步形成了庆历改革的思维蓝图，为其以后主持的庆历新政奠定了基础，并且，他的积极变革、先忧后乐的精神也影响和激励了一代又一代的炎黄子孙。同时，在学术上，他是宋学初期把兴学育才和振兴宋朝、革新政治的现实需要相结合的首位政治家。范仲淹在宋学的发展史上起着开新启后的重要作用。

应天书院以其博大、坚毅、豪迈培育了范仲淹的纬世之才和传世之德。他对母校也由衷地感激，在其《南京书院题名记》简述了应天书院发展史后赞叹道"由是风乎四方，士也如狂"，"二十年间相继登科，而魁甲英雄，仪羽台阁，盖翩翩焉，未见其止"。"不负国家之乐育，不孤师门之礼教，不忘朋簪之善导，孜孜仁仪，惟日不足，庶几乎刊金石而无愧也。""使天下庠序视此而兴"①。范仲淹认为应天书院可为天下学校的典范。这在后来得到证实。庆历三年（1043）实施新政之际，应天府学（应天书院）被升为国子监，跃为当时全国最高学府之一，真正成为天下学校的典范，而范仲淹无疑也成为了应天书院历史上的一代骄子。

第四节　应天书院传承：金元明清的翻修与重建

北宋时期，应天书院位居四大书院之首，学者络绎不绝，朝廷屡有褒奖，政治地位日隆。应天书院伴随了北宋王朝的政治生涯，对于北宋的政权巩固、人才培养和教育普及起到了举足轻重的作用，在一千年来的中华教育史上，其地位没有能取而代之的。但是，伴随着北宋末年的靖康之变，金人南渡黄河，歌舞升平的大宋王朝轰然倒塌，应天书院的辉煌便也不复存在。

---

① ［宋］范仲淹撰，李勇先、王蓉贵点校：《范仲淹全集》卷8《南京书院题名记》，四川大学出版社2007年版。

一　金元明清时期应天书院的历史沿革

宋钦宗靖康元年（1126）闰十一月，金军攻破东京开封府，除了烧杀抢掠之外，更俘虏了宋徽宗、宋钦宗二帝以及大量赵氏皇族、后宫妃嫔与贵卿、朝臣等共三千余人北上金国，东京城中公私积蓄为之一空，紧邻的南京应天府也自然难免陷于战乱之中。

因为商丘是赵宋王朝的龙兴之地和最早确立的陪都，有着特殊历史地位，所以南宋的建立者赵构选择商丘作为登基继承大统的首选之地。靖康二年（1127）五月，康王赵构在南京鸿庆宫祭祖后，匆匆即皇帝位，建立南宋，改元建炎，是为南宋立国之始。在金兵的追赶下，宋高宗不久就从南京出发，逃往扬州、瓜州、镇江、临安等地，后来临安成了南宋的都城。靖康之变时，整个华北陷于混乱，书院遂毁于兵火，久废近 250 年。

至南宋，已是"应天书院邈不可考"①的景象。应天书院屡建屡废，名称也不断更改，规模大减，早已不复北宋四大书院之首的盛况。元宋时期，书院旧地一直是南北战争拉锯地带，书院百年不能复兴。但是，应天书院和东京、西京太学人才随政权南迁，将宋代文化中心南移，随后出现了南宋书院普及、大兴教育的历史时期。据不完全统计，南宋初书院多达 60 多所，中原文化从此南移，成为南宋以后人才的主体。郡县办学更是遍及全国，一直是中华文化薪火相传、培养人才的本源。

至明清，应天书院精神在商丘地方影响依然很大，屡毁屡建。明洪武六年（1373），知州段明辉建归德儒学。弘治十五年（1502），黄河泛滥，归德府城淤积地下（今商丘古城南门外湖区），应天书院也随之被埋（今商丘古城南湖）。明正德六年（1511），知州杨泰有在旧城北筑新城。同年，知州周冕继修，始告竣工，归德府迁入新城（今商丘古城），应天书院也随迁往城内，现存有明伦堂、大成殿、月牙池等建筑。大成殿内立

---

① ［宋］吕中：《类编皇朝大事记讲义》卷 10《州县院》，上海人民出版社 2014 年版。

有孔子及其弟子的牌位，为祭孔之地；明伦堂为学堂，是学子应试之地。明嘉靖十年（1531），明朝巡按御史蔡瑷将位于商丘城西北隅建的社学改建，沿用旧名称"应天书院"。明朝万历七年（1579），因各地书院议论朝政，宰相张居正下令拆毁天下所有书院，应天书院没能逃过此劫。

明万历二十九年（1601），归德知府郑三俊重建"范文正公讲院"于"郡东城之内门之北"，"集九邑士之俊秀者肄业其中，相风雨晦明不辍者六载。以故宋之名公巨卿多出其间，其后十七年而豫章万公元吉司李，于兹复修秋浦郑公之业，崇祯十五年（1642）讲院毁于流寇"①。郑三俊还效法范仲淹的精神，亲自执书讲学，一时培养了许多杰出人才，诸如官至户部尚书的侯恂，南京国子监祭酒侯恪，兵部侍郎叶廷桂、练国事等，皆为郑氏赏拔。他们颇有范仲淹刚正不阿、崇志向、尚气节的精神，为官多著清声。

明代郑三俊重建"范文正公讲院"一事，也有学者考证为当在万历三十九年（1611）。据清顺治十七年《归德府志》载："郑三俊，字玄岳，池州府建德人。万历三十八年来守于宋，五年之中，百废俱举，清廉特著，刑不滥及，而人畏之若神明。创宋范文正公书院，择九邑之俊髦者，养而课之，共六十余人，皆以科第显。""宋文正公讲院，在府学之东……明万历三十九年，知府郑三俊重建。"

《明神宗实录》万历四十一年（1613）有"升归德府知府郑三俊……俱为副使。三俊福建"。商丘微子祠内今存有石碑一通，碑文"殷微子之墓"为明万历四十年（1612）郑三俊所书。由此可见，郑三俊万历四十一年离开归德，升为福建提学副使。此外，侯恂曾受知于郑三俊，与其弟侯恪同登万历四十四年（1616）丙辰进士。按《商丘史话》载，侯恂1590年生，17岁受知于梅之焕，又五年受知于郡守郑三俊。可以

---

① ［清］田文镜、王士俊：《河南通志》卷43《宋范文正公讲院碑记》，影印文渊阁《四库全书》本535册，台湾商务印书馆1986年版。

推断，侯恂 22 岁时受知于郑三俊，当为 1612 年，即万历四十年。这也可以旁证郑三俊万历四十年左右任归德知府，已创建有范文正公讲院。[①]

清顺治八年（1651），燕山王任归德知县重修书院，有侯方域《重修书院碑记》，仍以范文正公为楷模。清顺治八年（1651），侯方域撰有《重修书院碑记》。顺治十五年（1658），符应琦重修讲堂，集诸士而课之。康熙十三年（1674），知府闵子奇又修书院，请来名师执教，"下帷讲学，有醇儒之风，学者翕然宗之"。康熙四十年（1701）书院改为郡义学。清乾隆十三年（1748），知府陈锡格重修应天书院。范文正公讲院在明清时期屡废屡建，影响很大，为商丘地方教育事业作出了很大贡献，培养了不少人才。郑三俊创建讲院泽被后世，影响深远。故《侯方域重修书院碑记》中有言："当时之人，亲被郑公之泽，至于今，其遗老有能言郑公时事者，犹过书院，仰首歔歔，不忍辄去。"[②]

光绪二十七年（1901），清朝下令举国废科举，兴学校，诏令各省的书院均改为大学堂，各府、厅、直隶州的书院改为中学堂，各州县的书院改为小学堂。因此，1905 年 8 月，范文正公讲院改为"归德府中学堂"（简称归德中学），应天书院的历史从此结束。从此，功绩卓著的书院从中国教育平台上彻底消失，西方文化的教育方式延续开来。

二　应天书院精神的传承不息

千余年来，应天府书院历经宋、元、明、清四朝，名师主教，高徒不绝，真正成为培育经世治国人才的摇篮，一直是中原地区的高等学府，在书院史、教育史上拥有崇高地位。在应天书院精神影响下，历史上商丘地区人才辈出，如张方平、王尧臣、宋勋（与海瑞齐名）、沈鲤、侯执蒲、

---

① 魏清彩：《应天书院与商丘地方社会关系略论》，《三门峡职业技术学院学报》2013 年第 6 期。

② 河南省商丘地区地方志编纂委员会编，杨子建、莫振麟点校：《归德府志》卷 12，中州古籍出版社 1994 年版。

侯恪、侯恂、宋权、吕坤、杨东明、宋荦、汤斌、侯方域等一大批在中国历史上有影响的人物出现在这里。以至于明代有"文武百官半江西，小小商丘四尚书"之美称。清乾隆三十六年（1771）商丘中进士人数达170多人，占河南省当年进士总数的五分之一。应天书院虽然被毁，但毁掉的只是书院本身，并没有毁掉书院的精神传承。

北宋文化之所以造极于史册，应天书院功不可没。明清时期的应天书院虽然名称不同，教学内容有别，但都为商丘的教育事业作出了贡献，培养了不少人才。商丘的地方官和地方士人也十分重视书院的发展，力求继承北宋应天书院的优良传统。正是由于书院的发展和地方社会的重视，才有了明清时期商丘人才辈出的局面。清末学制改革中，应天书院改为归德府中学堂，又开始为近代地方教育事业作出积极的贡献。

元、明、清三代，书院在被官学化的困惑下，在被禁毁的厄运下，步履维艰，然而它的极旺盛的生命力使它在乾隆朝进入最盛期。但书院终是时代的产物，当这一时代要成为历史时，书院也只能作别昔日的舞台。清光绪二十七年（1901）在将天下所有书院改为各级学堂的诏令颁布后，书院便成为了历史的产物。只是，它是浓重的一笔，它为它所在的那个时代增添了亮色，注入了新气象。

孙中山先生曾为辛亥革命资助者——南洋名绅戚翌家祠撰联，也将对戚同文和戚继光的赞扬蕴含其中，"上联：蔚和平景象振国是风声发扬章贡英灵崆峒秀气，下联：恢家族规模建民治基础光大楚丘宏业阀阅宗功"。戚继光字"章贡"；"楚丘宏业"，即指戚同文（楚丘人）的教育事业。这一方面表明中山先生对中原传统文化熟知并深受影响，另一方面也表明中山先生敬仰应天书院的精深文化和其对华夏教育事业的贡献，并矢志将其光大。

抗日时期清华北大所在的西南联大校园有《田家炳教育书院记》碑，碑文中也有"书院之制，……两宋为盛，应天、嵩阳、岳麓、白鹿遗迹至今犹令人想见当时风流。应天一院，尤为特别。盖应天之建，仰

国家邮政局"四大书院"邮票（1988 年在商丘市举办首发仪式）

给贤者曹诚所捐，此华夏百姓捐助大学可考之始"。可见应天书院在中国教育史上的影响之深之巨。

　　当前完整的应天书院已不存在，只有一些残存的建筑。目前，政府正在逐步重建应天书院。2003 年，河南省政府批准应天书院在宋代原址附近进行修复，并被列为河南省和商丘市的重点旅游工程项目。2004 年 2 月，应天府书院修复的工程开始一期工程建设。重建的应天书院由河南大学设计，按历史文献记载恢复原貌。一期工程投资 900 多万元，完成了仿古围墙、大门、崇圣殿、道路、门前广场、状元桥以及院内外绿化等工程。总建筑面积 4116 平方米，道路占地 2523 平方米，占地 52 亩。目前，书院的主体工程已经基本竣工，并向游客开放。2007 年 10 月，修复后的应天府书院正式对游客开放。2009 年，应天府书院迎来千岁华诞，商丘市睢阳区为此专门召开纪念应天府书院御赐匾额 1000 周年座谈会。

　　应天书院繁荣于中华文化的繁盛期——北宋，根植于诞生中华圣人文化的商丘。应天书院与书院文化,是商丘古都文化的重要的辉煌篇章,堪称中华文化的一座高峰。由范仲淹继承创造的应天书院文化体系,其现实意义在于,它不仅是对中华圣人文化的继承和光大,作为古代书院文化的首要代表,在恢复国学、完成中华文化的复兴上,有着卓越的无可替代的地位和担当。应天书院文化作为商丘古都文化的内核之一,理应得到进一步的重视和研究,加强挖掘弘扬,助力中华民族伟大复兴的进程。

第三章 应天文化与北宋经济

应天府（商丘）在北宋都城汴京的东南向，交通畅达，北有汴河，南有涡河。尤其汴河是北宋南北物资运输的大动脉，是北宋经济收入的重要支柱之一。每年经应天府从江南运往京城开封的粮食就有数百万石之多。因此，应天府成为重要的物资集散地，农业、手工业、商业发达，成为仅次于都城汴京的经济重心。

第一节 优越的地理位置

应天府商丘自古为战略要地，"南控江淮，北阻大河，徐城距其东，汴国环其西，旧志带以黍邱之野，包以阏伯之疆，备御东南，则九州之奥区焉。广衍沃壤，则天下之膏腴焉"①。北宋定都开封，商丘即成为东南之门户，近可屏幕江淮，远可南通吴越，地理位置十分优越。而且商丘紧邻汴梁，"盖睢阳襟带河、济，屏蔽淮、徐，舟车之所会，自古争在中原，未有不以睢阳为腰膂之地者"②。因此，应天府商丘优越的地理区位可见一斑。得益于汴河便捷的物资运输，应天府附近形成许多热

---

① ［清］田文镜、王士俊：《河南通志》卷6，影印文渊阁《四库全书》本535册，台湾商务印书馆1986年版。

② ［清］顾祖禹撰，贺次君、施和金点校：《读史方舆纪要》卷50《河南》，中华书局2005年版。

闹的市场,这里商旅辐辏,经济繁荣,诚如宋真宗于大中祥符七年(1014)正月升应天府为南京的诏令中所说的那样:"睢水名区,实一方之都会。商丘奥壤,为三代之旧邦。形势表于山河,忠烈存于风俗。惟文祖之历试,盖王命之初基。"① 由此不难看出,商丘具有得天独厚的地理区位优势。

一　从经济重心南移看北宋应天府地区的地理区位优势

中国古代文明发源于以黄河流域为中心的北方地区,这里自上古时期至唐中期一直占据中华文明的主流,北方地区不仅是政权的核心统治区域,而且是经济、军事中心之所在。诚如王国维先生所说:

> 都邑者,政治与文化之标征也。自上古以来,帝王之都皆在东方。太皞之虚在陈,大庭氏之库在鲁,黄帝邑于涿鹿之阿,少皞与颛顼之虚皆在鲁卫,帝喾居亳。惟史言尧都平阳,舜都蒲阪,禹都安邑,俱僻在西北,与古帝宅京之处不同。然尧号陶唐氏,而冢在定陶之成阳,舜号有虞氏,而子孙封于梁国之虞县,孟子称舜生卒之地皆在东夷。盖洪水之灾,兖州当其下游,一时或有迁都之事,非定居于西土也。禹时都邑虽无可考,然夏自太康以后以迄后桀,其都邑及他地名之见于经典者,率在东土,与商人错处河济间,盖数百岁。商有天下,不常厥邑,而前后五迁,不出邦畿千里之内。故自五帝以来,政治文物所自出之都邑,皆在东方,惟周独崛起西土。……自五帝以来,都邑之自东方而移于西方,盖自周始。②

北方地区亦是人口稠密地区,虽确切数字很难统计精准,但据《汉书·地理志》《后汉书·地理志》所载户数之比较分析,北方地区占据大半以上,汉平帝元始二年(2),淮河以北地区人口占据全国百分之七十九之多。东汉顺帝永和五年(140),北方地区人口仍占据全国百

---

① [清]徐松辑,刘琳等点校:《宋会要辑稿》礼13之25,上海古籍出版社2014年版。
② 王国维:《观堂集林》卷10《殷周制度论》,中华书局1959年版。

分之五十八之多，虽较之西汉明显有所下降，但是北方地区的人口优势依然明显。北方既是政治、经济、文化重心之所在，也是各种政治、军事势力角逐的主要地区，其弊端也是非常明显。经历了王莽篡位，战争之后北方人口骤减，与此同时，南方地区的经济获得了开发，北方人口开始南迁，但是这种迁移是一个漫长的过程，北方地区的这种优势直到唐中期才有所转变。

隋朝建立后，结束了南北分割的局面。隋炀帝对南方地区的发展尤为重视。

> 大业之初，敕内史舍人窦威、起居舍人崔祖濬及龙川赞治侯伟等三十余人撰《区宇图志》一部，五百余卷，新成，奏之。又著《丹阳郡风俗》，乃见以吴人为东夷，度越礼义，及属辞比事，全失修撰之意。帝不悦，遣内史舍人柳达宣敕，责（窦）威等云："昔汉末三方鼎立，大吴之国，以称人物。故晋武帝云，'江东之有吴、会，犹江西之有汝、颍，衣冠人物，千载一时。'及永嘉之末，华夏衣缨，尽过江表。此乃天下之名都。自平陈之后，硕学通儒文人才子莫非彼至。尔等著其风俗，乃为东夷之人度越礼义，于尔等可乎？"[1]

隋炀帝修建的京杭大运河极大方便了南北方的物资运输，极大地促进了南方地区的经济发展。

京杭大运河开通后，北至涿郡，南达杭州，舟舻相接，交通极为便利，对后世影响极大，对于

隋朝大运河路线简图

---

[1] ［宋］李昉：《太平御览》卷 602《文部》，中华书局 2011 年版。

南北方物资交换，加速南方之开发，具有尤为重要的价值。从上图亦不难看出，宋州（应天府地区）是大运河通济渠上极为重要的地区，成为南北方物资运输重要的关口。隋亡唐兴，南北交通更为频繁，扬州地区成为南方地区的经济、交通中心。史载："先是，扬州富庶甲天下，时人称扬一、益二，及经秦、毕、孙、杨兵火之余，江、淮之间，东西千里扫地尽矣。"[①] 由此不难看出，扬州乃东南第一大都会。有唐一代，东南漕运已经非常发达，唐代定都长安，关中地区虽然沃野千里，但也是人口重心之所在，京畿重地也是朝廷驻军较多的地方，故关中地区的粮食已经无法满足长安之所需。京杭大运河的开通无疑为其漕运东南粮食提供了方便。东南地区的粮食由扬州等地装船，复经通济渠进入黄河，然后由广通渠由黄河进入渭河，进而到达长安。高宗时期，漕运不过二十万石，高宗以后，数量急剧增加。玄宗时期三年漕运达七百万石，十倍于高宗朝。到了德宗时期，两浙地区漕运达一百七十五万石，江西、两湖、闽、广百二十万[②]。由此不难看出，中唐以后，国家粮食来源依赖东南。建中时期，田悦等人叛乱，扼守运河，南北漕运皆不得通，朝廷大为恐慌。因此，南方之物资财赋，是唐朝赖以立国的基础，经历了安史之乱，北方经济遭到战争破坏，运河的价值更为朝廷所倚重。

安史之乱，不仅是唐朝由盛转衰的转折点，更是中国社会文化一大转折。安史之乱，促使中国历史上北民南迁，致使经济重心进一步南移。安史之乱对北方生产造成了极大的破坏，大量北方人士南渡。南方相对较为稳定，北方人口的南迁，带去了大量的劳动力、先进的生产技术，促进了江南经济的发展，南方经济日益超过北方，南北经济趋于平衡。

安史之乱，自天宝至广德，历时八年之久，唐朝重要的经济中心河

①　[宋] 司马光：《资治通鉴》卷 259，中华书局 2014 年版。
②　[宋] 欧阳修、宋祁：《新唐书》卷 53《食货志》，中华书局 1975 年版。

北、河南、关中等地均遭到战争破坏，北方人口大量南迁，自此以后，河北地区沦于藩镇，祸乱迭兴，于是经济中心南移。中唐以后，北方凋敝，南方益盛，人口南迁，东南地区日益成为政权统治的基础，这些新格局的形成均与安史之乱不无关系。

安史之乱严重破坏了北方经济，故朝廷赋税收入北方地区所占比重为之大减，也就是说，安史之乱后，河北、河南、关中地区沦陷，山东隔绝，所以朝廷赋税皆仰仗东南而已。从此开始，东南赋税成为朝廷赖以生存的基础。

唐宪宗《上尊号敕文》中讲道："辇毂之下，万邦所瞻，封畿之内，百役斯集，永言凋瘵，是用蠲除。其京畿诸县，今年秋税户青苗及秋冬季榷酒钱，每贯量放四百文。从元和五年已前，诸县百姓欠负钱物草斛斗等，共一十三万五千一百一十三贯石，速委京兆府疏理，具可放数闻奏。天宝已后，戎事方殷，两河宿兵，户赋不入，军国费用，取资江淮，茧丝所收，宁免加厚。"① 韩愈亦曾说："当今赋出于天下，江南居十九。"② 白居易曾说："况当今国用多出江南，江南诸州，苏最为大，兵数不少，税额至多，土虽沃而尚劳，人徒庶而未富，宜择循良之吏，委以抚绥，岂臣琐劣之才，合当任使。"③ 吕温亦讲道："伏见今月十五日制命，以天下经赋，首于东南，浙右诸州，荐罹灾歉，全以逋债大敷湛恩。人谣勃兴，朝听震动。"④ "元和二年十二月，史官李吉甫等撰《元和国计簿》十卷，总计天下方镇，凡四十八道，管州府二百九十三，县一千四百五十三，见定户二百四十四万二百五十四。其凤翔、鄜坊、邠宁、振武、泾原、银夏、灵盐、河东、易定、魏博、镇冀、范阳、沧景、

① ［清］董诰等编：《全唐文》卷 63《上尊号敕文》，中华书局 1983 年版。
② ［唐］韩愈撰、马其昶校注、马茂元整理：《韩昌黎文集校注》卷 4《送陆歙州诗序》，上海古籍出版社 1986 年版。
③ ［清］董诰等编：《全唐文》卷 666《苏州刺史谢上表》，中华书局 1983 年版。
④ ［清］董诰等编：《全唐文》卷 626《代百寮贺放浙西租赋表》，中华书局 1983 年版。

淮西、淄青十五道，七十一州，并不申户口数。每岁县赋入倚办，止于浙西、浙东、宣歙、淮南、江西、鄂岳、福建、湖南等道，合四十州，一百四十四万户。比量天宝供税之户，四分有一。天下兵戎仰给县官八十三万余人，比量士马，三分加一，率以两户资一兵。其他水旱所损，征科妄敛，又在常役之外。"①故不难看出，朝廷赋税东南之重，经历安史之乱后变化之大可见一斑。

安史之乱前，南方地位已经渐趋重要，安史之乱中兵连祸结，大量人口南迁，更加速了南方经济社会的发展进步。北方经济的破坏，南方经济的巨大发展，魏晋南北朝以来，南北均衡之势被打破。南方经济的巨大发展，使得南方举足轻重。王夫之对此有精彩的论述：

> 自唐以上，财赋所自出，皆取之豫、兖、冀、雍而已足，未尝求足于江、淮也。恃江、淮以为资，自第五琦始。当其时，贼据幽、冀，陷两都，山东虽未尽失，而隔绝不通，蜀赋既寡，又限以剑门、栈道之险，所可资以赡军者唯江、淮，故琦请督租庸自汉水达洋州，以输于扶风，一时不获已之计也。乃自是以后，人视江、淮为腴土，刘晏因之辇东南以供西北，东南之民力殚焉，垂及千年而未得稍纾。呜呼。朝廷既以为外府，垂腴朵颐之官吏，亦视以为膻场，耕夫红女有宵匪旦，以应密罟之诛求，乃至衣被之靡丽，口实之珍奇，苛细烦劳以听贪人之侈滥，匪舌是出，不敢告劳，亦将孰与念之哉。自汉以上，吴、越、楚、闽，皆荒服也。自晋东迁，而江、淮之力始尽。然唐以前，姚秦、拓跋、宇文，唐以后，自朱温以迄宋初，江南割据，而河雒、关中未尝不足以立国。九州之广，岂必江滨海之可渔猎乎。祖第五琦、刘晏之术者，因其人惜廉隅，畏鞭笞，易于弋取，而见为无尽之藏。竭三吴以奉西北，而西北坐食之。三吴之人不给饘粥之食，抑待哺于上游，而上游无三年之积，一罹水旱，

---

① ［宋］王溥：《唐会要》卷84《杂录》，上海古籍出版社2006年版。

死徒相望。乃西北蒙坐食之休，而民抑不为之加富者，岂徒天道之亏盈哉。[①]

二　从北宋定都开封看北宋应天府的地理区位优势

因北宋都城设在黄河中下游的大平原上，因此，宋政府特别重视这一地区的水陆交通建设，形成了以开封为中心的水陆交通网。在这一交通网中，最重要的是沟通南北、文化交流的大动脉——汴河。汴河，就是隋唐以来沟通南北的大运河——通济渠。它从开封东流，历陈留、杞县、商丘、鄑县、永城，然后南下入淮河。"汴河，自隋大业初，疏通济渠，引黄河通淮，至唐，改名广济。宋都大梁，以孟州河阴县南为汴首受黄河之口，属于淮、泗。每岁自春及冬，常于河口均调水势，止深六尺，以通行重载为准。岁漕江、淮、湖、浙米数百万，及至东南之产，百物众宝，不可胜计。又下西山之薪炭，以输京师之粟，以振河北之急，内外仰给焉。故于诸水，莫此为重。其浅深有度，置官以司之，都水监总察之。然大河向背不常，故河口岁易。易则度地形，相水势，为口以逆。遇春首辄调数州之民，劳费不赀，役者多溺死。吏又并缘侵渔，而京师常有决溢之虞。"[②]

汴河在北宋的交通地位十分突出。史载："惟汴水横亘中国，首承大河，漕引江湖，利尽南海，半天下之财赋，并山泽之百货，悉由此路而进。"[③]寥寥数语，把它的重要地位讲得极为透彻。北宋建国之初，就意识到汴河为立国之本，诸水莫此为重，设置了专门机构和专职官吏，由都水监统一负责管理。自春至冬，常于汴口调均水势，保持载重漕船通航水位，又防止大水冲毁或溢浸河堤。当时，京城所需，主要依靠

---

① ［清］王夫之：《读通鉴论》卷23，中华书局1975年版。
② ［元］脱脱：《宋史》卷93《河渠志》，中华书局1977年版。
③ ［宋］曾巩撰、王瑞来校证：《隆平集校证》卷3，中华书局2012年版。

汴河从东南运来。仅粮食一宗，汴河每年从江淮运输达六百万石，此外还要运金、银、布帛、羽毛、胶漆、茶、香药、犀角、象牙等不可胜数。宋庠曾在诗中这样描写汴河："虎眼春波溢岩沟，万艘衔尾响中州。控淮引海无穷利，枉是滔滔半浊流。"[①]

北宋时期，应天府的地理区位因汴河的疏通变得尤为重要。汴河是北宋连接南北的交通大动脉，从应天府穿城而过。汴河是隋朝炀帝时开挖南北大运河中的一段，之后数百年间，一直是南北经济交流的大动脉。唐朝末年，由于藩镇割据，中央官府对汴河疏于管理，汴河长期失修，以致汴河溃决毁坏，直至后周显德二年（955），周世宗才开始进行疏通。赵宋开国之初，朝廷不断修浚，扩大其运输能力。但朝廷在东南地区还没有统一之前，因安史之乱后经济重心已经逐步转移到南方，汴河的运输量并不算很大。

北宋时期，全国的经济重心已经逐渐转移至南方。当时宋人曾这样说道："苏湖熟，天下足。"[②]范仲淹任苏州知州时亦指出："苏、常、湖、秀，膏腴千里，国之仓庾也。"[③]由此不难看出南方在北宋社会经济生活中占有突出的地位。而北宋都城汴京（今河南开封）与西京（今河南洛阳）、北京（今河北大名）、南京（今河南商丘）均在北方，显而易见，北宋政治重心仍在北方。那么，如何将政治、经济重心联系起来，成为能否维持统治的关键。汴河的疏通与在此基础上建立的漕运体系无疑帮助朝廷解决了这一问题。史载："宋都大梁，有四河以通漕运：曰汴河，曰黄河，曰惠民河，曰广济河，而汴河所漕为多。"[④]汴河作为维系都城汴京与南方最主要的运输通道，在北宋占据着特殊而又重要的

---

① 〔宋〕宋庠：《元宪集》卷 15《汴渠春望漕舟数十里》，影印文渊阁《四库全书》本 1087 册，台湾商务印书馆 1986 年版。

② 〔宋〕高斯得：《耻堂存稿》卷 5《宁国府劝农文》，影印文渊阁《四库全书》本 1182 册，台湾商务印书馆 1986 年版。

③ 〔宋〕范仲淹：《范仲淹全集》卷 11《上吕相公并呈中丞谘目》，四川大学出版社 2007 年版。

④ 〔元〕脱脱：《宋史》卷 175《食货志》，中华书局 1977 年版。

地位。所以，北宋朝廷的漕运制度无疑是以汴河为中心的，诚如："本朝所谓岁漕六百万石，景德三年上供六百万石，永为定制……专倚办于江淮，其他三河所入，非大农仰给之所，惟是江淮最重，故独于汴河漕注为详也。"① 宋太祖开宝九年（976），范旻知淮南转运使。太祖谓旻曰："朕今委卿以方面之重，凡除民隐、急军须之务，悉以便宜从事，无庸一一申覆也。"② 岁运米百余万石给京师。宋太宗太平兴国三年（978）南方吴越国王钱俶归降。端拱元年（988），"徐休复上言：'京师内外凡大小二十五仓，官吏四百二人，计每岁所给不下四百万石，望自今米、麦、菽各以一百万石为一界，每界命常参官、供奉官、殿直各一人，专知、副知各二人，凡七人共掌之。'诏可。"③ 十年间，朝廷通过汴河运输粮食数量一百余万石到四百万石，增长了四倍之多。汴河沟通了长江、钱塘江，开始全线发挥作用。真宗即位，复列前所论劝农事，又言："国家御戎西北，而仰食东南，东南食不足，则误国大计。"④ 既然北宋朝廷在物资上如此倚重南方，汴河的交通地位可见一斑。因此，北宋时期，朝廷能在140余年间维持其统治，汴河漕运功不可没。值得注意的是，应天府是汴河沿岸临近都城汴京最为重要的中转站，所有南方依靠汴河北上的物资均需在此中转，其交通区位的重要性不言而喻。

除了水路交通外，这一地区的陆路交通亦十分便利，从京城开封向东分为两路，一路经漕、济（山东巨野）、兖（兖州）、齐（济南）以达山东半岛；一路经南京（商丘）、徐州，可达海州（连云港）。这样，在应天府这一地区，水路和陆路相互交错，形成了四通八达的交通网络体系，有力促进了该地区社会经济的发展。此外，这一时期的交通工

①　[宋]林駉：《古今源流至论》卷2，影印文渊阁《四库全书》本942册，台湾商务印书馆1986年版。

②　[元]脱脱：《宋史》卷249《范质传》，中华书局1977年版。

③　[元]马端临：《文献通考》卷25《国用考》，中华书局2011年版。

④　[元]脱脱：《宋史》卷426《陈靖传》，中华书局1977年版。

具也有了进一步的发展，除马、驴等主要牲畜外，载重近四五千斤的大车也已开始使用。

北宋定都开封，应天府作为北宋王朝的肇兴之地，且为北宋都城汴京的陪都南京，也正是应天府特殊的政治区位，加之由南方通过汴河运输到京师的物资必经过应天府地区，近水楼台的优势使得应天府地区的地理区位显得尤为重要。

第二节　兴盛的农业经济、手工业经济

唐末五代以来，由于长期的战争和动乱，严重地破坏了当时的社会经济，使农民流离失所，田地大片荒芜。北宋的建立和局部统一的完成，为恢复农业提供了一个安定的社会局面。宋朝政府十分重视农田的垦辟，多次以诏书的形式颁布有关的法令，鼓励民众积极垦辟农田并奖励能够积极组织民众垦田的地方官员。宋太祖在乾德四年（966）闰八月诏令："又诏所在长吏谕民，有能广植桑枣、垦辟荒田者，止输旧租。县令、佐能招徕劝课，致户口增羡、野无旷土者，议赏。诸州各随风土所宜，量地广狭，土壤瘠埆不宜种艺者，不须责课。遇丰岁，则谕民谨盖岁，节费用，以备不虞。民伐桑枣为薪者罪之：剥桑三工以上，为首者死，从者流三千里。不满三工者减死配役，从者徒三年。"① 宋太宗在至道元年（995）六月诏令："应诸道州府军监管内旷土，并许民请佃，便为永业，仍免三年租调，三年外输税十之三。"② 宋仁宗诏令："诸州长吏、令佐能劝民修陂池、沟恤之久废者，及垦辟荒田、增税二十万以上，议赏；监司能督责部吏经画，赏亦如之。"③ 北宋朝廷对地方官员的考核，也以户口的增加和开荒数额的多少为依据。这些措施，

---

① ［元］脱脱：《宋史》卷 173《食货志》，中华书局 1977 年版。
② 司义祖整理：《宋大诏令集》卷 182《募民耕旷土诏》，中华书局 1962 年版。
③ ［元］脱脱：《宋史》卷 173《食货志》，中华书局 1977 年版。

对应天府乃至全国农业生产的恢复和发展起了积极的推动作用。

一　农业经济的发展

应天府地区地势平坦，久雨极易积涝成灾。因此，农田水利工程建设是关乎该地农业生产的命脉。北宋政府对农田水利工程的建设比前代任何时期都要重视，并把能否兴修水利，作为考核地方官员政绩优劣的一个重要指标。大中祥符八年（1015），宋州地区因水涝造成民田数百千顷被毁，寇准派邓希甫发民工开渠排涝，尽泄积水于淮河。天圣元年（1023），张君平奏请宋政府借调汴梁地区的农夫三年，在宋州等地大搞排涝工程，并利用黄河丰富的水源，进行盐碱地的放淤改造。

特别值得一提的是在熙宁变法时期，伴随着农田水利法的推行，全国各地都掀起了兴修农田水利的高潮，不仅修复了汉唐以来的许多废弃了的水利设施，而且还新建了一大批水利工程，从而使北宋在农田水利工程建设方面，无论是在水利工程的数量和规模上，还是在农田排灌的面积和效率上都远远超过了以往任何一个朝代。受益于农田水利法的实施，应天府地区的水利工程设施亦取得了长足的发展。熙宁二年（1069），朝廷采纳秘书丞侯叔献的建议，在京城附近开展放淤工作。当时，中牟、开封、陈留、咸平、宁陵、应天府等地是沿着汴河淤田的一个中心区。王安石变法期间，北宋政府专门设置了"总领淤田司"，以朝中德高望重之人总其事，专门负责协调组织人力，利用黄、汴、漳、沼、葫芦、滹沱、汾、泾、惠民等河，在北方地区进行了大规模的淤田建设。史载："然当时人淤田，只要泛淤。汲随地形筑堤，逐方了当，以此免淹浸之患，遂有成功。"[①]淤灌后，原来不可种植的盐碱地，逐渐成为肥沃良田。通过淤田改造了许多盐碱地，增加了土壤的肥力，大大提高了北方农田的单位亩产量。史载：元丰元年（1078）十二月，"是日，二府奏事，

---

① ［宋］李焘：《续资治通鉴长编》卷264，中华书局2004年版。

语及淤田之利。上曰：'大河源深流长，皆山川膏腴渗漉，故灌溉民田，可以变斥卤而为肥沃。朕遣中使往取淤土亲自尝之，极为细润。'"①农作物生长良好，原来亩产五七斗，淤后亩收两三石。宋人韦骧用诗句勾画出了淤田后中原的富庶状况："万里耕桑富，中原气象豪。河淤开亿顷，海贡集千艘。"经过农民的辛勤劳动，耕地面积逐步扩大。当时的农作物有稻、麦、粟、豆、芝麻及萝卜等，桑、麻也是普遍种植，而且，农民在桑园里实行桑麻间作。宋代经济作物的种植，有相当大的发展。在果品种植上，应天府通过嫁接技术培育出来的金桃，常销往京师，是应天府向朝廷输送的重要贡品。此外，应天府樱桃的种植，也非常普遍。

在果品种植业上，豫东地区更是品种丰富，质量上乘。正如杨侃所说："襄陵之桃，杨夏之柿，朱樱宜于谷林，丹杏出于尉氏；其或阳乡千树之梨，扶乐千树之粟，比封千户之侯，亦何让于昔日！"②当时开封府不仅果木繁盛，而且专业化、商品化程度较高。如襄邑县（今睢县）盛产樱桃，史书称，"樱桃素盛睢阳，地名掌扇掌尤繁妙，有一树收子至三石者！"而且襄邑的枣也很负盛名："睢阳多善枣，鸡冠枣宜作脯，醍醐枣宜生啖。"③这里既有大量丰富的时令鲜果，又有经过加工可长期保存的枣脯。此外，开封府还引植了一些南方果木，如银杏原产江南，"银杏出宣歙，京师始惟北李园地中有之，见于欧、梅唱和诗，今则畿甸处处皆种"④。荔枝、椰子都是典型的亚热带树种，东京也移植成功。⑤同时，开封还从"国外"引进了巴榄子，"如杏核，色白，褊而尖长。来

---

①　[宋] 李焘：《续资治通鉴长编》卷295，中华书局2004年版。
②　[宋] 吕祖谦：《宋文鉴》卷2《皇畿赋》，中华书局2018年版。
③　[宋] 陶谷：《清异录》卷上《掌扇岗》《鸡冠枣》，影印文渊阁《四库全书》本1047册，台湾商务印书馆1986年版。
④　[宋] 朱弁：《曲洧旧闻》卷3，中华书局2002年版。
⑤　[宋] 蔡絛：《铁围山丛谈》卷6，《全宋笔记》第三编，大象出版社2008年版。

自西蕃，比年近畿人种之亦生。树似樱桃，枝小而极低。"① 这些果品，不但增加了东京的果木种类，而且也丰富了市场。

在京东路，果品以枣、桃为多，其中以形大核细、多汁甘甜的青州乐氏枣为优，每年要上贡万余颗。② 京东的桃也是名产，"尤大而美，大都佳果"。特别是应天府的金桃，常销往京师，是朝廷的贡品。此外，应天府樱桃的种植，也非常普遍。在豫东地区，当时不仅果品品种多，而且果树的嫁接技术也被人们所掌握，如在枣本上嫁接葡萄，果肉如枣，梅树本上嫁接桃则脆，桃树本嫁接杏则大，栗树本嫁接杨梅则不酸、嫁接梨则脆甜。③ 应天府产的桃子之所以"尤大而美"，正是通过嫁接培育成的。

二　手工业的发展

宋代随着农业生产的恢复和发展，促使农民经营农副业的范围逐步扩大，与商品市场的联系日益密切，部分手工业者开始逐步脱离农业，成为城乡个体手工业者，加快了宋代手工业的发展步伐。宋州地区桑麻等经济作物的种植比较盛行，而且产量又高，是麻织品的重要产地，每年夏秋两季，岁纳赋税的布匹有十万匹之多。纺织染色业也十分发达，襄邑（今睢县）的纺织业远近闻名，"厥篚织文，出于襄邑，池濯锦以为名"④，即善于织锦和染色。应天府纺织品的质量均属上乘，宋（商丘）绣与汴绣齐名，作为贡品进献宫廷。宋太宗时，曾诏应天府的税绢归内藏库收贮⑤。商丘也是一个制笔中心，最著名的笔工是"睢阳元道宁"⑥，

---

① ［宋］朱弁：《曲洧旧闻》卷 4，中华书局 2002 年版。
② ［清］徐松辑、刘琳等点校：《宋会要辑稿》食货 41 之 44，上海古籍出版社 2014 年版。
③ 见《永乐大典》卷 13194《种艺必用》。
④ ［宋］吕祖谦：《宋文鉴》卷 2《皇畿赋》，中华书局 2018 年版。
⑤ ［清］徐松辑、刘琳等点校：《宋会要辑稿》食货 51 之 1，上海古籍出版社 2014 年版。
⑥ ［宋］李昭玘：《乐静集》卷 9《书笔工王玠》，影印文渊阁《四库全书》本 1122 册，台湾商务印书馆 1986 年版。

其制笔工艺十分高超。在矿冶和金属制造业方面，煤在宋代已大量开采，应天府的一些地方官窑都大量使用煤炭作燃料①。酿酒业方面，桂香酒和北库酒是产于应天府的名酒②，饮誉华夏，销往汴梁和北平。

印刷业方面，伴随着北宋文化教育事业的发展，开封笔的产量大增，制笔的名匠大量涌现，其中以赵文秀最为有名③。在京东地区，商丘也是一个制笔中心，最著名的笔工是"睢阳元道宁"，其制笔工艺十分高超。

在纺织印染业上，京城开封有实力雄厚、规模巨大的官营纺织印染部门。如开封绫锦院，最多时拥有织机四百余张④，工匠达一千多人⑤。染色方面，京师有两个官营染院。西染院，专掌染丝、帛、条、线、绳、革、纸之类的物品，有工匠六百多人；东染院"掌受染之物，以给染院之用"，有监兵 17 人。⑥ 刺绣行业，京城有文绣院，下设绣作、裁缝作、丝鞋作、丝作等部门。⑦ 服装制造有裁造院，掌裁制衣服以供邦国之用，有工匠 267 人。⑧ 应天府的纺织染色业也十分发达，襄邑县（睢县）的纺织业远近闻名，"厥篚织文，出于襄邑，池濯锦以为名"，即善于织锦和染色。应天府纺织品的质量均属上乘，官方经常不惜重金大量求购。宋太宗时，就曾诏应天府的税绢归内藏库收贮⑨，这有力促进了京东丝织业的发展。

酿酒业方面，应天府地区的酿酒不仅产量高，而且质量好。民间私营造酒的数量也很多，全国不少造酒名家云集京师，如淮南徐氏，人

---

① ［清］徐松辑、刘琳等点校：《宋会要辑稿》食货 55 之 21，上海古籍出版社 2014 年版。
② ［宋］朱弁：《曲洧旧闻》卷 7，中华书局 2002 年版。
③ ［宋］孟元老：《东京梦华录》卷 3《相国寺内万姓交易》，中华书局 2006 年版。
④ ［宋］李焘：《续资治通鉴长编》卷 43，中华书局 2004 年版。
⑤ ［清］徐松辑、刘琳等点校：《宋会要辑稿》职官 29 之 8，上海古籍出版社 2014 年版。
⑥ ［清］徐松辑、刘琳等点校：《宋会要辑稿》职官 29 之 7，上海古籍出版社 2014 年版。
⑦ ［清］徐松辑、刘琳等点校：《宋会要辑稿》职官 29 之 1，上海古籍出版社 2014 年版。
⑧ ［清］徐松辑、刘琳等点校：《宋会要辑稿》职官 29 之 8，上海古籍出版社 2014 年版。
⑨ ［清］徐松辑、刘琳等点校：《宋会要辑稿》食货 51 之 1，上海古籍出版社 2014 年版。

称徐鸡爪，"世以酒坊为业"①，因曾受赵匡胤赏识，宋初至京后开酒坊造酒有名。当时能在京造酒出卖的酒户——正店，有72家，向正店批发零售的脚店有数千户，每年因造酒而消耗的米就达30万石②。桂香酒和北库酒是产于应天府的名酒③。

第三节　繁荣的商业文化

商丘（应天府）是商部落的发源地、商朝的建立地和商业的发祥地，这里号称"三商之源"。商丘是商业的发源地，商业文化是商丘最重要的知名文化品牌之一。契孙相土作乘马，六世孙王亥作服牛，以至于发展畜牧业，使农业生产得到进一步发展。由于物产丰富，于是便出现了早期商业。王亥亲自带领商队越过河、济之间，远去河北有易氏（今河北易县）进行交易，使商丘成为中华民族商业的发源地。

基于此，人们称从事交易活动的人为商人，尊称王亥为商业始祖。我国著名历史学家、夏商周断代工程专家组组长、首席科学家李学勤先生在商丘考察后题词曰"商人商业源于商丘"。应天府作为商业的发源地，源远流长的商业文化，无疑是该地区商品经济发展的重要助推剂。

北宋开国后，结束了唐末五代以来的割据混战局面，社会环境比较安定，为社会生产发展创造了有利条件，生产的发展又为商业的发展铺垫了道路。北宋商业的发展，进入到比较成熟和高度繁荣的阶段。一定意义上可以说，北宋商业的发展达到了中国古代社会商业的比较发达的形态。

中国古代社会中，商业至北宋时期开始迈入一个新的发展阶段。这

① ［宋］刘延世：《孙公谈圃》卷上，影印文渊阁《四库全书》本1037册，台湾商务印书馆1986年版。
② ［清］徐松辑、刘琳等点校：《宋会要辑稿》食货37之24，上海古籍出版社2014年版。
③ ［宋］朱弁：《曲洧旧闻》卷7，中华书局2002年版。

一时期，随着商品经济的活跃，商品流通的加快，更加重要的是，北宋官府采取较为宽松的商业政策，商业风气逐渐渗透到社会几乎各个阶层。

从空间上看，坊市隔离的制度被打破，集市、镇市和草市获得了蓬勃发展。北宋之前，城市中坊、市是异地隔离设置的，坊是居民区，市是商品交易场所，商店集中在市内，人们买卖必须在市内进行，进行交易必须严格遵守官府法令，接受官府的集中管理。但到唐末五代以来，特别是到北宋，随着商业经济的发展，这一制度逐渐被打破，居民可以临街设市，坊中也开设店铺，进行商品交易活动。坊、市隔离的制度被打破，为商品经济的发展提供了有利条件。

北宋时期，对商人从事商业活动的空间和时间限制基本消失了。开封工商业者面街开店营业，出现了一些新的商业街道和场所，与住宅区的坊互相交错。孟元老的《东京梦华录》所记述的汴京是以大街为干线，联接各官衙、住宅、商铺、庙宇、坊巷等的繁荣都市，这种现象足以说明北宋以前严格的坊市制度至此基本上消失。值得注意的是，北宋以前，商业区还有固定的营业时间，市、坊入夜关闭。到了北宋时期，逐渐突破了这一限制，夜市开业时间允许延长到三更、四更，经营商业的时间由白天延长到夜里，甚至通宵达旦。应天府作为北宋都城汴京的陪都，是北宋北方重要的政治、经济重心之一，坊、市融为有机一体的制度无疑促进了城市经济的发展。

随着农业、手工业的发展，农副产品及手工业产品需要更大的交换市场，再加上宋州水陆交通的便利，为商品交换创造了极为有利的条件，使宋州商业经济空前繁荣，农村出现了很多"草市"，又称"坊场"。在定期集市和乡镇市场上，农民的农副产品和手工业产品是最常见的商品。在应天府南五里的汴河两岸，有东西二桥，是四方商贾通道，水陆码头的会集之所，居民繁多，从而形成了热闹的河市，宋城、宋集、坞墙等处是重要码头。在市镇商业的基础上，城市贸易也更活跃，以经营丝绸为大宗，南京应天府也成了当时商业繁盛的城市。东京开封是全国的政治经济中心，也是当时世界上无与伦比的最大城市。著名画家张择端曾通过《清明上河图》来表现当时开封的繁华。[①]

作为陪都的南京应天府，紧邻东京，其商业繁盛状况，可见一斑，大街小巷，店铺林立，热闹异常。总之，北宋初年，得益于得天独厚的地理区位，加之其为北宋王朝的肇兴之地，北宋朝廷对应天府的政策照顾亦在所难免，应天府地区经济开始复苏。到中期，商品生产和商业兴旺起来，农村桑棉甚盛，蚕女勤苦，家家户户种桑养蚕。城市里发展了许多丝织、纺纱小作坊，异乡人来这里定居有增无减，改变了自唐中期"安史之乱"及五代十国因战乱饥馑，使应天府地区几成僻壤的落魄景象。应天府在北宋时经济发达，成为仅次于都城汴京的经济中心之一。如在商丘南五里沿汴河的集市，经营范围很广，主要有粮食面粉、牛马牲畜、蔬菜瓜果及纸张百货等日常生活用品。对于这些集市，北宋政府采取保护和鼓励政策，免除部分税收，使其能够发展壮大。

北宋一朝，随着社会生产力的提高和商品经济的发展，以及商人势力的发展壮大，商人对社会的影响力也逐渐增强，并对当时社会政治、经济和文化产生了极为重要的影响。从经济方面来看，商人对促进北宋经济发展起了极大的推动作用。商人在促进商品流通、联系城市与乡村经济方面有积极作用。

商品经济的环节主要是由生产、消费、分配、交换环节构成，缺一不可。交换也就是商品的流通，联系着商品的生产和消费，因而交换对整个北宋社会的扩大再生产和社会正常发展起重要作用。

---

① 薛凤旋：《清明上河图：北宋繁华记忆》，中华书局 2017 年版。

第四章 应天文化与北宋名人

应天府作为北宋王朝的肇兴之地，北宋建立后作为陪都南京，是北宋重要的政治、经济与文化中心。应天书院是唯一地处政治中心的书院，为北宋"四大书院"之首，雄厚的经济基础和浓厚的教育氛围，使这里文化繁盛，涌现出了众多名人俊士，创造了丰厚的文化成果，迎来了应天府地区文化发展的高峰期。

第一节 应天府籍的文化名人

随着政治的稳定，经济的发展，以及由此带来的文化的繁盛，再加上宋朝提倡以文治国，鼓励文教，通过赐书赐田等方式，鼓励扶植民间书院的发展，使教育事业空前发达，应天书院在应天府地区（今河南商丘）建成，使学校由私学到官学，从书院升为府学，再由府学升为国子监。应天书院与湖南岳麓书院、江西白鹿洞书院、郑州嵩阳书院并称宋初四大书院。应天书院倡导明体达用，提倡学生遍游山川实地考察，使学生获得感性知识；并强调发扬苦学精神，把培养人才作为书院教育的核心，这些精辟见解形成了完全区别于科举的书院教育制度，使众多的经世致用人才脱颖而出。他们创造了丰厚的文化成果，使这一地区迎来了文化发展的高峰期，成为北宋颇具影响的文化、教育中心和人才培养基地。北宋时期应天府文化繁盛，突出表现在涌现出了众多的名人俊士，创造出了绚丽灿烂的文化成就，迎来了这一地区文化发展的高峰。

　　历史上，应天府地区文人名人众多，比如庄子、墨子、惠施、魏元忠，等等。北宋时期，由于教育事业和社会经济的发展，涌现出了大批高端人才，应天府籍的文化名人的数量是空前的。进士，是中国古代社会通过科举考试选拔出的高端人才，一个地区进士数量的多寡，无疑是地区文化盛衰的重要标志之一。根据清代乾隆年间编纂的《归德府志》卷6《选举表·进士科》的记载，唐朝长达近三百年的时间，应天府籍进士才5人，五代时更少，只有2人。而仅仅北宋167年的时间内，仅据《宋史》相关记载就多达30人之多，较之唐代、五代时期明显呈现出骤增的趋势，这显然是应天府地区文化教育繁盛的重要标志。

北宋时期应天府籍进士表

姓名	籍贯	进士及第时间	史料来源
刘蒙叟[①]	应天府宁陵	乾德五年（967）	《文献通考》卷32《选举考》五
刘宗弼	应天府宁陵	不详	《宋史》卷263《刘熙古传》
刘宗诲	应天府宁陵	不详	《宋史》卷263《刘熙古传》
许骧[②]	睢阳	太平兴国初	《宋史》卷277《许骧传》
李昌龄	宋州楚丘	太平兴国三年（978）	《宋史》卷287《李昌龄传》
李晋卿[③]	宋州楚丘	不详	《宋史》卷287《李昌龄传》
李仲卿	宋州楚丘	不详	《宋史》卷287《李昌龄传》

①　刘蒙叟不仅进士及第，而且为状元。据《文献通考》卷32《选举考》载："（乾德）五年，进士十人，榜首刘蒙叟。"

②　许骧同样不仅是进士及第，而且位居甲科。据《宋史》卷277《许骧传》载："骧太平兴国初诣贡部，与吕蒙正齐名，太宗尹京，颇知之。及廷试，擢甲科，解褐将作监丞、通判益州，赐钱二十万。"

③　据《宋史》卷287《李昌龄传》所载可知李晋卿、李仲卿、李耀卿同为李昌龄弟李昌言之子。

（续表）

姓名	籍贯	进士及第时间	史料来源
李耀卿	宋州楚丘	不详	《宋史》卷287《李昌龄传》
戚纶	应天楚丘	太平兴国八年（983）	《宋史》卷306《戚纶传》；《隆平集》卷13《戚纶传》
盛度	应天府	不详①	《宋史》卷292《盛度传》
石延年	宋城	真宗时期②	《宋史》卷442《石延年传》
宗度	应天府虞城	不详	《宋史》卷457《戚同文传》
杨大雅	宋州	不详	《宋史》卷300《杨大雅传》
王洙③	应天府宋城	不详	《宋史》卷294《王洙传》
边肃	应天府楚丘	不详	《宋史》卷301《边肃传》
李纮	宋州楚丘	不详	《宋史》卷287《李纮传》
蔡挺	宋城	景祐元年（1034）	《宋史》卷328《蔡挺传》
蔡抗	宋城	不详	《宋史》卷328《蔡挺传》
李师中	楚丘	不详	《宋史》卷332《李师中传》

---

① 《宋史》卷292《盛度传》载："度举进士第，补济阴尉。"

② 石延年非进士及第，而是被真宗特录为"三举进士"。据《宋史》卷442《石延年传》载："累举进士，不中。真宗录为三举进士，以为三班奉职，延年耻不就。张知白素奇之，谓曰：'母老乃择禄耶？'不得已就命。"

③ 值得注意的是，王洙曾两次中举，第二次位居甲科。据《宋史》卷294《王洙传》载："王洙字原叔，应天宋城人。少聪悟博学，记问过人。初举进士，与郭稹同保。人有告稹冒祖母禫，主司欲脱（王）洙连坐之法，召谓曰：'不保，可易也。'（王）洙曰：'保之，不愿易。'遂与（郭）稹俱罢。再举，中甲科，补舒城县尉。"

（续表）

姓名	籍贯	进士及第时间	史料来源
嵇颖	应天府宋城	天圣五年①（1027）	《宋史》卷298《嵇颖传》
王尧臣②	应天府虞城	天圣五年（1027）	《宋史》卷292《王尧臣传》；《文献通考》卷32《选举考》五
赵概	南京③虞城	不详	《宋史》卷318《赵概传》
孙谔	睢阳	不详	《宋史》卷346《孙谔传》
王钦臣④	应天宋城	不详	《宋史》卷294《王洙传》
张壮	应天府人	元丰三年（1080）	《宋史》卷348《张壮传》
赵俊	南京宋城	绍圣四年（1097）	《宋史》卷453《忠义传》
滕康	应天府宋城	崇宁五年（1106）	《宋史》卷375《滕康传》
石豫	应天府宁陵人	不详	《宋史》卷356《石豫传》
徐处仁⑤	应天府谷熟县	不详	《宋史》卷371《徐处仁传》
程迥	应天府宁陵人	隆兴元年（1163）	《宋史》卷437《程迥传》

---

① 据《宋史》卷298《嵇颖传》载："（嵇颖）天圣中，进士及第。"而据《文献通考》卷32《选举考》可知，仁宗天圣年间一共举行了三次科考，分别在天圣二年、天圣五年、天圣八年，北宋时期天圣年号一共使用九年，故天圣中疑为"天圣五年"。

② 王尧臣亦为状元，据《文献通考》卷32《选举考》载："（天圣）五年，进士三百七十七人……状元王尧臣。"《宋史》卷292《王尧臣传》载："举进士第一，授将作监丞，通判湖州。"

③ 北宋南京是指商丘，是北宋都城汴梁的陪都。

④ 王钦臣乃王洙之子，他是靠其父亲恩荫入仕，并被朝廷赐进士及第的。据《宋史》卷294《王洙传》载："钦臣字仲至，清亮有志操，以文赞欧阳修，修器重之。用荫入官，文彦博荐试学士院，赐进士及第。"

⑤ 徐处仁亦为前三甲，据《宋史》卷371《徐处仁传》载："中进士甲科，为永州东安县令。"

从上表不难看出，北宋时期应天府地区不仅进士人数较之唐朝、五代时期明显增多，而且中状元、进三甲者不一而足。这是应天府地区文化繁盛的重要标志，彰显了应天府为北宋时期重要的政治、经济中心，对文化的发展起着重要的推动作用。进士作为中国古代社会的精英，一般及第之后便是政坛、文坛上具有重要影响的人物。

此外，应天府地区名人众多，刘熙古、戚同文、张方平、王尧臣、徐处仁等作为应天府籍士人的杰出代表，在北宋政治、文化方面起过重要的历史影响。

一 政界名流

刘熙古（903—976），字义淳，宋州宁陵（今河南商丘宁陵县）人。北宋政治家、史学家。在后晋、后周、后唐均有任官。宋太祖统管宋州时，刘熙古任节度判官，于户部尚书任上致仕。开宝九年（976）去世，终年七十四岁。追赠右仆射。

刘熙古十五岁时，精通《易》《诗》《书》；十九岁时精通《春秋》、子、史。避祖父的名讳，不考进士。后唐长兴

刘熙古像

年间，以《三传》受到推荐。当时翰林学士和凝掌管贡举，刘熙古献上《春秋极论》二篇，《演例》三篇，和凝大加赞赏，召他参加进士考试，被录取，于是把他留在门下。

后唐清泰中期，骁勇善战之将王铎因战功授任金州防御使，上表推荐刘熙古为从事。后晋天福初年，王铎移任到汝州，又征召他为随从。刘熙古擅长骑射，一天，有些号鸟栖集在营门前槐树上，树高百尺，王铎厌恶号鸟，用瓦石投击树木却没能赶走，刘熙古引弓一发，箭射穿

号鸟背把它钉在树上。王铎高兴，命令不要去此箭，以表扬他的才能。两年后，王铎去世，朝廷调刘熙古补任下邑令。不久任三司户部出使巡官，兼任永兴、渭桥、华州诸仓制置发运。在后汉做官，任卢氏令。后周广顺年间，改任亳州防御推官，历任澶州支使。秦州、凤州被平定后，被任命为秦州观察判官。

宋太祖任宋州节度使时，刘熙古为太祖帐下节度判官。宋太祖即皇帝位后，任命他为左谏议大夫，知青州。皇帝征伐惟扬时，他赶赴太祖皇帝行营。建隆二年（961），刘熙古受诏制置晋州榷矾，为朝廷增募税收八十多万缗钱①。

乾德初年（963），刘熙古升任刑部侍郎、知凤翔府。不久，改任知秦州。州境边界多寇患，刘熙古到任后，宣谕朝廷恩德和信用，取少数民族酋长的子弟为人质，边境得以安宁。转任兵部侍郎，改任知成都府。乾德六年（968），任端明殿学士。遭母丧丁忧。开宝五年（972），诏令他以本官参知政事②，宋太祖选择名马、银鞍赐给他。一年后，因足疾请求致仕，授任户部尚书致仕。

刘熙古不仅是出色的政治家，而且在文学方面卓有成绩。史载："（刘）熙古兼通阴阳象纬之术，作《续聿斯歌》一卷、《六壬释卦序例》一卷。性淳谨，虽显贵不改寒素。历官十八，登朝三十余年，未尝有过。尝集古今事迹为《历代纪要》十五卷。颇精小学，作《切韵拾玉》二篇，摹刻以献，诏付国子监颁行之。"③ 元人修《宋史》时对其给予高度评价："（刘）熙古居大任，自处如寒素。"④ 因此，不难看出，刘熙古为北宋初期具有重要影响的重臣，而且他的两个儿子刘蒙正、刘蒙叟均是北宋

---

① ［元］脱脱：《宋史》卷 263《刘熙古传》，中华书局 1977 年版。
② 据《宋史》卷 161《职官志》言："参知政事，掌副宰相，毗大政，参庶务。"参知政事为正二品高官，为宰执层重要成员。
③ ［元］脱脱：《宋史》卷 263《刘熙古传》，中华书局 1977 年版。
④ ［元］脱脱：《宋史》卷 263《刘熙古传》，中华书局 1977 年版。

初期杰出的官员。

刘蒙正（930—1001），字颐正，刘熙古子，宋州宁陵（今河南商丘宁陵县）人，善骑射。乾德中，以荫补殿直，迁供奉官。王师征江南，命乘传军中承奉事。卢绛以舟师来援润州，蒙正请求部署丁德裕，分给自己精甲百人，出与绛战，矢中左肋，战愈力。及下润州，获知州刘澄、监军崔亮，部送阙下。岭南陆运香药入京，诏蒙正往规画。蒙正请自广、韶江溯流至南雄。太平兴国四年（979），转内藏库副使，进崇仪使。自创内藏库，即诏蒙正典领，凡二十余年。真宗初，改如京使，出知沧、冀、磁三州。戎人犯境，刘蒙正调丁男乘城固守，有劳。未几，以擅乘驿马，责授亳州团练副使。

刘蒙叟，字道民，刘熙古子，宋州宁陵（今河南商丘宁陵县）人，宋太祖乾德五年（967）丁卯科状元。刘蒙叟好学上进，擅长诗文。历任岳、宿二州推官，以所知论荐，授太子中允、知乾兴，拜监察御史，徙知济州。不久以秦王子德恭判州事，就命为通判，郡事皆决于刘蒙叟。迁右补阙，转起居舍人、户部盐铁判官。再迁屯田郎中，历知庐、濠、滁、汝四州，迁都官。

真宗咸平时期，刘蒙叟上疏曰："陛下已周谅暗，方勤万务，望崇俭德、守前规，无自矜能，无作奢纵，厚三军之赐，轻万姓之徭，使化育被于生灵，声教加于中外。且万国已观其始，惟陛下慎守其终，思鲜克之言，戒性习之渐，则天下幸甚。"[1] 真宗对其所上之言大加赞赏，以本官直史馆。真宗北巡，令知中宫名。表献《宋都赋》，述国家受命建号之地，宜建都，立宗庙。时虽未遑，后卒从之。刘蒙叟所上《宋都赋》也即是他的家乡应天府（南京），表达了其对家乡的无限热爱之情。虽然真宗并未立即采纳，但是真宗后来升宋州为应天府，表明了刘蒙叟所上之言不无道理。恰逢诏直史馆各献旧文，以蒙叟所著为嘉，改职方郎中。景德中，以足疾，拜太常少卿致仕。卒，年七十三。蒙叟好学，

---

① ［元］脱脱：《宋史》卷 263《刘蒙叟传》，中华书局 1977 年版。

善属辞,著《五运甲子编年历》三卷。子宗儒,太子中书。另外两子宗弼、宗诲,并进士及第。为此不难看出,刘熙古一家进士辈出,体现了家学的渊源,也说明了应天府地区人才辈出。

李昌龄(937—1008),字天锡,北宋时期宋州楚丘(今河南商丘梁园区)人。曾祖李确,曾任胶水令。祖李谭,曾任邯郸令。父李运,曾任太常卿。李昌龄,太平兴国三年(978)举进士,任大理评事、通判合州。历任将作监丞、右赞善大夫、通判银州。京城开金明池,李昌龄献诗百韵,宋太宗嘉奖之,擢右拾遗、直史馆,赐绯。改右补阙,出知滁州。不久丁母忧,起为淮南转运使,转户部员外郎、知广州。

广州有海舶之饶,李昌龄不能以廉自守,淳化二年(991)被迫代还①。初,其父李运尝典许州,有第在城中,李昌龄包苴辎重悉留贮焉,其至京城,但药物药器而已。会有言其贪者,太宗以为诬,召赐金紫,擢礼部郎中,逾月,为枢密直学士。可见宋太宗对其向朝廷运输药物药器之举非常满意,不再追究其在广州贪污之事。李昌龄上言:"广州市舶,每岁商舶至,官尽增价买之,良苦相杂,少利。自今请择其良者,官如价给之,苦者恣其卖,勿禁。雷、化、新、白、惠、恩等州山林有群象,民能取其牙,官禁不得卖。自今宜令送官,以半价偿之,有敢隐匿及私市与人者,论如法。"②宋太宗诏令悉采纳之。

是秋,初置审刑院于禁中。凡狱具上奏,先申审刑院,印付大理、刑部断覆以闻,又下审刑中覆裁决,以付中书,当者行之,否则宰相闻以论决。命李昌龄知院事。旋即,又权判吏部流内铨。不久,授右谏议大夫,充户部使。淳化三年(992),改度支使,拜御史中丞。下诏御史台,合行故事并条奏以闻,狱无大小,自中丞以下皆亲临鞫问,不得专责所司。李继隆受命河朔征讨,不赴台辞,李昌龄纠之,遣吏

---

① 参见《隆平集》卷 6《李昌龄传》载:"昌龄尝知广州,无廉事。"

② [元]脱脱:《宋史》卷 287《李昌龄传》,中华书局 1977 年版。

追还，李继隆被罚俸禄。不久，李昌龄又劾陕西转运使郑文宝生事边境，筑城沙碛，轻变禁法，郑文宝坐贬湖外。

至道二年（996），李昌龄以本官迁参知政事，位居宰执高位。李昌龄占谢便殿，宋太宗谓曰："中书政本，当进用善良，博询众议，以正道临之，即怨谤无由而生矣。"①李昌龄居此高位在政治上并无多少建树。

至道三年（997），太宗驾崩，宋真宗即位，加户部侍郎。坐交结中人王继恩，贬许州行军司马②。咸平二年（999），起为殿中少监。会诏群臣言边事，李昌龄求面陈事机，不报。王均之乱，命知梓州。知杂御史范正辞劾其广舶宿犯，亟代还，知河阳。丁父忧，起复，奉朝请，以风恙求领小郡，复得光州，就改光禄卿。患疾，不能治州事。转运使以闻，命守本官分司西京。不久，请求致仕，真宗说："昌龄素无清誉。"③乃授秘书监，遂其请。大中祥符元年（1008），卒，年七十二。废朝，录子李虞卿试将作监主簿。李昌龄兄李昌图至国子博士，弟李昌言至太子中舍。可谓一家皆为朝中官。

李昌龄所著《乐善录》十卷

① ［元］脱脱：《宋史》卷287《李昌龄传》，中华书局1977年版。

② 见《隆平集》卷6《李昌龄传》。此处《宋史》卷287《李昌龄传》作"忠武军"。

③ ［元］脱脱：《宋史》卷287《李昌龄传》，中华书局1977年版。

　　戚纶（954—1021），字仲言，祖籍宋州楚丘县，应天府书院创始人之一戚同文之子，生于宋州宋城县睢阳学舍。太宗太平兴国八年（983）进士。解褐首任沂水主簿。按版籍，得逋户脱口漏租者甚众。徙知太和县。其父戚同文卒于随州，纶徒步奔讣千里余。俄诏起复莅职，就加大理评事。江外民险悍多构讼，为《谕民诗》五十篇，因时俗耳目易懂之事，以申规诲，老幼多传诵之，得到广泛传播。每岁时必与狱囚约，遣归祀其先，皆如期而还。迁光禄丞，因坐陈州冤案，被免官。戚纶著《理道评》十二篇，为钱若水、王禹偁等著名文学家、史学家深所赏重。久之，复授大理评事、知永嘉县。境有陂塘之利，浚治以备水旱。复为光禄寺丞，转运使又上其政绩，朝廷连诏褒之。历知州县，入为光禄寺丞。

　　宋真宗即位，戚纶转任著作佐郎、通判泰州。戚纶将要前去任职，秘书监杨徽之荐其文学纯谨，比较适合在馆阁任职，命戚纶为秘阁校理。受诏考校司天台职官，定州县职田条制。诏馆阁官以旧文献，宋真宗嘉戚纶所著，特改太常丞，不久判鼓司、登闻院。出内府缗帛市边粮，宋真宗诏戚纶乘传往均市之。

　　景德元年（1004），戚纶判三司开拆，赐绯鱼，改盐铁判官。上疏言边事，获宋真宗嘉奖。同年十月，拜右正言，龙图阁待制。龙图阁于宋真宗咸平（998—1003）初建，在会庆殿西偏，故一般初建馆阁为朝廷所最倚重之阁，所授职务也最为推崇。“时初建是职（龙图阁），与杜镐并命，人皆荣之。”[①]

　　景德二年（1005），戚纶与赵安仁、晁迥、陈充、朱巽同知贡举。戚纶上奏所说选择文士的办法，多数成为条规制令，得到朝廷采用。同年，参与预修《册府元龟》。戚纶认为三公、尚书、九卿的官职，从唐末以来，有司逐渐增加，纲目不统一，上言应当采用《通礼》《六典》法令条规，按类进行继承和改革，写成大典，当时人们对此称赞不已。

---

① ［元］脱脱：《宋史》卷 306《戚纶传》，中华书局 1977 年版。

不久迁官进秩右司谏、兵部员外郎。当时，朝廷诏禁群臣匿名上封及非次升殿奏事，戚纶说："忠谠之人，当开奖言路，若疏远之士，尤艰请对。"[①]宋真宗对他所言大加赞赏。

大中祥符元年（1008）冬，宋真宗封泰山，命戚纶同计度发运事。礼成，迁户部郎中、直昭文馆，待制如故。被诏，同编《东封祥瑞封禅记》。会峻待制之秩，又兼集贤殿修撰。建议修释奠仪，颁于天下。戚纶建议朝廷立常平仓，隶属于司农寺，用来调节粮价，储粮备荒，宋真宗皆从之。尝宴饯种放于龙图阁，诏近臣为序，宋真宗仔细看了戚纶所作，称其有史才。

大中祥符三年（1010），宋真宗擢升戚纶为枢密直学士，并且特地作诗对他表示恩宠。宋真宗祀汾阴，戚纶复领发运之职。不久，出知杭州，胡则这时担任发运使，曾留居杭州，放纵妄为，生活不检点，与李溥交谊深厚，戚纶讨厌其所作为。通判吴耀卿是胡则的党羽，暗中窥探戚纶的一举一动，将情况报告给胡则。胡则当时被当权者亲近，于是一起收集戚纶的过失。后来，戚纶调任扬州知州，但是扬州也在李溥、胡则的势力之内，对其的打击报复更为严重。戚纶请求调任偏僻郡县，于是被调往徐州任职。值得注意的是，朝廷并未将其调到偏远州郡，徐州属于宋代山东较为先进的地区，体现了朝廷对其的重视。

大中祥符八年（1015），戚纶又任青州知州。这年发生饥荒，戚纶拿出官府所藏粮食来救助饥饿的当地百姓，使青州许多底层百姓得以保全生命，度过灾荒年景。后来在郓州任上因与劝农副使王遵诲之间有矛盾，而王遵诲与郓州知府寇准关系近，王遵诲上言戚纶诽谤，戚纶被贬为岳州团练副使，天禧四年（1020）改为保静军副使。同年冬，戚纶以有病为由祈请归故里应天府，朝廷从其请，改为太常少卿，分司南京。他回到应天府地区第二年就死去了。

---

① ［元］脱脱：《宋史》卷306《戚纶传》，中华书局1977年版。

　　戚纶一生，政绩显著，为官清廉，死后为后世所称赞。元人修《宋史》时高度评价道："（戚）纶笃于古学，善谈名理，喜言民政，颇近迂阔。事兄维友爱甚厚，维卒，讣闻，哀恸不食者数日。与交游故旧，以信义著称。士子谒见者，必询其所业，访其志尚，随才诱诲之。尝云：'归老后，得十年在乡间讲习，亦可以恢道济世。'大中祥符中，继修礼文之事，戚纶悉参其议，与陈彭年并职，屡召对，多建条式，恩宠甚盛。乐于荐士，每一奏十数人，皆当时知名士。晚节为权幸所排，遂不复振。善训子弟，虽至清显，不改其纯俭。既没，家无余赀。张知白时知府事，辍奉以助其丧。"①

　　蔡挺、蔡抗兄弟二人同为北宋中期应天府籍社会名流，二人同中进士及第，可谓南京应天府地区一大佳话。

　　蔡挺（1014—1079），字子政，宋城（今河南商丘）人。景祐元年（1034）进士，首调虔州推官。任期满，因朝廷任命其父亲蔡希言为偏远蜀地官员，出于对年迈父亲身体的考量，蔡挺向朝廷提出由他代父亲而就任蜀地官职，朝廷遂授陵州团练推官。

　　同乡王尧臣安抚陕西，任用蔡挺管勾文字。富弼出使辽国，向朝廷奏请让蔡挺一同前去，到了雄州，因朝廷对辽誓书有所更易，富弼遣蔡挺返回朝廷汇报此事。恰好宋仁宗想要了解契丹之事，便召蔡挺于便殿询问。可见蔡挺为当时皇帝、朝中重臣所倚重。

　　范仲淹为陕西、河东宣抚使，奏请以蔡挺通判泾州，徙鄜州。河北地区盗贼频发，须选精明能干的郡守以镇守之，以蔡挺知河北博州。蔡挺严格管控当地保伍，采取行之有效的预防与治理办法，使得社会治安得以好转。

　　蔡挺就任为开封府推官、提点府界公事，主持修六漯河，用李仲昌等人的建议，塞北流，入于六漯。不过，这种办法并不符合自然规律，

──────────

① ［元］脱脱：《宋史》卷306《戚纶传》，中华书局1977年版。

导致河决，兵夫芟楗漂溺不可计。他因此事降知滁州。朝廷言官认为对蔡挺的处罚太轻，遂被贬秩停官。

几年以后，朝廷起蔡挺知南安军，提点江西刑狱，提举虔州盐。自大庾岭下南至广，人烟稀少，路途遥远，为偏远荒凉之地。蔡挺的哥哥蔡抗时为广东转运使，两人商议，劝民在道路两旁广植树木，以为路人提供便利。这也是地方官员较早创造性地提出在大道两旁广植树木，以方便于民的有益之举。此外，蔡挺还积极参与打击盐贩之举，取得了很大成效，于是贼党破散，宿弊遂绝，每年增卖盐收入四十万缗。

不久，朝廷改蔡挺任陕西转运副使，进直龙图阁、知庆州。他向朝廷提出积极的攻守之策。西夏大举入侵，蔡挺想尽各种办法以御敌。西夏统帅谅祚亲帅军数万攻大顺，蔡挺深知城坚不可破，而柔远城城墙较差，迅速派遣总管张玉将锐师守柔远城。由于蔡挺的有效防御，西夏军队长达三日的围城之举并未取得多大战果，谅祚督帐下决战，蔡挺伏强弩壕外，飞矢贯其铠，遂引却。移寇柔远，玉夜斫营，夏人惊扰溃败而去。环州熟羌思顺举族投谅祚，倚为向导，帮助西夏进军北宋，蔡挺假宣言思顺将要归顺大宋，命令士兵给他营造官舍，并作出出兵迎候之举。谅祚果然怀疑思顺有叛变之心，故将思顺毒死。蔡挺筑城马练平为荔原堡，分属羌三千人守之。所以，蔡挺虽作为文臣，在对夏战争中仍有着一定的军事智慧，起到了积极的防御作用。

神宗即位，加天章阁待制、知渭州。后遂推为蕃汉青苗、助役法，支持王安石变法。又自以意制渡河大索及兵械镰枪，皆获其用。熙宁五年（1072），朝廷拜蔡挺枢密副使。宋神宗问蔡挺泾原训兵之法，召部将按于崇政殿，十分推崇蔡挺之举措，诏下以为诸郡法。河州景思立战死，神宗开天章阁访执政，蔡挺请行。神宗曰："此小事，不足烦卿。河朔有警，卿当行矣。"① 契丹议割云中之地，蔡挺请罢沿边戍人，示以

---

① ［元］脱脱：《宋史》卷328《蔡挺传》，中华书局1977年版。

无事，因乞置三十七将，朝廷均采纳了蔡挺所建议之策。

熙宁七年（1074）冬，蔡挺奏事殿中，疾作而仆，宋神宗亲临赐药，因疾罢为资政殿学士、判南京留司御史台。这是蔡挺一生中第一次回到家乡应天府任职，体现了朝廷对其的关怀。他卒于元丰二年（1079），年六十六。赠工部尚书，谥敏肃。

蔡挺性格诡异，城府极深。元人修《宋史》时曾这样评价他："（蔡）挺谲而多知，人莫能窥其城府。初，为富弼、范仲淹客，颇泄其几事于吕夷简以自售。在渭久，郁郁不自聊，寓意词曲，有'玉关人老'之叹。中使至，则使优伶歌之，以达于禁掖。神宗悯焉，遂有枢密之拜云。"[1]"蔡挺自宝元以后，历边任至于，熙宁初，犹帅平凉，会边无事，因作乐歌，以教边人，有谁念玉关人老之句，此曲盛传都下。"[2]下文将其有"念玉关人老"的盛传于都城的词附上，以供大家欣赏：

喜迁莺

霜天秋晓，正紫塞故垒，黄云衰草。汉马嘶风，边鸿叫月，陇上铁衣寒早。剑歌骑曲悲壮，尽道君恩须报。塞垣乐，尽橐鞬锦领，山西年少。　谈笑。刁斗静，烽火一把，时送平安耗。圣主忧边，威怀遐远，骄虏尚宽天讨。岁华向晚愁思，谁念玉关人老？太平也，且欢娱，莫惜金樽频倒。[3]

这首《喜迁莺》慷慨雄豪，是作者蔡挺人品与词品的绝妙比喻，因有作者经历为本，其豪情则更为真切感人，通篇以边塞生活为主体，昂扬向上的主调中，也流露出了一缕淡淡的忧愁。

蔡抗（1008—1067），应天宋城（今河南商丘）人，字子直。进士及第，

---

① ［元］脱脱：《宋史》卷328《蔡挺传》，中华书局1977年版。

② ［宋］江少虞：《宋朝事实类苑》卷35，上海古籍出版社1981年版。

③ ［宋］王明清：《挥麈录·挥麈后录》余话卷1，中华书局1961年版。

任太平州推官。得知父亲患病的消息，辞官而去。之后稍迁为睦亲宅^①讲书。英宗此时尚在宫邸，十分器重蔡抗，向父亲濮安懿王请求，愿得与蔡抗学游。英宗每次和他见面，必正衣冠尽学徒之礼，蔡抗义兼师友。再迁太常博士、通判秦州，为秘阁校理，乞知苏州。苏州地理位置接江连湖，民田苦风潮害，蔡抗筑长堤，自苏州城至昆山，绵延达八十里，民得立塍埆，民以为便。

他后被贬为广东转运使。岑水当地铜冶不行，而地方官府仅给虚券为市，而且长期以来并未兑现，人们无法得到应得之钱，便被逼聚而私铸，并与江西盐盗合，附近郡县人民颇患之。蔡抗尽给之，当地百姓得到了他们应该得到的钱财便停止了这种违法行为。番禺每年运盐英、韶等州，由于路途遥远，多被沿途违法分子侵窃杂恶。蔡抗命十舸为一运，派遣官员督主运输之事。年终考核蔡抗为上等，获得了朝廷的认可，并为地方官府增加十五万缗收入。

仁宗驾崩，英宗即位。因与英宗私交甚好，蔡抗很快被召为三司判官。广东去京师开封甚远，蔡抗一时很难到达。英宗看到从南方来的官员必问蔡抗之事，问有没看到他。可见英宗对蔡抗的入朝觐见颇为重视。等到蔡抗到达京师及入对，谕曰："卿乃吾故人，朕望于卿者厚，勿以常礼自疏也。"^②蔡抗以史馆修撰同知谏院。适逢议安懿王典礼，蔡抗引礼为人后之谊，指陈切至，涕泪被面，帝亦感泣。作为英宗府邸旧臣，蔡抗并未附会英宗尊其父濮安懿王为皇考，其不畏权贵的高尚品格可见一斑。都城开封大水，蔡抗请见，帝迎问之，蔡抗推原变异，守前说以对。大臣畏其谏，列白为知制诰，迁龙图阁直学士、知定州。英宗不忍其

---

① 据《续资治通鉴长编》卷 117 载："初,诸王邸散居都城,过从有禁,非朝谒从祠不得会见。己酉,诏即玉清昭应宫旧地建宫,合十位聚居,赐名睦亲宅,命三司使程琳总其事,入内都都知阎文应等典领工作。"可知,睦亲宅乃亲王所据之官邸,而此时英宗为亲王,居于睦亲宅。

② ［元］脱脱：《宋史》卷 328《蔡挺传》，中华书局 1977 年版。

远去北方任职，勉励他说：既然这样那就先去吧，等朕在合适的时候就将你召回。

郡兵远去他乡戍边，室家留营多不谨，夫归辄首原，蔡抗下令悉以法处置，戍边士兵的权益得到了保护。士兵们感恩于蔡抗的所做所为。英宗帝不豫，旋即命蔡抗为太子詹事，未至京师而英宗驾崩。神宗即位，蔡抗改任枢密直学士、知秦州。入朝谢恩，神宗见之，悲恸不自胜，曰："先帝疾大渐，犹不忘卿。"① 可见，先帝英宗对蔡抗之情之深。

秦州设有人质院，质诸羌族百余人，自少至老，皆被关押在院内，除非死不得出。蔡抗到任后不久将他们全部释放，并约定毋得擅相仇杀。已而有犯者，立即斩以徇，当地官员莫敢奸令。居秦州数日，蔡抗梦英宗召语，眷如平生，欲退复留。将此事告知家人，家人无不感动。及英宗灵驾发引至洛阳之早晨，蔡抗在秦州东望大哭，见僚佐于便室，骤然得病，不久死去，年六十。朝廷特赠礼部侍郎。念及旧恩，神宗又欲赐谥，宰相吴奎曰："抗以旧恩，自杂学士赠官，已逾常制。"② 故乃止赠蔡抗谥号。

蔡挺、蔡抗兄弟二人皆居高位，为皇帝所倚重，这在北宋一朝并不多见。二人作为应天府籍的著名仕宦官员，对当地发展有着积极的影响，特别是蔡挺晚年返回家乡应天府任职，无疑是为家乡应天府做贡献的最好例证。

李师中（1013—1078），北宋宋州楚丘县（今山东菏泽市曹县）人，李师中年仅十五，即上书朝廷议论时政。史载："父（李）纬为泾原都监，夏人十余万犯镇戎，纬帅兵出战，而帅司所遣别将郭志高逗遛不进，诸将以众寡不敌，不敢复出，纬坐责降。师中诣宰相辩父无罪，时吕夷简为相，诘问不屈，夷简怒，以为非布衣所宜言。对曰：'师中所言，

---

① ［元］脱脱：《宋史》卷 328《蔡挺传》，中华书局 1977 年版。
② ［元］脱脱：《宋史》卷 328《蔡挺传》，中华书局 1977 年版。

父事也。'"① 由是知名。

后中进士。庞籍为枢密副使，向朝廷荐李师中。仁宗召对，转太子中允、知敷政县，权主管经略司文字。西夏人以今年岁赐迟迟不到，向宋廷边境檄书曰："愿勿逾岁暮。"诏吏报许，李师中更牒曰："如故事。"② 枢密院因此事弹劾他擅改朝廷制书，李师中回应道："所改者郡牒耳，非制也。"③ 朝廷以为是，基本上没有惩罚他。

李师中画像

神宗即位之初，拜天章阁待制、河东都转运使。西夏人寇边，朝廷以李师中知秦州。诏赐以《班超传》，李师中亦以持重总大体自处。前此多屯重兵于境，寇至则战，婴其锐锋，而内无以遏其入。李师中简善守者列塞上，而使善战者中居，令诸城曰："即寇至，坚壁固守。须其去，出战士尾袭之。"④ 将士均能遵守约定，故能取得一系列胜利。朝廷将《班超传》赐予守边的李师中可谓用心良苦，的确也起到了应有的作用。

李师中对王安石持有成见。史载："师中始仕州县，邸状报包拯参知政事，或云朝廷自此多事矣。师中曰：'包公何能为，今鄞县王安石者，眼多白，甚似王敦，他日乱天下，必斯人也。'后二十年，言乃信。"⑤ 元人对李师中才能有着客观的评价："其志尚甚高，每进见，多陈天人之际、君臣大节，请以进贤退不肖为宰相考课法。在官不贵威罚，务

① [元]脱脱：《宋史》卷 332《李师中传》，中华书局 1977 年版。

② [元]脱脱：《宋史》卷 332《李师中传》，中华书局 1977 年版。

③ [元]脱脱：《宋史》卷 332《李师中传》，中华书局 1977 年版。

④ [元]脱脱：《宋史》卷 332《李师中传》，中华书局 1977 年版。

⑤ [元]脱脱：《宋史》卷 332《李师中传》，中华书局 1977 年版。

以信服人，至明而恕。去之日，民拥道遮泣，马不得行。杜衍、范仲淹、富弼皆荐其有王佐才。然好为大言，以故不容于时而屡黜，气未尝少衰。"①可见，李师中的一生政绩获得了后世官方的肯定和认可。

边肃，字安国，北宋时期应天府楚丘县（今山东菏泽市曹县）人。宋太宗太平兴国五年（980）二甲进士。进士及第后，朝廷任其为大理评事、知于潜县，累迁太常博士。三司使魏羽荐为户部判官，祀南郊，超荐边肃为尚书度支员外郎。宋太宗以三司钩取无法，至道初年（995），置行帐司，以会财用之数，命边肃主事之。帐成，旋即迁工部郎中。

宋真宗幸大名府，命边肃经度行在粮草。皇帝出行，负责行在后勤供应之职的官员一般为皇帝宠信之臣，之后必将获得重用。不久，朝廷改判开拆司，出知曹州，徙邢州。恰逢契丹入侵，先是地屡震，城堞摧圮，无守备，帝在澶州，密诏边肃："若州不可守，听便宜南保他城。"②边肃收到真宗密诏，匿而不发，以免人心大乱，督丁壮乘城而辟诸门，悉所部兵阵以代之。边肃率军骑傅城下，边肃与战小胜，契丹不知边肃率军前来多少兵力，居三日，契丹兵遂引去。时镇、魏、深、赵、磁、洺六州闭壁不出，老幼趋城者，边肃悉开门尽纳之。

澶渊之盟后，边肃擢枢密直学士，徙宣州。车驾朝陵，徙河南府。还，勾当三班院。出知天雄军，徙真定府，累迁给事中。以王嗣宗代边肃。不巧的是，王嗣宗与边肃旧有矛盾和间隙，讽通判东方庆讼肃前在州，私以公钱贸易规利，遣吏强市民羊，买女口自入。王嗣宗将此事上报朝廷，以期朝廷进行责罚。真宗以边肃是近臣，不欲属吏，遣刘综、任中正以章示之，边肃引伏。以守城有功，仅削夺三官，贬岳州团练副使。之后，徙武昌、安远军节度副使，起知光州，以泰宁军节度副使徙泗州，又徙泰州，不久，死去。边肃作为宋真宗所宠信之近臣，一直备受重用，

---

① 〔元〕脱脱：《宋史》卷332《李师中传》，中华书局1977年版。
② 〔元〕脱脱：《宋史》卷301《边肃传》，中华书局1977年版。

但由于自己为官不正，而遭官员弹劾，真宗念及旧情而仅仅对其贬官而已。元人修《宋史》时对其在抵御契丹南侵之时的英明之举给予了高度评价："（边）肃之守邢，以羸兵却勍敌，开门纳避难之民，功在王府。"①

许骧（943—999），字允升，世家居于蓟州。祖许信，父许唐，世以钱财雄厚而闻名于边郡。后唐之季，许唐知契丹将扰边，白其父曰："今国政废弛，狄人必乘衅而动，则朔、易之地，民罹其灾。苟不即去，且为所虏矣。"②许信以资产富殖，不愿意南迁，许唐则偷偷地携带百金而南下。不久，晋高祖石敬瑭叛后唐，以燕、蓟等十六州之地贿赂契丹，许唐北归之路遂绝。许唐经商于洛阳、汴州之间，见进士缀行而出，窃叹曰："生子当令如此！"受此影响，许唐不再经商，而是始定居于睢阳（今河南商丘），娶李氏女，生许骧，风骨秀异。其父许唐说：我的目的估计将要达到了！

应天府戚同文以经术聚徒讲学，因同在一地，许唐携其子许骧前去拜访，与戚同文曰："（许）唐顷者不辞父母，死有余恨，今拜先生，即吾父矣。又自念不学，思教子以兴宗绪，此子虽幼，愿先生成之。"③许骧年仅十三，能属文，善词赋。其父许唐不识字，故许唐倾其家产而为其子许骧结交当地杰出人士提供物资支持，其培养儿子之决心与远见可见一斑。

许骧太平兴国初诣贡部，与吕蒙正齐名，太宗为开封府尹时，对其颇知之。及廷试，擢进士甲科，拜官将作监丞、通判益州，赐钱二十万。迁右赞善大夫。太平兴国五年（980），转右拾遗、直史馆，改右补阙。太平兴国六年（981），出为陕府西北路转运副使。会罢副使，徙知鄜州。召还，为比部员外郎。历任知宣州、升州知州。

雍熙二年（985），许骧改江南转运副使。洪、吉上供运船水损物，

① ［元］脱脱：《宋史》卷 301《边肃传》，中华书局 1977 年版。

② ［元］脱脱：《宋史》卷 277《许骧传》，中华书局 1977 年版。

③ ［元］脱脱：《宋史》卷 277《许骧传》，中华书局 1977 年版。

主管官员惧怕因此获罪，所以将船凿沉，而负责审查此案的官员以欺盗的罪名惩罚当地百姓，如此一来，当流死者数百人。许骧迅速驰往讯问，得其情实并上报朝廷，多获轻典，优诏褒之。许骧又上言："劫盗配流，遇赦得原，还本乡，雠告捕者，多所杀害，自今请以隶军。"①此提议得到太宗的首肯并诏令施行。遂迁江南转运正使。端拱初年（988），许骧拜主客郎中，不久徙知福州。数次上表朝廷请求返回京城，但没有得到批复，后不经朝廷批准，私自入朝，太宗并未责罚，反而召对便殿，延问良久。改兵部郎中，领西川转运使，但许骧以他长期外任为由辞不任，擢授右谏议大夫，就命知益州。召归，上言太宗曰："蜀民浮窳易摇，宜择忠厚者抚之，为预备。"②但朝廷并未采纳他的提议，直到李顺叛变，众人才佩服许骧的先见之明。不久，朝廷命许骧知审官院，迁御史中丞，他以疾病为由坚决辞让，朝廷不许。到谢恩之日，太宗命坐劳问，出良药赐之曰："此朕所服得验者。"③后骧以久病不能履职。太宗驾崩，真宗即位，改兵部侍郎。屡求小郡养疾，因入朝失仪，为御史所纠，真宗特诏不问其责，命知单州。咸平二年（999）卒，年五十七。赠工部尚书。赐其子许宗寿进士出身。元人修宋史时评价其曰："骧虽无他才略，而人以儒厚长者称之。"④

盛度（968—1041），字公量，世居应天府（今河南商丘），北宋著名的政治家、军事家、外交家。

盛度先祖后徙杭州余杭县。曾祖盛玙，仕吴越钱氏为余杭县令。父盛豫，从钱俶入朝，当时人说："盛太傅无忧色，吾属安矣。"献土归宋，这是吴越国的明智之举，而盛豫在吴越归宋全国统一的历史关键时刻，起了安定地方促进团结的作用。由于其特殊的身份，不可能获得朝廷

① ［元］脱脱：《宋史》卷 277《许骧传》，中华书局 1977 年版。
② ［元］脱脱：《宋史》卷 277《许骧传》，中华书局 1977 年版。
③ ［元］脱脱：《宋史》卷 277《许骧传》，中华书局 1977 年版。
④ ［宋］周密：《齐东野语》卷 6，中华书局 1983 年版。

重用，所以终在尚书度支郎中之职。

盛度幼小读书，敏而好学，和大多数读书人一样，走的是科举入仕的道路。北宋端拱二年（989），年仅 26 岁的盛度进士及第，补济阴尉。"本朝盛度以第二名登第，其父喜甚，颐解而卒。"之后被选为封丘主簿，改府仓曹参军，为光禄寺丞、御史台推勘官，改秘书省秘书郎。试学士院，为直史馆、三司户部判官，累迁尚书屯田员外郎。之后曾任翰林学士、兵部郎中、参知政事、知枢密院事、枢密使等要职。

景德初年（1004），契丹入侵，盛度从真宗幸大名，数上疏论边事。尝奉使陕西，勘察疆域，参质汉、唐故地，绘《西域图》献于朝廷。改开封府判官，坐决狱失实，降监洪州税。起知建昌军、三司盐铁判官，改起居舍人、知制诰。

盛度作为真宗近臣，尝奏事便殿。真宗问其所上《西域图》，盛度因言："酒泉、张掖、武威、敦煌、金城五郡之东南，自秦筑长城，西起临洮，东至辽碣，延袤万里。有郡、有军、有守捉，襟带相属，烽火相望，其为形势备御之道至矣。唐始置节度，后以宰相兼领，用非其人，故有河山之险而不能固，有甲兵之利而不能御。今复绘山川、道路、壁垒、区聚，为《河西陇右图》，愿备上览。"[①]宋真宗曾嘉奖他，以"博学"称之。从这件事中，不难看出，盛度对历代边疆的防务卓有研究，而且其中不乏真知灼见。更为可贵的是，盛度具有比较专业的地理学知识，确是位博学多才之士。

寇准罢相，盛度以尝交结周怀政，被出知光州，乾兴元年（1022），再贬和州团练副使。天圣（1023—1032）中，朝廷复盛度翰林学士、龙图阁学士承旨兼侍读学士。盛度在宋代选拔人才制度建设方面卓有成绩，史载："又请建四科以取士，且言：'经术之士，若典刑备举，则政教流行，请设博通《坟》《典》，达于教化科。尧试臣以事，不直以

---

① ［元］脱脱：《宋史》卷 292《盛度传》，中华书局 1977 年版。

言语、笔札求人,审官期于适用,请设才识兼茂明于体用科。今戒警未除,调边劳戍必资良帅,以集事功,请设军谋宏远堪任将帅科。狱市之繁,民命所系,若推按失,实则枉情伤生,请设晓法律、能按章覆科。'后亦取其才识兼茂明于体用科,与贤良方正能直言极谏并行。"①

盛度任给事中时,受诏与御史中丞王随议定流通解池盐法,也就是所谓的改革盐法。宋代商业空前繁荣,商税成为官府重要财源。官府为了搜括更多的钱财,对盐、茶、酒等实行专卖制度,即由官府控制这些物品的生产并垄断销售。盐是人民日常必不可缺的生活资料,也是北宋政府控制最严的专卖品。北宋自统一以来,为使"天下盐利皆归县官",特别"重私贩之禁"。食盐专卖造成流通不畅、盐价高、盐质低的恶果,人民深受其害,甚至出现河北地区"以盐比药"、江西地区"人苦淡食"的情况,官府的收入也减少。

天圣八年(1030),有人上书:"县官禁盐,得利微而为害博,两池积盐为阜,其上生木合抱,数莫可较。宜听通商,平估以售,可以宽民力。"②指出了政府禁止食盐流通得利少而为害大的弊端,两池累积的盐堆成了山,以至于上面长出了合抱粗的树木,可是食盐流通阻遏,运不出来,建议政府开放盐禁。于是,宋仁宗诏见翰林学士盛度、御史中丞王随与权三司使胡则议更其制度。盛度、王随、胡则经过仔细调查研究,给仁宗上书,指出允许民间经营盐业的五大益处,"方禁商时,官伐木造船,以给辇运,而兵民罢劳,不堪其命,今无复其弊,一利也。始以陆运,既差贴头,又役车户,贫人惧役,连岁逋逃,今悉罢之,二利也。又船运河流,有沈溺之患,纲吏侵盗,杂以泥砂、硝石,其味苦恶,疾生重腿,今皆得食真盐,三利也。国之钱币,谓之货泉,盖欲使之通流,而富室大家多藏镪不出,故民用益蹙,今得商人六十余万,颇助经费,

---

① [宋]曾巩撰、王瑞来校证:《隆平集校证》卷7《盛度传》,中华书局2012年版。
② [元]马端临:《文献通考》卷16《征榷考》,中华书局2011年版。

四利也。岁减盐官、兵卒、畦夫、佣作之给，五利也。"① 当年十月，宋仁宗下诏"罢三京、二十八州军榷法，听商人入钱若金银京师榷货务，受盐两池"②。盛度改革盐法，其实质就是"听商旅入钱算盐"，也就是允许商人将钱财或刍粟运缴京师或边地，然后在官府指定的地区取盐销售。这种办法虽然也对民间经商进行限制，但它从一定程度上改变了北宋官府对食盐的垄断和专卖，利用了民间资本，减轻了官府的负担，促进了食盐的流通，也有利于人民的生活。此法行之一年，国家税收增加了十五万缗之多。

北宋一朝，为加强中央集权，地方实行分权制，以防止将帅专权。中央禁军的力量得到空前加强，而对边境的防务却被严重削弱了，所以北宋一朝边患不断。盛度主张重兵镇守边境重地，可谓切中时弊。"寻进承旨，以礼部侍郎兼端明殿学士，召问边计，退而条十事上之。又兼侍读学士。"③ 此时，盛度所奏边事十条，议论得当，得到皇帝的赞赏。至于多少为朝廷所采用暂且不论，但真宗、仁宗两朝皇帝都视为股肱之臣，则是不假。

景祐二年（1035），盛度拜参知政事。金无足赤，人无完人，盛度也一样。《宋史·盛度传》对他的为人也颇有微词，如此评论他："性极猜险，虽平居，同僚不敢易语言。"④ 可见他是个性格乖僻，肚里做文章，不大好打交道的人。事实也是如此。时王曾、吕夷简并为相，盛度与宋绶、蔡齐并为参知政事，宰相王曾与蔡齐善，而吕夷简与宋绶善，惟盛度不得志于二人。及王曾、吕夷简二人俱辞相位，仁宗问盛度曰："王曾、吕夷简力求退，何也？"盛度对曰："二人腹心之事，臣不得而知，陛下询二人以孰可代者，则其情可察矣。"仁宗果以问王曾，王曾荐蔡齐，

---

① ［宋］李焘：《续资治通鉴长编》卷 109，中华书局 2004 年版。
② ［元］脱脱：《宋史》卷 181《食货志》，中华书局 1977 年版。
③ ［元］脱脱：《宋史》卷 292《盛度传》，中华书局 1977 年版。
④ ［元］脱脱：《宋史》卷 292《盛度传》，中华书局 1977 年版。

又问吕夷简，吕夷简荐宋绶，于是四人俱罢，而度独留。迁知枢密院事。[①]

章得象既相，以盛度尝位其上，即拜武宁军节度使。因令开封府吏冯士元强取其邻所赁官舍，以尚书右丞罢职。不久，起复知扬州，加资政殿学士、知应天府。盛度回到应天府任职，也算是衣锦还乡，但是身体状况每况愈下，暴感风眩，以太子少傅致仕，不久离世。赠太子太保，谥文肃。

盛度虽然性格猜险，为后人所诟病，但他为官清廉。他为翰林学士时有个下属孙抃召试馆职，给盛度送礼以谋求中举，盛度大怒。史载："盛文肃公正刚塞绝，无他肠，而性微狷急，时为内相，孙抃方召试馆职，以文投之，文肃大怒曰：'投贽尽皆邪道，非公朝所尚。'呵责再三，孙惶恐失措而退，比试学士院，孙凤夕忧其摈落，文肃乃题所试卷为三等上，其公正如此。"[②]虽然盛度对孙抃的做法极为不满，但在考试后，盛度见孙抃的文章的确不错，擢为三等上，不埋没人才，可见盛度的公正。史书上还记载盛度对贫穷之人多有施舍，而对送礼行贿者则绳之以法。"所至，下贫无赖，多所纵舍；稍有赀者，一切绳之以法。"[③]

张方平（1007—1091），字安道，北宋应天府南京（今河南商丘）人。少年时聪敏绝顶，史载："少颖悟绝伦，家贫无书，从人假三史，旬日即归之，曰：'吾已得其详矣。'凡书皆一阅不再读，宋绶、蔡齐以为天下奇才。举茂材异等，为校书郎、知昆山县。"[④]又考中贤良方正科，被选拔升任为著作郎，通判睦州。张方平是应天府籍名人中为数不多的未经过科举考试而屡屡升迁之人。宋仁宗对其才能尤为认可，史载："当召试馆职，仁宗曰：'是非两策制科者乎？何试也？'命直集贤院，

① ［元］脱脱：《宋史》卷292《盛度传》，中华书局1977年版。
② ［宋］吴处厚：《青箱杂记》卷6，中华书局1985年版。
③ ［元］脱脱：《宋史》卷292《盛度传》，中华书局1977年版。
④ ［元］脱脱：《宋史》卷318《张方平传》，中华书局1977年版。

俄知谏院。"①不难看出，张方平从直集贤院迁知谏院所用时间非常之短，迈入朝官核心层。

当初，三司使王拱辰提议河北的盐由政府专营，如此势必会加重河北地区民众的负担，张方平对此坚决反对，并上言仁宗请求停止实施该政策。对此，史载："庆历六年，三司使王拱辰复建议悉榷二州盐入官，以专其利。都转运使鱼周询以为不可，且言：'商人贩盐，与所过州县吏交通为弊，所算十无二三。请敕州县以十分算之，听商人至所鬻州军并输算钱，岁可得缗钱之十余万。'三司奏用其策。仁宗曰：'使人顿食贵盐，岂朕意哉？'于是三司更立榷法而未下，张方平见上问曰：'河北再榷盐何也？'上曰：'始议立法，非再榷。'(张)方平曰：'周世宗榷河北盐，犯辄处死。世宗北伐，父老遮道泣诉，愿以盐课均之两税，而弛其禁，许之，今两税盐钱是也。岂非再榷乎？且今未榷，而契丹盗贩不已，若榷则盐贵，契丹之盐益售，是为我敛怨而使契丹获福也。契丹盐入益多，非用兵莫能禁，边隙一开，所得盐利能补用兵之费乎？'上大悟曰：'其语宰相立罢之。'(张)方平曰：'法虽未下，民已户知之，当直以手诏罢不可自下出也。'上喜，命方平密撰手诏下之。"②为了感谢张方平建言之功，河北地区百姓在澶州拜迎他。同时，为了感谢皇恩，河朔地区民众举行了七天的佛老会。

仁宗时期，西夏赵元昊欲叛宋，遣使臣带来了一封傲慢的文书，想借此达到先让北宋与之绝交的目的。当然，元昊险恶用心难以逃脱张方平的敏锐的政治眼光。对此，张方平建议："顺适其意，使未有以发，得岁月之顷，以其间选将厉士，坚城除器，为不可胜以待之。虽终于必叛，而兵出无名，吏士不直其上，难以决胜。小国用兵三年，而不见胜负，不折则破。我以全制其后，必胜之道也。"③不过，由于北宋处于全盛之时，

①　[元]脱脱：《宋史》卷318《张方平传》，中华书局1977年版。
②　[元]脱脱：《宋史》卷181《食货志》，中华书局1977年版。
③　[元]脱脱：《宋史》卷318《张方平传》，中华书局1977年版。

朝中大臣普遍认为张方平的建议欠妥，对西夏是姑息养奸，于是朝廷决定出兵讨伐元昊。面对朝廷的失策之举，张方平上了著名的《平戎十策》，史载："入寇当自延、渭，巢穴之守必虚。宜屯兵河东，卷甲而趋之，所谓攻其所必救，形格势禁之道也。"① 可惜的是，宰相吕夷简赞同这一策略而实际执行过程中却未被采用。

北宋立国之初，为加强皇权，设置枢密使掌军权，分割宰相军事权。但是到了仁宗朝中期，西夏屡屡寇边，严重威胁北宋西部边境安全。为加强对西夏入侵的应对力量，以便宰执层共同策划应对之策，张方平首个向仁宗提出合枢密使之职于中书省，得到了仁宗的首肯，遂以宰相兼枢密使。② 当时朝廷征调各地的弓箭手，选其健勇者组成宣毅、保捷两军。张方平屡次上书表示反对，遗憾的是并没被采纳。结果两军骄傲自大不堪，二十多万人的部队并没有战斗力，正像张方平所说的那样。

夏竦节制陕西并监领各路将领。四路将领因为往来请示汇报贻误了战机，加之仁宗令他们进兵，他们却逗留不行，以致丰州失陷，刘平等惨败，几乎全军覆没。各路主帅都遭到不同程度的惩罚，唯有夏竦未受到朝廷的责罚。张方平弹劾他，朝廷将他罢免，给四路将帅军事指挥的一定的自主权。

到了庆历元年（1041），对夏战争已经持续六年之久。仁宗已经厌倦了对西夏战争，而西夏元昊同样面临困境，亦不得耕牧休息。张方平慨然上疏曰："陛下犹天地父母也，岂与此犬豕豺狼较胜负乎。愿因今岁郊赦，引咎示信，开其自新之路，申敕边吏，勿绝其善意。若犹不悛，亦足以怒我而怠彼，虽天地鬼神，必将诛之。"仁宗喜曰："是吾心也。"命公以疏付中书。吕夷简读之，拱手曰："公之及此，是社稷之福也。"是岁，赦书开谕如公意。明年，元昊始请降。"自元昊叛，公谋无遗策，

---

① ［元］脱脱：《宋史》卷 318《张方平传》，中华书局 1977 年版。
② ［元］脱脱：《宋史》卷 318《张方平传》，中华书局 1977 年版。

虽不尽用，然西师解严，公有力焉。"① 虽然苏轼为张方平所写墓志铭不免对其功业有溢美之词，但是张方平为宋夏之间战争和解所做之贡献是不能否定的。

之后不久，张方平以朝廷修起居注的身份出使辽国。辽国王对左右说："有这么好的大臣，甚好！"陪他骑马打猎喝酒，并将坐骑送给了张方平。使辽返回后，迁知制诰，权知开封知府。府中琐事繁杂，前任一律用书板记录，张方平却靠默记，几乎没有一点差错。不久便升为翰林学士。元昊降服后，因为曾同契丹不和，前来请宋同契丹断交，大臣们以为不行。张方平曰："得新附之小羌，失久和之强敌，非计也。宜赐元昊诏，使之审处，但嫌隙朝除，则封册暮下。如此，于西、北为两得矣。"② 当时朝中大臣赞同这一观点。之后张方平升为御史中丞，改任三司使。三司使在北宋中前期具有重要的地位，人称"计相"，掌控全国财政，其地位可见一斑。

宫中卫士夜晚兵变失败，皇帝以张贵妃护驾有功，令二府奖励。夏竦就建议："当求所以尊异之礼。"张方平听说后就对陈执中说："汉冯婕妤身当猛兽，不闻有所尊异。且皇后在而尊贵妃，古无是事。果行之，天下之责，将萃于公矣。"③ 也就是说，既有皇后又尊崇贵妃，古来没有这个道理。真要对贵妃实行了特殊的奖励，那天下人的指责都会集中到你身上。宰相陈执中听后便有所畏惧，即取消了对张贵妃的特殊尊崇与奖励。

宋仁宗征求增收节支的具体办法。张方平在集体条对之后，作为主管全国财政的计相，又独上数千言，大概是说，祥符年以来，法制松弛，渐渐背离了祖先的传统。科举、任子、考核转正、升迁补叙等法则都被破坏了，任命将领、操练战士，都不是原先的规则。中央财政开支

---

① ［宋］苏轼：《苏轼文集》卷 88《张文定公墓志铭》，中华书局 1986 年版。
② ［元］脱脱：《宋史》卷 318《张方平传》，中华书局 1977 年版。
③ ［元］脱脱：《宋史》卷 318《张方平传》，中华书局 1977 年版。

处境窘迫，必定导致政出多门；大商人、大贵族钻空子获取暴利，专营茶盐香的法律也被破坏。这是治乱兴亡的关键所在，不可不认真对待。宋仁宗看了他的意见书非常高兴，正打算要重用他，恰逢判官杨仪犯罪，方平因为同他是好朋友，私交甚好，被贬任滁州知州。不久知江宁府，又判流内铨。

之后，张方平又以侍讲学士身份知滑州，徙任益州。他还未赴任，民间有人造谣说，侬智高在南诏，将侵犯益州。益州知州急忙调兵筑城，日夜不停，民间大受惊扰。朝廷听说这一传闻，也从陕西调集步骑部队，络绎不绝地开往蜀地。命令张方平尽快赴任，允许他相机行事。张方平认为这必定然是谣言。路上遇到前往益州的兵士，他都遣返，其他劳役也都停止。正逢上元节灯会，城门三个晚上不关，抓获邛部川翻译官造侬智高犯兵谣言的人，斩首于边境，放逐余党，蜀地百姓才安定下来。张方平的政治智慧可见一斑。

随着对西夏战争的再次展开，张方平被朝廷召回，再次任三司使。北宋与西夏打仗，蜀地是物资供应的大后方。张方平上奏请免两蜀税赋四十万，减铸铁钱十余万缗，又建议："国家都陈留，当四通五达之道，非若雍、洛有山川足恃，特倚重兵以立国耳。兵恃食，食恃漕运，以汴为主，汴带引淮、江，利尽南海。天圣以前，岁调民浚之，故水行地中。其后，浅妄者争以裁减役费为功，汴日以塞，今仰而望焉，是利尺寸而丧丘山也。"[1] 于是献上十四项谋略。宰相富弼读他的奏章时，计时的更漏都过了十刻，也不知疲倦，仁宗皇帝亦称好。富弼说："此国计大本，非常奏也。"朝廷之后便全部采纳了他的建议，如其说而行之。

因与宰执政见不合，张方平迁尚书左丞，知南京（应天府）。这也是张方平一生之中仅有的一次回家乡应天府任职。虽然由三司使到尚书左丞，品秩上是上升了，但是尚书左丞仅仅是职事官，而非实职，此

----

[1] ［元］脱脱：《宋史》卷318《张方平传》，中华书局1977年版。

时张方平的实际职务是南京知府,显然是明升暗降。不过值得欣慰的是,张方平是回到了阔别十余年的家乡,不知朝廷是有意的安排还是无意中的偶然事件。

不久,张方平以工部尚书身份统率秦州。秦州处于宋夏边境,谍报人员报告西夏将来侵扰。张方平精选兵马,声称要出关讨西夏。最后夏人没有来侵犯,有人认为他轻举妄动。曾公亮说:"兵不出塞,何名轻举。寇之不得至,有备故也。倘罪之,后之边臣,将不敢为先事之备矣。"①张方平自己觉得再在秦州任职对自己不利,且心不能自安,请求再次返调任为南京知府。在自己仕途不顺之际,张方平要求回到南京应天府任职绝非偶然,是一个漂泊在外的人在寻求家乡依靠的表现。以此观之,上次张方平回到家乡任职很可能也是他自己提出的。

嘉祐八年(1063)三月,仁宗驾崩。四月初一,宋英宗即位,张方平升任礼部尚书,经请求改任郓州知州。回京后,任翰林学士承旨。英宗身体不适,将张方平召到福宁殿。英宗伏在桌上谈话,声音已经模糊不清。张方平递过笔,英宗写道:"明日降诏,立皇太子。"方平大声讲道:"必颍王也,嫡长而贤,请书其名。"英宗费力地按照方平所言写下了颍王赵顼,方平于是告退回去草拟立太子诏书。因此,不难看出,张方平在神宗被立太子事上具有重要影响。故神宗即位后,张方平获得重用是意料之中的事。

宋神宗即位后,召见张方平,请他估算其父宋英宗的安葬费用。宋神宗问道:"孝敬父母可以节约吗?"张方平应道:"遗制固云,以先志行之,可谓孝矣。"②也就是说,英宗驾崩之前既然有安排,满足他务行节俭的最后愿望,也是孝顺。又请求按比例减省各种赏赐,实行宋真宗乾兴年间(1022)的标准,费用节约了十分之七八。

① [元]脱脱:《宋史》卷318《张方平传》,中华书局1977年版。
② [元]脱脱:《宋史》卷318《张方平传》,中华书局1977年版。

不仅在政治、军事、外交上，张方平在文学方面亦是卓有成绩。史载："(张)方平进诏草，帝亲批之，曰：'卿文章典雅，焕然有三代风，又善以丰为约，意博而辞寡，虽《书》之训诰，殆无加也。'"① 也就是说，张方平草拟诏令，宋神宗亲自批复说："你文章典雅，有三代圣贤的风范，又善于综合概括，言简意赅，即使是《尚书》中的《训》《诰》，也不过如此了。"宋神宗作为皇帝，如此推崇他，不难看出张方平在文笔上的确有着过人之处。

不久，张方平再次获得重用，升任参知政事。不过旋即遭到御史中丞司马光的反对，认为他不该受如此重用，宋神宗并没有听。司马光辞御史中丞职，曾公亮建议起用王安石，张方平认为不行。数天后，因父亲丧事丁忧。丁忧期满后，张方平以观文殿学士身份留守西京。入朝觐见时，张方平留京任判尚书都省，因不满与王安石同在朝中任职，他极力请求下任陈州知州。故不难看出，张方平对王安石任中枢之职是持不同意见的，后来他反对新法也成必然。

果不其然，王安石主持变法改革，遭到张方平的反对。史载："安石行新法，方平陛辞，极论其害，曰：'民犹水也，可以载舟，亦可以覆舟。兵犹火也，弗戢必自焚。若新法卒行，必有覆舟、自焚之祸。'"② 显然，不难看出，张方平对王安石变法是持否定态度的。

韩绛主持西部边防，庆州发生兵变，京西转运使命令各路兵马会集庆州平叛，居民大受骚扰。张方平拿着京西转运使的文书向皇上申明其非，宋神宗说："守臣这样处置问题很不妥当！"命令停止征调诸郡兵。召张方平任宣徽北院使，留京师。王安石很不满意张方平的所作所为，派他知青州。临行前，宋神宗向他请教祖宗对付外寇的主要办法。张方平如此答道："太祖不勤远略，如灵夏、河西，皆因其酋豪，许之世袭。

---

① [元]脱脱：《宋史》卷 318《张方平传》，中华书局 1977 年版。
② [元]脱脱：《宋史》卷 318《张方平传》，中华书局 1977 年版。

环州董遵诲、西山郭进、关南李汉超，皆优其禄赐，宽其文法。诸将财力丰而威令行，间谍精审，吏士用命，故能以十五万人而获百万之用。及太宗谋取燕蓟，又内徙李彝兴、冯晖，于是朝廷始旰食矣。真宗澶渊之克，与契丹盟，至今人不识兵革。三朝之事如此。近岁疆场之臣，乃欲试天下于一掷，事成徼利，不成诒患，不可听也。"① 对此，宋神宗说："仁宗庆历以来的事您可知道？西夏元昊刚降服，当时朝廷是怎样对待他的？"张方平回答道："我当时任翰林学士，誓诏封册，均是我草拟的。"宋神宗赞叹道："当时您已经位居翰林之要职，可谓德高望重。"② 由此可见，张方平在仁宗、英宗与神宗三朝均具有很高的地位与较大的影响力。

后来，张方平又回到朝中任职，适逢契丹派使者萧禧来讨论边界问题，应该告辞回国了，却赖在馆驿中不肯归国。张方平对枢密使吴充说："但令主者日致馈勿问，且使边郡檄其国可也。"③ 吴充采纳了张方平这一建议，萧禧于是立即启程归国去了。之后朝廷任命张方平为中太一宫使，只是一个闲职，并无实际权力，这与张方平与宰相王安石之间的矛盾不无关系。

王安石变法期间，朝廷放松了对铜的专营管理，奸商即常常销毁铜钱做器具卖，各关所征收不到钱，钱渐渐毁损。张方平极力向朝廷反映这一现象的危害性，请宋神宗质问宰相王安石："举累朝之令典，一旦削除之，其意安在？"④ 神宗皇帝采纳了张方平所言。张方平请求辞职，进使南院，任应天府通判。神宗说："朕欲卿与韩绛共事，而卿论政不同。欲置卿枢密，而卿论兵复异。卿受先帝末命，讫无以副朕意乎？"⑤ 最终

---

①　[元]脱脱：《宋史》卷318《张方平传》，中华书局1977年版。

②　事见《宋史》卷318《张方平传》，中华书局1977年版。

③　[元]脱脱：《宋史》卷318《张方平传》，中华书局1977年版。

④　[元]脱脱：《宋史》卷318《张方平传》，中华书局1977年版。

⑤　[元]脱脱：《宋史》卷318《张方平传》，中华书局1977年版。

还是让他离开了京师前往应天府任职，这是张方平再次回到家乡任职。

高丽使者路过张方平所任职的应天府，地方官应送往迎来。张方平却说："臣班视二府，不可为陪臣屈。"① 意思是说我的级别相当于宰相，不能比属国的使者还低。宋神宗下令允许只派少尹接待使者，一定程度上维护了国家尊严。

王安石等推行新法，卖渡口码头为市场，土地庙及其他宗庙，甚至宋地先贤阏伯、微子庙都成了商贾活动之区。对此，张方平坚决反对，诚如他所言："'宋王业所基，阏伯封于商丘，以主大火。微子为始封之君，是二祠者，亦不得免乎？'帝（宋神宗）震怒，批牍尾曰：'慢神辱国，无甚于斯！'于是天下祠庙皆得不鬻。"② 正是由于张方平的据理力争，南京应天府地区的这些祠庙都得以保存，这也是张方平保护自己家乡文化遗产的重要体现。

阏伯台

①　［元］脱脱：《宋史》卷318《张方平传》，中华书局1977年版。
②　［元］脱脱：《宋史》卷318《张方平传》，中华书局1977年版。

元祐六年（1091）张方平死，享年八十五岁。追赠司空。遗言不要谥号，尚书右丞苏辙替他请谥号，于是谥为"文定"。张方平作为应天府地区著名的政治人物，在北宋中期具有重要影响，也获得了高度评价。

苏轼曾这样高度评价道："然自庆历以来，讫元丰四十余年，所与人主论天下事，见于章疏者多矣，或用或不用，而皆本于礼义，合于人情，是非有考于前，而成败有验于后。及其他诗文，皆清远雄丽，读者可以想见其为人。信乎其有似于孔北海、诸葛孔明也。昔曾鲁公尝为轼言，公在人主前论大事，他人终日反复不能尽者，公必数言而决，粲然成章，皆可书而诵也。言虽不尽用，然庆历以来名臣，为人主所敬，莫如公者。"①

陈振孙这样评价张方平："参政文定公南都（应天府）张方平……初举茂材异等，再举贤良方正，皆中其科。识略过人，知苏洵父子于布衣，恶王安石于考试进士之日，皆人所不能及。寿八十五，薨于元祐中。于当时最为耆德，然颇不为司马公所喜。"②

元人修《宋史》时，对其给予了这样的高度评价："（张）方平慷慨有气节，既告老，论事益切，至于用兵、起狱，尤反覆言之。且曰：'臣且死，见先帝地下，有以藉口矣。'平居未尝以言徇物、以色假人。守蜀日，得眉山苏洵与其二子轼、辙，深器异之。尝荐轼为谏官。轼下制狱，又抗章为请，故轼终身敬事之，叙其文，以比孔融、诸葛亮。"③

清代四库馆臣如此评价："（张）方平颖悟于书，一览不忘，善为文，数千言立就。才气本什伯于人，而其识又能灼见事理，剸断明决，故集中论事诸文，无不豪爽畅达。洞如龟鉴。"清人指出张方平具有不凡的豪气远见，评价是中肯的。作为商丘地区文化名人，《商丘县志》中也对其给予了高度评价："诗学杜甫，又法佛老，风格清新淡远，雄峻流丽。"

---

① ［宋］苏轼：《苏轼文集》卷34《乐全先生文集叙》，中华书局1986年版。

② ［元］马端临：《文献通考》卷235《经籍考》，中华书局2011年版。

③ ［元］脱脱：《宋史》卷318《张方平传》，中华书局1977年版。

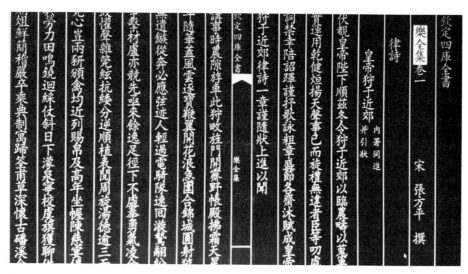

张方平所著《乐全集》书影

王尧臣（1003—1058），字伯庸，应天府虞城（今河南虞城）人。宋代文学家、书法家。天圣五年（1027），王尧臣状元及第。中状元后，授将作监丞，通判湖州。后被召试回京后，改秘书省著作郎、直集贤院。因其叔父王冲犯法而受牵连，出知光州。光州饥荒，百姓群起为盗，朝廷欲从重处罚，王尧臣上疏以为此乃灾荒时政务所应抚恤，不可苛责，被仁宗嘉纳。父亲病逝后，王尧臣离职为其服丧，服丧期满后，担任三司度支判官，再升为右司谏。

王尧臣画像

郭皇后突然离世，议者归罪内侍都知阎文应，唯独王尧臣奏请仁宗调查左、右侍医者，但是未得到仁宗的批准。时上元节，有司张灯，王尧臣俟乘舆出，即上言："后已复位号，今方在殡，不当游幸。"仁宗为罢张灯。从王尧臣建议调查左、右侍医者未获批准，但是王尧臣请停上元灯节以示哀悼的建议却得到了仁宗的赞同，说明郭皇后之死的确蹊跷。景祐四年（1037），仁宗擢王尧臣知制诰、同知通进银台司、提举诸司库务，知审刑院，入翰林为学士、知审官院。

陕西用兵，王尧臣为体量安抚使。将行，请曰："故事，使者所至，称诏存问官吏将校，而不及于民。自元昊反，三年于今，关中之民凋弊为甚，请以诏劳来，仍谕以贼平蠲租赋二年。"① 获得仁宗的批准。回京复命，上言：

> 陕西兵二十万，分屯四路，然可使战者止十万。贼众入寇，常数倍官军。彼以十战一，我以一战十，故三至而三胜，由众寡不侔也。泾原近贼巢穴，最当要害，宜先备之。今防秋甚迩，请益团土兵，以二万屯渭州，为镇戎山外之援。万人屯泾州，为原、渭声势。二万屯环庆，万人屯秦州，以制其冲突。且贼之犯边，不患不能入，患不能出也。并塞地形，虽险易不同，而兵行须由大川，大川率有砦栅为控扼。贼来利在虏掠，人自为战，故所向无前。若延州之金明、塞门砦，镇戎之刘璠、定川堡，渭州山外之羊牧隆城、静边砦，皆不能扼其来。故贼不患不能入也。既入汉地，分行钞略，驱虏人畜，劫掠财货，士马疲困，奔趋归路，无复斗志。若以精兵扼险，强弩注射，旁设奇伏，断其首尾，且追且击，不败何待。故贼之患在不能出也。②

王尧臣上疏分析局势与对策，从这个奏疏的思想看，王尧臣对民心与战争胜利之关系有高于当时一般臣僚的政治见解，具有深邃的战略性眼光。仁宗用其意告诫边关守将。庆历元年（1041），宋军主帅轻敌，韩琦兵败好水川（今宁夏隆德），范仲淹亦以擅复元昊书降耀州，仁宗震惊，罢韩琦、范仲淹。王尧臣谏言二人皆当世英才，忠义智勇，不应

---

① ［元］脱脱：《宋史》卷 292《王尧臣传》，中华书局 1977 年版。
② ［元］脱脱：《宋史》卷 292《王尧臣传》，中华书局 1977 年版。

如此安置，又力荐种世衡、狄青有将帅之才。后仁宗以韩琦、范仲淹为招讨使，置府泾州，加兵三万，再遣王尧臣为泾原安抚使。王尧臣回朝后，就边防建设两次上疏，皆被朝廷采纳。母亲病故，服丧期满，王尧臣转右谏议大夫，拜枢密副使。韩琦、范仲淹之后不仅在对西夏战争中立下战功，而且成就了不世功勋，说明王尧臣具有独特的识人辨才之能。

后来，王尧臣拜户部郎中权三司使，辟张温之、杜杞等十余人为副使、判官。时入内都知张永和建议，收民僦舍钱十之三以助军费。王尧臣坚决反对，曰："此衰世之事，召怨而携民，唐德宗所以致朱泚之乱也。"[1]度支副使林潍畏永和，附会其说，尧臣奏黜潍，议乃定。

庆历初，学士苏易简、丁度皆自郎中进中书舍人充承旨，及王尧臣为承旨，不迁官，为宰相贾昌朝所阻。文彦博拜相，因其岁满，遂优迁之。大享明堂，加给事中。与三司更议茶法，较天下每岁财赋出入，上其数，遂拜王尧臣枢密副使。至此，王尧臣进入宰执层。会侬智高反，王尧臣请析广西宜、容、邕州为三路，以融、柳、象隶宜州，白、高、窦、雷、化、郁林、仪、藤、梧、龚、琼隶容州，钦、宾、廉、横、浔、贵隶邕州。遇蛮入寇，三路会支郡兵掩击，令经略、安抚使守桂州以统制焉。益募澄海、忠敢土军分屯，运全、永、道三州米以饷之，罢遣北兵远戍。时狄青经制岭南，诏青审议，以为有利于镇压叛乱。

皇祐三年（1051），王尧臣请奏定制，裁抑侥幸，深得朝廷嘉许信任。有人将一封匿名信散布在京城，但仁宗置而不问，仍对他信任有加，乃擢升参知政事。[2]嘉祐元年（1056），仁宗打算任命王尧臣为枢密使，但当草制的翰林学士胡宿却坚决反对，仁宗于是拜王尧臣为吏部侍郎。[3]死后，朝廷追赠为尚书左仆射，谥文安。

在位居宰辅的状元士人中，除满腹五经之外，也不乏颇具武略才干、

---

① [元]脱脱：《宋史》卷292《王尧臣传》，中华书局1977年版。
② [宋]曾巩撰、王瑞来校证：《隆平集校证》卷8《王尧臣传》，中华书局2012年版。
③ [元]脱脱：《宋史》卷292《王尧臣传》，中华书局1977年版。

有儒将风范的人。不少状元入仕政途后，担任了正副枢密院即最高军事长官，在戍边、平乱、屯兵、选拔将才等方面也有不凡治绩。王尧臣就是其中著名的代表人物。

此外，尤其值得一提的是，王尧臣还很重视发掘、荐举将帅人才。他向宋仁宗推荐的 20 多位充任的边将，都在后来的戍边中建功立业，其中的韩琦和范仲淹都是宋代首屈一指的名臣。康定二年（1041），因宋将任福轻敌中了西夏军的诱兵之计，大败于好水川。宋仁宗认为这是陕西经略安抚副使韩琦、范仲淹指挥错误、拥兵不进之故，所以就罢免了他们的官职。王尧臣认为仁宗这样处置不当，上疏力保韩、范二公。他极力劝说仁宗，韩、范二人皆为当世英才，不仅以忠义智勇闻名天下，而且也是令西夏人闻其名而丧胆的名将。不仅如此，作为状元，王尧臣工诗词，擅书，以文学名，尧臣典内外制十余年，文词温润，得王言体。有文集五十卷①。

对其在政治、军事、文化上卓越的才能和表现，后世名人给予了高度评价。欧阳修曾这样高度评价其一生："公为人纯质，虽贵显不忘俭约。与其弟纯臣相友爱，世称孝悌者言王氏。遇人一以诚意，无所矫饰，善知人，多所称，荐士为时名臣者甚众。"②《宋史》监修者如是说："时治平而文德用，则士之负艺者致位政府，宜矣。……（王）尧臣论议铿铿，正谊而不谋利，其最优乎。"③曾巩亦高度评价其一生功业："尧臣典内外制十余年，文词温润，得王言体。"④

赵概（995—1083），字叔平，南京虞城（今商丘虞城）人。"概初名裎，

---

①　［宋］曾巩撰、王瑞来校证：《隆平集校证》卷 8《王尧臣传》，中华书局 2012 年版。

②　［宋］欧阳修：《欧阳修全集》卷 33《尚书户部侍郎参知政事赠右仆射文安王公墓志铭并序》，中华书局 2001 年版。

③　［元］脱脱：《宋史》卷 292《王尧臣传》，中华书局 1977 年版。

④　［宋］曾巩撰、王瑞来校证：《隆平集校证》卷 8《王尧臣传》，中华书局 2012 年版。

尝梦神人金书名簿有'赵概'，遂更云。"①赵概自幼十分勤学，器识宏远，为当地名流所盛赞。赵概进士及第，首任海州通判，为集贤校理、开封府推官。奏事殿中，仁宗面赐银绯，以示恩宠。后朝廷加直集贤院、出知青州。因所举荐渑池令张诰违法，被罢职。很久之后，才被起复知滁州，山东有盗贼过滁州，告人曰："我东人也，公尝为青州，民爱之如父母，我不忍犯。"②遂率众贼而去。不难看出，赵概知青州时廉政爱民，获得了高度认可。

　　后来，朝廷召赵概修起居注，名儒欧阳修后到朝廷任职，所以赵概曾与欧阳修公同在馆阁任职，而且一起修起居注。赵概性情敦厚持重，沉默寡言，欧阳修很看不起他。等到欧阳修任知制诰之职后，以赵概没有文采为理由，将其贬官为天章阁待制，纠察在京刑狱。赵概清静淡泊，并没有把这当回事儿。但是据《宋史·赵概传》所载："召修起居注。欧阳修后至，朝廷欲骤用之，难于越次。概闻，请郡，除天章阁待制、纠察在京刑狱，修遂知制诰。逾岁，概始代之。"③可见，正史所载有所隐晦，这与元人修《宋史》时本传主要来源于传主后人为其先祖所撰行状、墓志铭、神道碑等材料，而这些材料不免对其祖上有所美化不无关系。

　　故不难看出，欧阳修与赵概之间关系并不好，但是后来欧阳修的外甥女与人淫乱，欧阳修的政敌借题发挥，以此事来诬蔑欧阳修。仁宗非常震怒，朝中几乎无人敢为他辩解。这时，只有赵概为欧阳修上书，说："欧阳修因文才出众才成为皇上的近臣，皇上不能随便听信谗言，轻易诬蔑他。我与欧阳修来往很少，他对我也不太好，但我关心的是朝廷的大体啊！"有人问赵概说："你不是与欧阳修之间有怨恨吗？"赵概说："以私废公，我不能做这种事。"故赵概的高尚政治风格可见一斑。

　　后来，赵概以龙图阁学士知郓州、应天府，这是他回到家乡应天府

① ［元］脱脱：《宋史》卷318《赵概传》，中华书局1977年版。
② ［元］脱脱：《宋史》卷318《赵概传》，中华书局1977年版。
③ ［元］脱脱：《宋史》卷318《赵概传》，中华书局1977年版。

任职，体现了朝廷对其有意地照顾，希望他能为家乡多做贡献。熙宁初年（1068），拜观文殿学士、知徐州。自左丞转吏部尚书。这以前，宋代由左丞升任吏部尚书，从来没有先例可循。后以太子少师（从二品）致仕，退居十五年，致力于搜集古今谏争事，为《谏林》百二十卷呈上神宗。神宗赐诏曰："请老而去者，类以声问不至朝廷为高。唯卿有志爱君，虽退处山林，未尝一日忘也。当置于坐右，时用省阅。"① 可见，赵概所做得到了神宗皇帝的高度认可。

赵概秉性和平，与人没有怨仇。虽然在一些事情上表面上像是没有说什么，但暗地里对别人有利的事情却做了很多。人们把他比作刘宽、娄师德。赵概因举荐张诰被贬职六年，但他对张诰念念不忘，张诰死后，赵概对他的家人照顾非常周到。欧阳修对待赵概一向不待见，但等欧阳修有了冤案，只有赵概一个人向皇帝上奏章认为他无罪，说欧阳修是被仇人诬陷，不能让朝廷律法成为仇家诬告别人的工具，欧阳修由此才得以解困，才开始叹服赵概是一个长者。以后，二人私交甚笃。

赵俊，字德进，南京宋城（今河南商丘）人。绍圣四年（1097）进士，官至朝奉郎。隐居杜门，虽乡里不妄交。刘安世无恙时居河南，暇则独一过之。徐处仁与赵俊因同乡之交，私交甚笃，及徐处仁官拜为丞相之高位，同乡之人多求助于他，赵俊却不肯向他求助。不幸的是，随着徐处仁离开家乡应天府的时间久远，二人之间也逐渐失去了联系，徐处仁对赵俊未能踏入仕途不得而知，因而赵俊迟迟未能谋得一官半职。

靖康之难，北宋亡国。士大夫纷纷南迁以避金兵，赵俊却不肯南下。他曾说："但固吾所守尔，死生命也，避将安之。"② 南迁之人络绎不绝，赵俊慨然不动，表现出大无畏的精神。伪齐刘豫拜赵俊为虞部员外郎，他坚辞疾不受，如是再三，刘豫亦不再勉强。赵俊家书文字，一不用

---

① ［元］脱脱：《宋史》卷 318《赵概传》，中华书局 1977 年版。
② ［元］脱脱：《宋史》卷 453《赵俊传》，中华书局 1977 年版。

伪齐年号，仅仅以甲子纪年，表示对伪齐政权的不承认与对大宋政权的眷念。元人修《宋史》时将其列入《忠义传》无疑是对赵俊这种精神的褒扬与认可。诚如元人所说："士大夫忠义之气，至于五季，变化殆尽。宋之初兴，范质、王溥，犹有余憾，况其他哉。艺祖首褒韩通，次表卫融，足示意向。厥后西北疆场之臣，勇于死敌，往往无惧。真、仁之世，田锡、王禹偁、范仲淹、欧阳修、唐介诸贤，以直言说论倡于朝，于是中外搢绅知以名节相高，廉耻相尚，尽去五季之陋矣。故靖康之变，志士投袂，起而勤王，临难不屈，所在有之。及宋之亡，忠节相望，班班可书，匡直辅翼之功，盖非一日之积也。"[①] 赵俊是北宋应天府地区唯一入选《宋史·忠义传》的著名历史人物，表现了应天府地区人民不畏强敌、忠君报国的高尚精神和品质。

徐处仁（1062—1127），神宗元丰（1078—1085）间进士。北宋末年大臣，钦宗朝宰相，在北宋末年的政坛上具有十分重要的影响。由于其身处亡国之时，又身居于宰相之高位，故北宋亡国与他有着密切之关系。值得一提的是，徐处仁是应天府籍中官位最高的一位。

徐处仁画像

虽北宋亡国，他难逃干系，但是我们亦不能因其身处亡国之时而将其政治才能一概否定。

大观（1107—1110）间，徐处仁知永兴军，反对童贯强平物价，表现出了士大夫不畏强权的高尚作风。史载："童贯使陕西，欲平物价，（徐）处仁议不合，曰：'此令一传，则商贾弗行，而积藏者弗出，名为平价，

---

① ［元］脱脱：《宋史》卷446《忠义传》，中华书局1977年版。

适以增之.'转运使阿(童)贯意,劾其格德音,倡异论,侵辱使者。诏(徐)处仁赴阙。寻改知河阳,落职知蕲州。"① 入朝后,徐处仁奏请量入为出,节浮费,罢横敛。不过也因此得罪童贯,这也致使其初期仕宦生涯颇为不顺,"民有得罪官掊者,虽赦不原,(徐)处仁为奏上。童贯乘是挤之,夺职,提举鸿庆宫"②。徽宗禅位,宋钦宗即位后,徐处仁在是否割让三镇问题上与少宰吴敏态度一致,因此,得到了吴敏的举荐。对此,史载:"钦宗即位,金人犯京师,(徐)处仁储粮列备,合锐兵万人勤王。奏乞下诏亲征,以张国威。奏至,朝廷适下亲征诏书,以李纲为行营使。即移书(李)纲,言备御方略。金人请和而归,(徐)处仁奏宜伏兵浚、滑,击其半济,必可成功。召为中书侍郎。入见,钦宗问割三镇,(徐)处仁言:'国不竞亦陵,且定武陛下之潜藩,不当弃。'与吴敏议合。(吴)敏荐处仁可相,拜太宰兼门下侍郎。"③ 事实上,少宰吴敏推荐徐处仁为相,是怀有私心的。他此时为少宰兼中书侍郎,若钦宗任命徐处仁为宰相之职,按照正常的迁转惯例,徐处仁当为少宰兼中书侍郎,吴敏则能晋升为太宰兼门下侍郎。但是,钦宗以徐处仁为太宰兼门下侍郎之职,吴敏升太宰的如意算盘显然落空了,吴敏依旧为少宰之职,这不可避免地加剧了太宰与少宰之间的矛盾,不利于中枢朝政的有效运转。值得一提的是,徐处仁升为宰相后,在处理徽宗从南方返回京师一事中的表现值得称道。史载:"童贯部胜捷军卫徽宗东巡,(童)贯既贬,军士有恶言。徽宗将还,都人汹惧,或请为备。(徐)处仁曰:'陛下仁孝,思奉晨昏,属车西还,天下大庆,宜郊迎称贺。军士妄言,臣请身任之。'乃以(徐)处仁为扈驾礼仪使,统禁旅从出郊,迄二圣还宫,部伍肃然。"④

徐处仁为地方官时,表现突出。史载:"(徐)处仁在宣和间,数请

① [元]脱脱:《宋史》卷371《徐处仁传》,中华书局1977年版。
② [元]脱脱:《宋史》卷371《徐处仁传》,中华书局1977年版。
③ [元]脱脱:《宋史》卷371《徐处仁传》,中华书局1977年版。
④ [元]脱脱:《宋史》卷371《徐处仁传》,中华书局1977年版。

宽民力以弭盗贼。尹大名，以刚廉称。"①但他位居宰相之职时，特别是在应对金人围城的困局之时，则颇显失策。"及为首相，无大建明，方进言以金人出境，社稷再安，皆由圣德俭勤，致有天人之助。种师道请合诸道兵屯河阳诸州，为防秋计，（徐）处仁谓金人岂能复来，不宜先自扰以示弱。南都受围时，（徐）处仁在围城中，都人指为奸细，杀其长子庚。"②故元修《宋史》时对其评价极低，史载："徐处仁之奸细，冯澥之邪枉，汤思退之巧诈，而排杨时，误李纲，异张浚，其识趣可见矣，虽有小善，何足算哉。"③"虽有小善"可谓对徐处仁的评价一针见血，颇为恰当。这说明了徐处仁为地方官则才能绰绰有余，而居宰相之要职则颇显能力不足。

二　文化名流

当然，北宋时期应天府籍的仕宦名人辈出，除了张方平、王尧臣、徐处仁等杰出代表外，石延年、程迥等也是各自领域的杰出人物，在北宋政坛、文坛等领域作出了杰出的贡献。

戚同文（903—976，一说912—985），字文约，宋州楚丘人。生于唐朝末年，五代至北宋初年著名的教育家。他出生于儒学世家，但自幼父母皆丧，随祖母就养于宋城县的外曾祖父家，过着一种寄人篱下的孤苦生活。这也磨炼了他坚强不屈的性格。戚同文奉养祖母以孝著称。祖母去世，他

戚同文画像

① ［元］脱脱：《宋史》卷371《徐处仁传》，中华书局1977年版。
② ［元］脱脱：《宋史》卷371《徐处仁传》，中华书局1977年版。
③ ［元］脱脱：《宋史》卷371《徐处仁传》，中华书局1977年版。

日夜悲哀号哭，几天不吃饭，乡里人为之感动。他听闻同县有个叫杨悫的人设馆教授学生，极为羡慕，但自己孤单贫苦，无力拜师。"日过其学舍，因授《礼记》，随即成诵，日讽一卷，悫异而留之。不终岁毕诵《五经》，悫即妻以女弟。自是弥益勤励读书，累年不解带。"① 时适逢后晋末，天下诸侯割据纷争，戚同文便立志不去做官，却希望早日结束天下纷争的混乱局面，因此便以同文为名。杨悫常鼓励他去做官，同文回答道："长者不仕，同文亦不仕。"② 也就是说先生您学问如此之深，都没有入仕为官，学生我更无意于仕途。从此，他便致力于应天府地区的教育事业。"为筑室聚徒，请益之人不远千里而至。登第者五六十人，宗度、许骧、陈象舆、高象先、郭成范、王砺、滕涉皆践台阁。"③ 戚同文"尚信义喜赒人急，所与交皆当世之名士。杨徽之因使至郡多所酬唱，及卒，徽之及其门人追号曰'坚素先生'"④。

受其影响，戚同文逝世后，宋真宗大中祥符二年（1009），应天府民曹诚出资 300 万，在府城戚同文旧舍为屋 150 间，聚书千余卷，建成书院，这就是著名的应天书院。由此可见，戚同文为应天府地区文化教育事业作出了极为突出的贡献。

石延年（994—1041），字曼卿，南京宋城（今河南省商丘市睢阳区）人。北宋政治家、文学家、书法家。

石延年祖上为幽州（今北京）人。后晋石敬瑭以幽州贿赂契丹，其祖举族南走，迁家于宋城。石延年为人跌宕任气节，读书通大略，为文劲健，于诗最工而善书。

石延年早年屡试不中，宋真宗年间录为三举进士，授予三班奉职。他认为这是对他的羞辱而不肯就任，表现出宋代士大夫的高尚气节。张

① ［元］脱脱：《宋史》卷 457《戚同文传》，中华书局 1977 年版。
② ［元］脱脱：《宋史》卷 457《戚同文传》，中华书局 1977 年版。
③ ［元］脱脱：《宋史》卷 457《戚同文传》，中华书局 1977 年版。
④ ［宋］曾巩撰、王瑞来校证：《隆平集校证》卷 13《戚纶传》，中华书局 2012 年版。

应天书院

知白素奇之，谓曰："母老乃择禄耶？"延年不得已就命。后以右班殿
直改太常寺太祝，知金乡县，有治名。用荐者通判乾宁军，徙永静军，
为大理评事、馆阁校勘，历光禄、大理寺丞，上书章献太后，请还政天子。
刘太后崩，范讽欲引延年，延年力止之。后范讽败，石延年坐与讽善，
落职通判海州。久之，为秘阁校理，迁太子中允，同判登闻鼓院。①

　　石延年对契丹和西夏的威胁非常留意，曾建言"二边之备"，加强西
部边防，但未被朝廷接受。当西夏元昊进犯时，他的言论才被朝廷重视。
史载："及元昊反，始思其言，召见，稍用其说。命往河东籍乡兵，凡得
十数万，时边将遂欲以扞贼，延年笑曰：'此得吾粗也。夫不教之兵勇怯
相杂，若怯者见敌而动，则勇者亦牵而溃矣。今既不暇教，宜募其敢行者，
则人人皆胜兵也。'又尝请募人使唃厮啰及回鹘举兵攻元昊，帝嘉纳之。"②

　　石延年性格豪放，读书通大略，不专治章句，特别钦慕古人的奇节

---

① ［元］脱脱：《宋史》卷 442《石延年传》，中华书局 1977 年版。
② ［元］脱脱：《宋史》卷 442《石延年传》，中华书局 1977 年版。

伟行和非常之功，嗜酒，喜欢狂饮。说石延年是个酒怪，是因为他别出心裁地创造了多种怪诞的饮酒方式。例如他蓬乱着头发，赤着脚还戴着枷锁饮酒，谓之"囚饮"；他与人在树上饮酒，叫作"巢饮"；有时用稻麦秆束身，伸出头来与人对饮，称作"鳖饮"；夜晚不点灯，与客摸黑而饮，说是"鬼饮"；饮酒时一会儿跳到树上，一会儿又跳到地上，说这是"鹤饮"。其饮酒狂放大概如此。在官署后有一个庙庵，石延年常常躺在那里，给庵起名为"扪虱庵"。相传宋仁宗爱其才而劝其戒酒，后竟酗酒成病，中年早卒，享年仅47岁。

石延年所做文章雄劲有力，宗法韩（愈）、柳（宗元），近受柳开影响。诗作俊爽，在天圣、宝元间称豪于一时。其《寄尹师鲁》一诗："十年一梦花空委，依旧山河换桃李。雁声北去燕西飞，高楼日日春风里。眉背石州山对起，娇波泪落妆如洗。汾河不断天南流，天色无情淡如水。"被称为"词意深美"，他自己也以此篇为最得意。梅尧臣称他的诗为"星斗交垂光，昭昭不可挹"，可见其豪放飘逸的诗风。他曾经用南唐澄心堂的纸为欧阳修作诗，亦能词，有《扪虱庵长短句》，今不存。他的书法也很有名，笔画遒劲，颜筋柳骨。他著有《石曼卿诗集》《五胡十六国考镜》等。北宋文学家石介以石延年之诗、欧阳修之文、杜默之歌称为"三豪"。元人修《宋史》时将其列入《文苑传》，无疑是对其文学等成就的认可。石延年有著名的诗歌传世，下文列两篇以供欣赏。

金乡张氏园亭

> 亭馆连城敌谢家，四时园色斗明霞。
> 窗迎西渭封侯竹，地接东陵隐士瓜。
> 乐意相关禽对语，生香不断树交花。
> 纵游会约无留事，醉待参横月落斜。[①]

---

① ［清］厉鹗：《宋诗纪事》卷10《金乡张氏园亭》，上海古籍出版社2013年版。

燕归梁·春愁

芳草年年惹恨幽。想前事悠悠。伤春伤别几时休。算从古、为风流。　春山总把,深匀翠黛,千叠眉头。不知供得几多愁。更斜日、凭危楼。①

程迥,字可久,应天府宁陵(今河南商丘宁陵)人。家于沙随。迫于北宋末年,金人南侵,举家迁徙绍兴之余姚。年十五,遭遇亲属之丧,回乡守丧。孤贫飘泊,无以自振。直到二十余岁,才有机会始知读书。当时南宋政局刚刚稳定,北方士大夫多居于杭州钱塘,对于程迥来说是个十分难得的好机会。

程迥于孝宗隆兴元年(1163)荣登进士第,授扬州泰兴尉。泰兴境内训武郎杨大烈有田十顷,在当地属于富家,然而杨大烈死,留下妻子与女儿。不久,有人向官府诉讼说他的妻子并非正室,所以他的家产被官府收没充公,并且要追回十年所入租。负责此事的官员将此事上报给程迥。程迥说:"大烈死,赀产当归其女。女死,当归所生母可也。"②正是程迥的坚持与公正处置,使得孤女寡母得以获得必要的生存条件。

泰兴尉任期满,朝廷调程迥任饶州德兴丞。有盗贼入县民齐匊家,平素与齐匊有矛盾的人,皆被逮捕入狱。州里嘱托程迥释放部分被关押的囚犯,凡是因冤狱而被关押者均被释放。但是齐匊一再坚持诉讼,适逢部分盗贼在宁国县被抓,齐匊仍然诉讼被释放之人。程迥说:"盗既获矣,再令追捕,或死于道路,使其骨肉何依,岂审冤之道哉!"③唐肃宗时,德兴县有程氏女,其父亲兄长为盗所杀,她也被抢走,她隐忍十余年,找准时机,手刃尽诛其党,刳其肝心以祭其父兄。程迥取《春秋》复仇之义,颂之曰:"大而得其正者也。"表之曰"英孝程烈女"④。

---

① 〔宋〕黄升:《唐宋诸贤绝妙词选》卷3,国家图书馆出版社2011年版。
② 〔元〕脱脱:《宋史》卷437《程迥传》,中华书局1977年版。
③ 〔元〕脱脱:《宋史》卷437《程迥传》,中华书局1977年版。
④ 〔元〕脱脱:《宋史》卷437《程迥传》,中华书局1977年版。

虽然程氏女的做法无疑为其父亲和兄长报仇雪恨，但是其做法有失恰当。不过，在法制不健全的宋代社会，弱势群体维护自己合法权益的社会保障少之又少，程氏女的做法也属于无奈之举，但是程迥作为地方长官对此大加表彰，封之"英孝程烈女"的做法却有失偏颇，这样一来无疑是激励广大郡民以此为榜样，这样维权的手段和方法是极其危险的。

程迥所管辖境内有妇人佣身纺绩舂簸，以养婆母。婆母感妇孝，每受食，即以手加额仰天而祝之。其子为人牧牛，亦干饭以饷祖母。程迥得知此事，为纪其事，公布于郡，由郡给予钱粟以养之。

程迥任满，调信州上饶县。每年纳租数万石，旧法加倍，又取斛面米。程迥力止绝之，尝曰："令与吏服食者，皆此邦之民膏血也。曾不是思，而横敛虐民，鬼神其无知乎！"①程迥无论在何处任职，总是想尽各种办法减轻当地百姓的负担，处处为民生计而施政，体现了父母官的责任。

程迥居官临之以庄，为政清廉。对此，史载："令简而信，绥强抚弱，导以恩义。积年雠讼，一语解去。猾吏奸民，皆以感激，久而悛悔，欺诈以革。暇则宾礼贤士，从容尽欢，进其子弟之秀者与之均礼，为之陈说诗书。质疑问难者，不问蚤暮。势位不得以交私。祠庙非典祀不谒。隐德潜善，无问幽明，皆表而出之，以励风俗。或周其穷厄，俾全节行。听决狱讼，期于明允，凡上官所未悉者，必再三抗辨，不为苟止。"②程迥的施政方针对当地开明教化，救助疾贫，安抚百姓保一方平安起到了关键性的作用。

程迥曾经求学于昆山王葆、嘉禾闻人茂德、严陵喻樗。他的著述颇多，比较有名的有《古易考》《古易章句》《古占法》《易传外编》《春秋传显微例目》《论语传》《孟子章句》《文史评》《经史说诸论辨》《太玄补赞》《户口田制贡赋书》《乾道振济录》《医经正本书》《条具乾道新书》

① ［元］脱脱：《宋史》卷437《程迥传》，中华书局1977年版。
② ［元］脱脱：《宋史》卷437《程迥传》，中华书局1977年版。

《度量权三器图义》《四声韵》《淳熙杂志》《南斋小集》。其中《古占法》（《周易古占法》）影响深远。《周易古占法》共一卷，分为太极、两仪、四象、八卦、重卦、变卦、占例、占说、揲蓍详说、一卦变六十四卦图、天地生成数配律吕图等十一篇。另附《周易章句外编》一卷，杂论《易》说及记古今占验。自宋代始，《周易古占法》《周易章句外编》就被人通为一编，后更长期被分标为《周易古占法上》《周易古占法下》。该书本邵雍之加一倍法，据《系辞》《说卦》发明其义，对揲蓍求卦的过程作了详细解说，通过对《周易》经传及《左传》《国语》等典籍所载的占筮实例的考察，归纳出《周易》占断吉凶之法。程迥主张"大义在揲蓍"，"《易》以道义配祸福，故为圣人之书"。该书虽重在探究卜筮象数之学，但其最终之目标却在儒家义理。

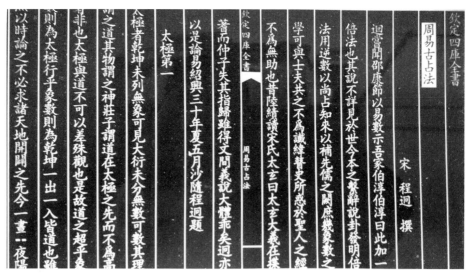

程迥所著《周易古占法》

理学集大成者朱熹对程迥给予高度评价："敬惟先德，博闻至行，追配古人，释经订史，开悟后学，当世之务又所通该，非独章句之儒而已。曾不得一试，而奄弃盛时，此有志之士所为悼叹咨嗟而不能已者。

然著书满家，足以传世，是亦足以不朽。"① 也正是程迥在文学等方面著述颇丰、影响深远，元人修《宋史》时将其列入《儒林传》，正是对其文学成绩的认可。

第二节 供职应天府的各界名流

应天府作为北宋陪都南京，是北宋重要的政治、经济、文化与交通中心，在北宋时期具有特别重要的地位和影响，故北宋朝廷对镇守、供职于此的官员选拔尤为重视。应天书院作为北宋四大书院之首，亦是唯一居于京师之地的书院，突出的地理区位吸引了全国各地的社会名流前来任教和学习。此外，南京还设有国子监，发达的教育同样对吸引人才具有重要作用。

一 曾任应天府知府的政界名流

曾任应天府知府的政界名流表

人名	所担任的职务	史料来源
王举正	资政殿学士、吏部侍郎	《续资治通鉴长编》卷167（下简称《长编》）
陈执中	同平章事兼枢密使	《宋史》卷285《陈执中传》；《长编》卷177
刘沆	同中书门下平章事（宰相）	《宋史》卷285《刘沆传》
贾炎	显谟阁待制	《宋史》卷285《贾昌朝传》
宋绶	参知政事、知枢密院事	《宋史》卷291《宋绶传》；《长编》卷110
欧阳修	翰林学士、枢密副使、参知政事	《宋史》卷319《欧阳修传》

---

① ［元］脱脱：《宋史》卷437《程迥传》，中华书局1977年版。

人名	所担任的职务	史料来源
晏殊	集贤殿大学士、同中书门下平章事兼枢密使	《宋史》卷311《晏殊传》
盛度	资政殿学士、尚书右丞	《宋史》卷292《盛度传》；《长编》卷132
王曾	中书侍郎、同中书门下平章事	《宋史》卷310《王曾传》
张知白	同中书门下平章事	《宋史》卷310《张知白传》
刘随	工部郎中	《长编》卷114
夏竦	枢密使	《宋史》卷283《夏竦传》
李淑	翰林学士、礼部侍郎、知制诰、史馆修撰	《长编》卷165
宋祁	翰林学士、尚书左丞、工部尚书	《宋史》卷284《宋祁传》
张方平	参知政事	《宋史》卷318《张方平传》
龚鼎臣	礼部郎中、御史知杂事	《长编》卷204
李定	大中大夫、知制诰、户部侍郎	《长编》卷325
曾肇	礼、吏、户、刑四部侍郎；中书舍人	《宋史》卷319《曾肇传》
黄履	宝章阁待制	《宋史》卷328《黄履传》；《长编》卷474
孙升	宝章阁待制	《长编》卷474
丰稷	龙图阁待制	《长编》卷493
邢恕	刑部侍郎、御史中丞	《宋史》卷471《邢恕传》

从上述列表不难看出，北宋一朝曾任应天府知府的名流众多，其中不乏位居宰相、枢密使之高位的重臣，也有欧阳修、宋祁这样既是政治家，也是著名文学家、史学家的士人。笔者在此对这些任职于应天府的社会名流作简要介绍。

　　王举正,字伯仲[①],河北真定人。王化基之子。幼嗜学,为人稳重寡言,以恩荫补秘书省校书郎。大中祥符八年（1015）进士及第,授知伊阙、任丘县,馆阁校勘、集贤校理、《真宗实录》院检讨、国史编修官。三迁尚书度支员外郎。仁宗即位后,擢直集贤院,修《三朝宝训》,同修起居注,迁知制诰。娶宰相陈尧佐之女,迁龙图阁待制。后陈尧佐罢相,贬为知制诰,又为翰林学士。庆历二年（1042）,官拜参知政事,位居宰执高位。时陕西用兵,吕夷简以宰相判枢密院,王举正曰:"判名太重,不可不避也。"乃改兼枢密使。[②]不久升迁为给事中。御史台举李徽之为御史,是王举正挚友的女婿,遂不行。此举遭到李徽之的报复,李徽之讼曰:"举正妻悍不能制,如谋国何？"欧阳修等亦论举正懦默不任事,举正亦自求去,遂以资政殿学士、尚书礼部侍郎知许州。光化军叛卒转寇傍境,而州兵有谋起为应者,举正潜捕首恶者斩之。徙知应天府,累迁左丞。[③]后来,王举正官拜御史中丞,以太子少傅（从二品）致仕,卒,赠太子太保（从一品）,谥安简,赐黄金百两。故不难看出,王举正为仁宗朝具有重要历史影响的高官,有着任职应天府的仕宦经历。

陈执中画像

　　陈执中（990—1059）,字昭誉,名相陈恕之子,洪州南昌（今江西）人。真宗时以父荫为秘书省正字。累迁卫尉寺丞,知梧州。后历知江宁府、扬州、永兴军。陈执中上《复古要道》三篇,宋真宗异而召见他。宋真宗因年事已高,

①　据《隆平集》卷 6《王举正传》;陈振孙《直斋书录解题》卷 4 等载疑为"字伯中"。
②　[宋]曾巩撰、王瑞来校证:《隆平集校证》卷 6《王举正传》,中华书局 2012 年版。
③　[元]脱脱:《宋史》卷 266《王举正传》,中华书局 1977 年版。

且身患疾病，大臣莫敢言建储者，陈执中进《演要》三篇，以早定天下根本为说。翌日，帝以他疏示辅臣，皆赞曰"善"。帝指其袖中曰："又有善于此者。"出之，乃《演要》也。因召对便殿，劳问久之，擢右正言。逾月，遂立皇太子。[①] 可见，陈执中在仁宗被立为皇太子时具有重要作用，这也为仁宗即位后陈执中获得重用提供了契机。

曹利用的女婿卢士伦除福建运使，他嫌弃太偏僻太远而不愿意前去任职，曹利用为此请于朝廷，乃改任京东转运使。陈执中抓住此事弹劾曹利用，曹利用挟私忿，贬执中知汉阳军。等到曹利用得罪于朝廷，乃召为群牧判官、权三司盐铁判官、知谏院、提举诸司库务，以尚书工部员外郎兼御史知杂、同判流内铨，迁三司户部副使。[②]

明道中（1032—1033），陈执中安抚京东，进天章阁待制。使还，知应天府，徙江宁府、扬州，再迁工部郎中，改龙图阁直学士、知永兴军，拜右谏议大夫、同知枢密院事。[③]

陈执中素不喜欢欧阳修，其知陈州时，欧阳修自颍移南京（应天府），过陈州，陈执中拒而不见。后欧阳修还朝作学士，陈执中为宰相，欧阳修遂不造其门。已而陈执中出知亳州，罢使相，欧阳修为翰林学士当草制，陈执中自谓必不得其美辞，至云："杜门却扫，善避权势以远嫌；处事执心，不为毁誉而更变。"陈大惊喜，曰："使与我相知深者，不能道此，此得我之实也。"录寄其客李师中曰："吾恨不早识此人。"[④] 这也是陈执中与欧阳修两位具有重要影响的历史名人之间的逸闻趣事。

仁宗宝元元年（1038）同知枢密院事。庆历元年（1041）出知青州，改永兴军。庆历四年（1044），仁宗将他召回，拜参知政事。庆历

① ［元］脱脱：《宋史》卷 285《陈执中传》，中华书局 1977 年版。

② ［元］脱脱：《宋史》卷 285《陈执中传》，中华书局 1977 年版。

③ ［元］脱脱：《宋史》卷 285《陈执中传》，中华书局 1977 年版。

④ ［宋］张邦基：《墨庄漫录》卷 8，中华书局 2002 年版。

五年（1045），同平章事兼枢密使。皇祐元年（1049）出知陈州。皇祐五年（1053），再入相。陈执中作为仁宗朝宰相、名臣，有着在陪都南京应天府任职的仕宦经历。元修《宋史》时对其评价甚高："以文吏为宰相。（陈）执中建储一言，适契上意，不然，何超迁之骤也。……若（陈）执中不受私谒……此又足称者焉。"①

刘沆（995—1060），字冲之，吉州永新（今江西省永新县）人。北宋仁宗天圣八年（1030）刘沆进士及第，名列第二。宋仁宗时任参知政事、同中书门下平章事(宰相)长达 7 年之久，"自进士设科，擢高第至宰相者，永新刘楚公（刘沆）为称首"②，在位以"长于吏事"③ 著称。

皇祐三年（1051）三月，刘沆由尚书工部侍郎升任参知政事。以前政事多由宰相决断，副相不过备位而已。刘沆任参知政事后，一改之前参知政事无所事事的一贯做法，他积极参与国事决策，重大问题多廷议解决，对政事有所纠正。至和元年（1054）八月，刘沆又进拜同中书门下平章事、集贤殿大学士。当时中书省任官多近臣举荐，朝廷有故事法令而不得行。刘沆向皇帝进言指出其三弊："近臣保荐辟请，动逾数十，皆浮薄权豪之流交相荐举。有司以之贸易，而遂使省、府、台、阁华资要职，路分、监司边防寄任，授非公选，多出私门。又职掌吏人迁补有常，而或减选出官、超资换职、堂除便家、先次差遣之类。此近臣保荐之弊一也。审官、吏部铨、三班当入川、广，乃求近地，当入近地，又求在京，及堂除升陟省府、馆职、检讨之类。此近臣陈匄亲属之弊二也。其叙钱谷管库之劳、捕贼昭雪之赏，常格虽存，侥幸犹甚。以法则轻，以例则厚，执政者不能持法，多以例与之。此叙劳干进之弊

---

① ［元］脱脱：《宋史》卷 285《陈执中传》，中华书局 1977 年版。
② ［明］解缙：《文毅集》卷 10《永新进士题名记》，影印文渊阁《四库全书》本 1236 册，台湾商务印书馆 1986 年版。
③ ［元］脱脱：《宋史》卷 285《刘沆传》，中华书局 1977 年版。

三也。"① 显然，这三种弊端的存在以致赏罚不明。刘沆恳请皇帝能革除这用人上的弊端，使真正才德兼备的人，能被挑选到中枢机构中来。仁宗接受了刘沆的奏请，诏令照此施行。但是此举涉及朝中诸多大臣的切身利益，遭到强烈反对，不久这种政策就被废除，还是按照原来的政策执行。

刘沆一向大公无私，他任丞相的时候，他家乡家族中有人逃避拖欠了朝廷的赋税达几十万钱，但身在朝中的刘沆对此事一概不知。他家乡的地方官一连好几任都因为惧怕抗税之人乃刘宰相的族人，而不敢过问。后来，程珦担任庐陵县县尉，负责征收赋税，把逃避拖欠赋税的刘沆族人逮捕并关入监牢内，责令他们把所欠赋税全部缴清才能释放。有人把这件事报告了宰相刘沆。刘沆说："赋税不及时上缴，原是我家犯了法，怎么可以叫地方官徇情而不照国家法令办事呢？"就写信给程珦道歉。后来程珦辞官回到京城，刘沆接见，很有礼貌。程珦出来后，对别人说："刘沆的大量，不是他人能比得上的，是真宰相。"

刘沆为宰相，敢于启用贤人，纠正时弊，正是他的这种刚正，得罪了那些侥幸谋官者与既得利益者，于是群起而攻之，纷纷弹劾刘沆。宋仁宗本性温厚，时人说他"无隔夜之怨"，眼看刘沆被控，便一改初衷，取消革新。刘沆孤掌难鸣，受到内外夹击，便称病求罢，坚卧月余。嘉祐元年（1056）十二月后，以观文殿大学士、工部尚书知应天府。② 元人修《宋史》时对其有着中肯的评价："（刘）沆长于吏事，性豪率，少仪矩。然任数，善刺探权近过失，阴持之以轩轾取事，论者以此少之。"③

宋绶（991—1041），字公垂。赵州平棘（今河北赵县）人。北宋著名政治家、学者、藏书家。因平棘为汉代常山郡治所，故称常山宋氏，

---

① ［元］脱脱：《宋史》卷 285《刘沆传》，中华书局 1977 年版。
② ［元］脱脱：《宋史》卷 285《刘沆传》，中华书局 1977 年版。
③ ［元］脱脱：《宋史》卷 285《刘沆传》，中华书局 1977 年版。

后人称"宋常山公"。宋真宗景德二年（1005），朝廷召试中书，为大理评事。宋真宗大中祥符元年（1008），赐同进士出身，累迁户部郎中，权直学士院。

仁宗初年，刘太后临朝称制，五日一御承明殿，垂帘决事，宋仁宗未尝独对群臣。宋绶奏言："唐先天中，睿宗为太上皇，五日一受朝，处分军国重务，除三品以下官，决徒刑。宜约先天制度，令群臣对前殿，非军国大事，除拜皆前殿取旨。"①该奏章忤刘太后意。随着仁宗年龄增长，他与刘太后之间的矛盾也是与日俱增，慑于刘太后的权威，朝中多数大臣不敢提出让仁宗亲政的意见。此时唯独宋绶站出来支持宋仁宗，无疑会引起仁宗的重视。但是刘太后将宋绶贬出朝廷，改龙图阁学士，出知应天府。这就是宋绶任职于应天府的仕宦履历。

刘太后崩，宋仁宗亲政，思宋绶所言，召还，将大用，而宰相张士逊却加以阻止，复加翰林侍读学士。诏定章献明肃、章懿太后祔庙礼，宋绶援引《春秋》考仲子之宫、唐坤仪庙故事，请别筑宫曰奉慈庙以安神主，他的建议多被朝廷采纳并施行。明道二年（1033），仁宗亲政，拜参知政事。景祐四年（1037），罢为权判尚书都省。后以礼部尚书知河南府。康定元年（1040）三月，因疏陈攻守十策，被召为知枢密院事。不久，拜兵部尚书兼参知政事。

宋绶家富藏书，至二万余卷。曾得毕士安藏书，毕氏精于校雠，颇多善本，卒后藏书尽归于他。宋绶的外祖父杨徽之，藏书甚多，因其无子，所以杨徽之去世后，其藏书也悉数赠予宋绶。他博通经史百家，笔札精妙，倾朝学之，号称"朝体"。其书法森严，实传钟（钟繇）、张（张芝）古学。时朝廷大议论，多为他所裁定。

宋绶得毕士安、杨徽之两家所赠之书，多为秘阁所不及。他重视校

---

① ［元］脱脱：《宋史》卷 291《宋绶传》，中华书局 1977 年版。

雠图书。沈括高度评价其对藏书事业的贡献："宋宣献 ① 博学，喜藏异书，皆手自校雠。常谓校书如扫尘，一面扫，一面生。故有一书每三四校，犹有脱谬。" ② 南宋藏书家叶梦得评曰："本朝公卿名藏书家如宋宣献、李邯郸，四方士民如亳州祁氏、饶州吴氏、荆州田氏，皆见其目，多止四万卷。唯宣献择其甚精，只两万许卷。而校雠详审，皆胜诸家。" ③ 至其子宋敏求时，藏书更为丰富。

宋绶一生政绩显著，从政之余对藏书事业卓有贡献，获得了时人与后人的一致称赞。宋庠高度评价道："一世文为伯，三阶象有光。何言隆栋吉，忽叹夜舟藏。禫礼朝颁册，哀音路过丧。善人今不与，神理太茫茫。" ④ 范镇在为宋绶之子宋敏求所撰墓志铭中讲道："维宣献公，昔天圣中。实为史官，一代宗工。典常物则，备于厥躬。纪录记述，太平之风。" ⑤ 南宋著名史学家李焘对其评价道："（宋）绶性孝谨清介，言动有常。为儿童时，手不执钱。后博通经史百家，文章为一时所尚。朝廷有大议论，多所裁定。凡论前人文章，必正其得失；至当世之作，则未尝议也……藏书万余卷，手自校雠。笔札尤精妙，上尝取所书千字文，及卒，多收其字帖藏禁中。" ⑥ 故不难看出，宋绶为官清廉，为学有才，获得了名臣史家的一致盛赞。

晏殊（991—1055），字同叔，抚州临川（今江西抚州）人。北宋著名文学家、政治家。仁宗天圣五年（1027），以刑部侍郎贬知宣州，后

---

① 据《宋史》卷 291《宋绶传》载："寻卒，赠司徒兼侍中，谥宣献。"

② ［宋］沈括：《梦溪笔谈》卷 25，中华书局 2015 年版。

③ ［明］胡应麟：《少室山房笔丛》甲部经籍会通卷 1，影印文渊阁《四库全书》本 886 册，台湾商务印书馆 1986 年版。

④ ［宋］宋庠：《元宪集》卷 3《赠司徒兼侍中宋宣献挽词》，影印文渊阁《四库全书》1087 年册，台湾商务印书馆 1986 年版。

⑤ ［宋］杜大珪：《名臣碑传琬琰集》中卷 16《宋谏议敏求墓志》，影印文渊阁《四库全书》本 450 册，台湾商务印书馆 1986 年版。

⑥ ［宋］李焘：《续资治通鉴长编》卷 129，中华书局 2004 年版。

改知应天府。在此期间，他极重视书院的发展，大力扶持应天府书院，力邀范仲淹到书院讲学，培养了大批人才。该书院与江西白鹿洞书院、嵩阳书院、岳麓书院合称宋初四大书院。应天书院在南京留守晏殊时得到较快发展。他延请硕学名儒王洙和著名政治家、文学家范仲淹到书院讲学授课，当时的应天书院盛况空前，闻名远近。史载："晏丞相殊留守南京，仲淹遭母忧，寓居城下。晏公请掌府学，仲淹常宿学中，训督学者，皆有法度，勤劳恭谨，以身先之。夜课诸生读书，寝食皆立时刻，往往潜至斋舍诃之。见有先寝者，诘之，其人给云：'适疲倦，暂就枕耳。'仲淹问：'未寝之时，观何书？'其人亦妄对。仲淹即取书问之，其人不能对，乃罚之。出题使诸生作赋，必先自为之，欲知其难易，及所当用意，亦使学者准以为法。由是四方从学者辐凑。其后宋人以文学有声名于场屋朝廷者，多其所教也。"① 这是自五代以来，官方学校屡遭禁废后，由晏殊开创大办教育之先河。"（晏殊）寻改知应天府。殊至应天，乃大兴学，范仲淹方居母丧，殊延以教诸生。自五代以来，天下学废，兴自殊始。"② 正是晏殊、范仲淹等人的努力，使得应天府书院的教育越办越好。庆历三年（1043），升府学为南京国子监，地位高于一般地方学校，与东京、西京的国子监互相辉映。这样一来，应天书院历北宋一代经久不衰，为赵宋王朝培养了不少人才，也促进了应天府教育事业的发展。

晏殊作为北宋名臣，一生政绩显著，为官清廉，为朝廷举荐诸多贤臣良将，获得了人们的称赞。欧阳修高度评价其一生功业："当公居相府时，范仲淹、韩琦、富弼皆进用，至于台阁，多一时之贤。"③ 宋祁这样说道："晏相国，今世之工为诗者也。末年见编集者乃过万篇，唐人

① ［宋］司马光：《涑水记闻》卷10，中华书局1989年版。
② ［宋］李焘：《续资治通鉴长编》卷105，中华书局2004年版。
③ ［宋］欧阳修：《欧阳修全集》卷22《观文殿大学士行兵部尚书西京留守赠司空兼侍中晏公神道碑铭》，中华书局2001年版。

以来所未有。"① 元人修《宋史》时曾这样评价道:"文章赡丽,应用不穷,尤工诗,闲雅有情思,晚岁笃学不倦。"② 不难看出,晏殊不仅政治生涯登峰造极,而且在文章词句方面卓有成绩,为后人所称赞。

欧阳修(1007—1072),字永叔,号醉翁、六一居士,吉州永丰(今江西永丰县)人,北宋政治家、文学家,且在政治上负有盛名。因吉州原属庐陵郡,以"庐陵欧阳修"自居。官至翰林学士、枢密副使、参知政事,谥号文忠,世称欧阳文忠公。

欧阳修步入仕途之时,北宋王朝积贫积弱的弊病开始显现,社会矛盾日益突出。景祐三年(1036),范仲淹着手呼吁改革,他把社会问题归咎为腐败,而欧阳修深刻认识到冗官冗员才是根本问题。最终,范仲淹、欧阳修主导下的改革冒犯了既得利益者,受到了打击,欧阳修作为重要参与者,被贬为夷陵(今湖北宜昌)县令。康定元年(1040),欧阳修被召回京,复任馆阁校勘,编修崇文总目,后知谏院。庆历三年(1043),任右正言、知制诰。范仲淹、韩琦、富弼等人推行"庆历新政",欧阳修参与革新,成为革新派干将,提出以改革吏制为核心的改革之路。但在守旧派的阻挠下,新政又遭失败。庆历五年(1045),范仲淹、韩琦、富弼等相继被贬,欧阳修多次上书为其辩解,因被贬为滁州(今安徽滁州)太守。后又改知扬州、颍州(今安徽阜阳)、应天府(今河南商丘)。特别值得一提的,欧阳修主政应天府时期,采取各种措施发展当地文化教育事业,由于其门生故吏遍布朝野,拥有丰富的人脉资源,对调动相关文化资源发展应天府地区的文化事业具有重要的作用。

嘉祐二年(1057)二月,已届知天命之年的欧阳修做了礼部贡举的主考官,以翰林学士身份主持科举考试,提倡平实文风,录取苏轼、苏辙、曾巩等人,对北宋文风转变有很大影响。后来,苏轼、苏辙、曾巩与欧

---

① [宋]江少虞:《宋朝事实类苑》卷35,上海古籍出版社1981年版。
② [元]脱脱:《宋史》卷311《晏殊传》,中华书局1977年版。

阳修均入选"唐宋八大家"，可见欧阳修非同寻常的识才辨才能力。也
正是在这次考试中，欧阳修看到一份作答极为优美的试卷，文章语言
流畅，说理透彻。但是宋代科举考试实行糊名制度与誊写制度，避免
考生与考官在考试中徇私舞弊，欧阳修猜想可能是自己学生曾巩所写，
这种文风需要鼓励，但毕竟是自己的学生，自己作为主考官若取自己的
学生为状元，不管这个学生才能如何，均会惹来非议，就把这份卷子取
成第二。结果试卷拆封后，才发现这份试卷乃苏轼所做。与苏轼一同
被欧阳修录取的，还有他的弟弟苏辙，以及北宋文坛上的一批重要人物。
欧阳修以其卓越的识人之明，为北宋朝廷及整个古代文学史作出了突
出贡献。

　　欧阳修自幼喜爱韩愈文章，后来写作古文也以韩愈、柳宗元为榜样，
但他并不盲目崇古，他所取法的是韩文从字顺的一面，对韩、柳古文已
露端倪的奇险深奥倾向则弃而不取。后来，欧阳修引领并将古文运动
推向了高峰。欧阳修在理论上既纠正了宋初柳开、石介在古文上的偏
颇之处，又矫正了韩愈、柳宗元古文的某些缺点，从而为北宋的诗文
革新建立了正确的指导思想，也为宋代古文运动的发展开辟了广阔的
前景。

　　欧阳修的政治、文学才能为时人与后世所公认，就连与欧阳修有
着政见冲突的王安石也曾这样高度评价他："如公器质之深厚，知识之
高远，而辅学术之精微，故充于文章，见于议论，豪健俊伟，怪巧瑰
琦。其积于中者，浩如江河之停蓄；其发于外者，烂如日月之光辉。其
清音幽韵，凄如飘风急雨之骤至；其雄辞闳辩，快如轻车骏马之奔驰。
世之学者，无问识与不识，而读其文，则其人可知。天下之无贤不肖，
且犹为涕泣而歔欷，而况朝士大夫平昔游从，又予心之所向慕而瞻依。"①

---

① 　[宋]王安石:《临川文集》卷86《祭欧阳文忠公文》,影印文渊阁《四库全书》本1105册,
　　台湾商务印书馆1986年版。

苏轼曾这样高度评价其师欧阳修：“欧阳子没十有余年，士始为新学，以佛老之似，乱周孔之真识者忧之。赖天子明圣，诏修取士法，风厉学者专治孔氏，黜异端，然后风俗一变。考论师友渊源所自，复知诵习欧阳子之书。予得其诗文七百六十六篇于其子棐，乃次而论之，曰：‘欧阳子论大道似韩愈，论事似陆贽，记事似司马迁，诗赋似李白。此非余言也，天下之言也。’”① 南宋著名理学家朱熹如是说：“欧阳公作字如其为人，外若优游，中实刚劲。”② 故不难看出，名家大儒高度评价欧阳修，其影响之大可见一斑。

王曾（978—1038），字孝先，青州益都（今山东青州）人，北宋仁宗朝名相。王曾少年孤苦，善为文辞。咸平年间（998—1003），王曾连中三元（解试、省试、殿试皆第一），这在北宋一朝也是极少见。“杨亿见其赋，叹曰：‘王佐器也。’”③ 金殿传胪后，以将作监丞通判济州。后升任济州通判。被召回京后，召试学士院，宰相寇准对王曾感到很惊奇，特地让他在政事堂考试，其后授职秘书省著作郎、直史馆、三司户部判官。

真宗景德元年（1004），宋辽之间“澶渊之盟”签订后，宋辽之间派遣特使聘问，国书上称辽为北朝，宋自称南朝。王曾认为：“从其国号足矣。”因使者已经出发，最终也没有更改。

王曾后升任右正言、知制诰兼史馆修撰。当时各地都上奏祥瑞出现，王曾入朝进对时，真宗向他谈及此事。王曾规谏真宗造天书、修宫殿之事，但是未被采纳。等到真宗开始“东封西祀”、大建玉清昭应宫时，臣下都不敢劝谏，王曾却上奏五大害用以劝谏。前例任用郎中之职判大理寺，真宗想重新沿用这一官制，特地任命王曾任此职。因受宰相王

① ［宋］苏轼：《苏轼文集》卷 34《六一居士集叙》，中华书局 1986 年版。
② ［宋］朱熹：《晦庵集》卷 81《跋欧阳文忠公帖》，影印文渊阁《四库全书》本 1145 册，台湾商务印书馆 1986 年版。
③ ［元］脱脱：《宋史》卷 310《王曾传》，中华书局 1977 年版。

钦若排挤陷害，"王钦若方挟符瑞，傅会帝意，又阴欲排异己者，曾当使会灵，因以推钦若，帝始疑曾自异。及钦若相，会曾市贺皇后家旧第，其家未徙去，而曾令人舁土置门外，贺氏诉禁中。明日，帝以语钦若，乃罢曾为尚书礼部侍郎、判都省，出知应天府。"①恰逢应天府民间曾谣传有妖像飞帽一样飘来飘去，到了晚上就抓人，从京师以南，人们都为此害怕。王曾下令晚上打开里门，有胆敢说妖者马上逮捕，最终没有妖怪。又调往天雄军，复任参知政事，升任吏部侍郎兼太子宾客。

刘太后病故，宋仁宗亲政，任命王曾为同中书门下平章事，判河南府。景祐元年（1034），为枢密使。景祐二年（1035），拜右仆射兼门下侍郎，平章事，集贤殿大学士，封沂国公。最初，吕夷简任参知政事时，对王曾十分谨慎地服侍，王曾极力推荐他升任宰相之职。后来到吕夷简获得恩宠，班在王曾之上，任职时间一长，便飞扬跋扈，独断专行，王曾无法忍受，议论中双方意见不一，王曾便请求朝廷罢免吕夷简。仁宗疑惑地问王曾说："卿亦有所不足邪？"这时外面纷纷传言秦州知州王继明贿赂吕夷简，王曾因此请求罢免吕夷简，仁宗以此问讯吕夷简，王曾与吕夷简在仁宗面前辩论不休。王曾说自己也有过错，于是与吕夷简一起被罢官，以左仆射、资政殿大学士判郓州。②

王曾端厚持重，眉目如画。在朝为官，进退有礼，平时寡言少笑。范仲淹曾说："明扬士类，宰相之任也。公之盛德，独少此耳。"曾曰："夫执政者，恩欲归己，怨使谁归？"③范仲淹服其言。

同样作为北宋名臣，曾仕宦南京应天府的宰相王曾，凭借显著的政绩、廉洁为政的作风，获得了广泛称赞。著名史学家王称曾这样评价道："章献拥幼君制天下，时大臣怙权，乘之以逼。曾毅然奋忠，临大节而不可夺。卒使帝室尊荣，祸乱不作，可谓社稷之臣矣。夫贤者以身为

---

① ［元］脱脱：《宋史》卷 310《王曾传》，中华书局 1977 年版。
② ［元］脱脱：《宋史》卷 310《王曾传》，中华书局 1977 年版。
③ ［元］脱脱：《宋史》卷 310《王曾传》，中华书局 1977 年版。

天下用，而安危系焉。曾佩安危之寄，功烈光明，何愧于古，宜仁宗之旌异云。"①司马光这样高度评价王曾："昔章献明肃有保佑先帝之功，特以亲用外戚小人，负谤海内。今摄政之际，大臣忠厚如王曾，清纯如张知白，刚正如鲁宗道，质直如薛奎者，当信用之；猥鄙如马季良，谗诐如罗崇勋者，当疏远之，则天下服。"②理学大家朱熹这样评价他："本朝如王沂公，人品甚高，晚年乃求复相，何也？"曰："便是前辈都不以此事为非，所以至范文正方厉廉耻，振作士气。"曰："如寇莱公，也因天书欲复相。"曰："固是。"③元人修《宋史》时给予王曾这样的高度评价："李迪、王曾、张知白、杜衍，皆贤相也。四人风烈，往往相似。方仁宗初立，章献临朝，颇挟其才，将有专制之患。迪、曾正色危言，能使宦官近习，不敢窥觎；而仁宗君德日就，章献亦全令名，古人所谓社稷臣，于斯见之……宋之贤相，莫盛于真、仁之世，汉魏相，唐宋璟、杨绾，岂得专美哉！"④不难看出，无论是史学家、政治家、理学家均高度评价王曾的政治作为。

张知白像

张知白（？—1028），字用晦，北宋沧州清池(今河北沧州东南)人。从小便笃爱学习，进士及第，累迁河阳节度判官。咸平年间（998—1003）上疏，说当今要务，真宗认为他与众不同，召他在舍人院考试，

① 〔宋〕王称：《东都事略》卷 51《王曾传》，齐鲁书社 2000 年版。
② 〔元〕脱脱：《宋史》卷 336《司马光传》，中华书局 1977 年版。
③ 〔宋〕黎靖德：《朱子语类》卷 129《自国初至熙宁人物》，中华书局 1986 年版。
④ 〔元〕脱脱：《宋史》卷 310《王曾传》，中华书局 1977 年版。

代理右正言。因献《凤宸箴》，得罪于中枢，出知剑州。仅仅时隔一年，真宗便召试中书，加直史馆，面赐五品服，判三司开拆司。

陕西饥荒，宋真宗命张知白巡视陕西。不久任邓州知州。恰逢关西流亡在外受人雇佣的人到邓州境内，张知白打开粮仓，又招募百姓拿出来赈济灾民。获得了朝廷盛赞，不久被升迁为龙图阁待制、知审官院，再迁尚书工部郎中，出使契丹，不辱使命。

张知白认为朝廷设置官员，重朝内轻朝外，为了援引唐代李峤的建议调动台阁之臣主持藩郡事务，于是自请补任外官，宋真宗没有批准，就命他纠察京城的刑狱之事。张知白坚持外任，真宗无奈，批准他任青州知州。回到京师，却请求领国子监。① 对于张知白的举动，宋真宗深感诧异。史载："帝（指宋真宗）曰：'知白岂倦于处剧邪？'宰臣言：'知白更践中外，未尝为身谋。'"② 真宗说："张知白难道是在处理艰巨繁杂事务上筋疲力尽了吗？"宰相回答说："张知白任职于朝内朝外，未曾为自身考虑过。"于是迁为右谏议大夫、代任御史中丞、授给事中、参知政事，位居执政高位。

郊坛奏告礼成，迁转为尚书工部侍郎。时同列王曾迁给事中，秩班在张知白上，因此张知白心不能平，多次上表请辞官职。王曾得知后，同样固请列知白下，乃加张知白金紫光禄大夫，复为给事中、判礼仪院。待到王曾罢相，还所辞官。

当时王钦若为相，张知白与他论议朝政多，于是称说有病辞掉官位，被罢为刑部侍郎、翰林侍读学士、知大名府。等到王钦若分管南京，宰相丁谓向来憎恶王钦若，调张知白做南京留守，希望他能一解宿怨。到任以后，张知白对待王钦若更为优厚。丁谓恼怒，又调张知白任职亳州，迁转兵部。真宗驾崩，仁宗即位，刘太后垂帘听政，拜张知白尚书右丞，为枢密副使，以工部尚书领同中书门下平章事、会灵观使、集贤殿大学士，位居使相高位。

司马光在《训俭示康》中尊张知白为"大贤"，视为中国古代廉吏中著名的代表。曾巩评价张知白道："其在相位清约如寒士，慎重名器，人服其公。"①

元人修《宋史》时高度评价张知白为贤相："李迪、王曾、张知白、杜衍，皆贤相也。四人风烈，往往相似……知白、衍劲正清约，皆能靳惜名器，裁抑侥幸，凛然有大臣之概焉。宋之贤相，莫盛于真、仁之世，汉魏相、唐宋璟、杨绾，岂得专美哉！"②

夏竦（985—1051），字子乔。江州德安（今属江西）人。北宋大臣、古文字学家，夏承皓之子。夏竦少年时就很有才华，超迈不群，出类拔萃，写诗作赋，非常敏捷。太平兴国（976—984）初，其父夏承皓上《平晋策》，补右侍禁，与北敌战，战死于河朔地区。夏竦以父死事，恩授润州丹阳县主簿。景德四年（1007），举贤良方正科入等。③

夏竦才术过人，急于进取，喜交结各类朋友，任数术，但反复无常，时人以为是奸恶小人。真宗驾崩后，刘太后临朝称制，夏竦尝上疏乞与修《真宗实录》，未获批准。继而丁母忧，偷偷地潜回京师，引宦官张怀德为内助，宰相王钦若为外援，因左右之，遂起复知制诰，为景灵判官、判集贤院，以左司郎中为翰林学士、勾当三班院兼侍读学士、龙图阁学士，又兼译经润文官。迁谏议大夫，为枢密副使、修国史，迁给事中。在内有宦官、外有宰相为援的情况下，夏竦可谓官运亨通，迁转之快甚为惊人。

任参知政事、祥源观使后，遂与宰相吕夷简不相合，矛盾凸显，复

---

① ［宋］曾巩撰、王瑞来校证：《隆平集校证》卷5《张知白传》，中华书局2012年版。
② ［元］脱脱：《宋史》卷310《张知白传》，中华书局1977年版。
③ ［宋］曾巩撰、王瑞来校证：《隆平集校证》卷11《夏竦传》，中华书局2012年版。

为枢密副使,迁刑部侍郎。刘太后驾崩,罢为礼部尚书、知襄州,改颍州。京东面临饥荒,徙青州兼安抚使。逾年,罢安抚,迁刑部尚书、徙应天府。[①]

值得一提的是,夏竦知人善任,能任用人才。范仲淹不得志时,夏竦见他是个难得的人才,在夏竦任陕西四路经略安抚招讨使时,保荐范仲淹任副使,使范仲淹与韩琦成为他的左右手。范仲淹在《谢夏太尉启》中讲道:"深惟山野之材,曷副英豪之荐。"[②] 反映了一代名臣范仲淹对夏竦的举荐之恩深表感恩。这也是夏竦一生较为出名的政治举措。

夏竦有文武才,政事、文学都有建树,是一代名臣、学士,举荐的韩琦、范仲淹,后来均是一代贤相。但是,夏竦为人贪婪阴险,陷害名臣欧阳修、富弼、石介等"庆历新政"改革派,为人所不齿。但是瑕不掩瑜,其作为一代名臣在政治、军事上的作为,尤其是在对西夏战事中英勇御敌更是难能可贵。

王称曾这样高度评价他:"(夏)竦少好学,自经史百氏阴阳律历之书,无所不通,善为文章,朝廷大典策,屡以属之,所至立保伍之法,盗贼不发,闾里怗。"[③] 然元人修《宋史》时对其却有着相反的评价。史载:"王钦若、丁谓、夏竦,世皆指为奸邪。真宗时,海内乂安,文治洽和,群臣将顺不暇,而封禅之议成于谓,天书之诬造端于钦若,所谓以道事君者,固如是耶。竦阴谋猜阻,钩致成事,一居政府,排斥相踵,何其患得患失也。"[④] 但是需要指出的是,作为一个在政治、军事上均有着重大作为的名臣,以其"阴谋猜阻""排斥相踵"而否定他是不客观的评价。

---

① ［元］脱脱:《宋史》卷283《夏竦传》,中华书局1977年版。

② ［宋］范仲淹:《范仲淹全集·范文正公别集》卷4《谢夏太尉启》,四川大学出版社2007年版。

③ ［宋］王称:《东都事略》卷54《夏竦传》,齐鲁书社2000年版。

④ ［元］脱脱:《宋史》卷283《夏竦传》,中华书局1977年版。

夏竦《文庄集》

　　曾肇（1047—1107），字子开，号曲阜先生，北宋建昌南丰（今江西省）人。曾易占之子。唐宋八大家之一曾巩异母弟。世称"南丰七曾"（曾巩、曾肇、曾布、曾纡、曾纮、曾协、曾敦）。为北宋政治家、诗人。历任吏、户、刑、礼四部侍郎。

　　曾肇自幼聪慧好学，师承其兄曾巩。重儒学，博览经传，为文温润有章法。容貌端庄，为人忠厚仁义。为官40余年，历英宗、神宗、哲宗、徽宗四朝，先后任礼、吏、户、刑四部侍郎与中书舍人等要职，对朝中事敢直抒胸臆；在14个州、府任地方官时，多有政绩，为人称颂。

　　曾肇进士及第，调黄岩主簿，用荐为郑州教授，擢崇文校书、馆阁校勘兼国子监直讲、同知太常礼院。太常自秦以来，礼文残缺，先儒各以臆说，无所稽据。肇在职，多所厘正。亲祠皇地祇于北郊，是出于曾肇之言，其他异论均不能阻止。曾肇兄长曾布市易法之事被朝廷责罚，受其牵连，曾肇被夺主判之职。

　　曾公亮薨，曾肇状其行，宋神宗览而嘉之。迁国史编修官，进吏部郎中，迁右司之职。哲宗元祐（1086—1094）初，擢起居舍人。未几，为中书舍人。因上言论叶康直知秦州不当，执政责其未先白，御史也因此事攻击他。曾肇祈请外任，范纯仁语于朝曰："若善人不见容，吾辈不可居此矣。"①范纯仁力为之言，才得以免于追责。

元符三年（1100），宋徽宗即位。曾肇复为中书舍人，上疏建议广开言路，昭雪元祐党人，改任翰林学士兼侍读，掌管起草诏令。时有谏官陈瓘、给事中龚原以言获罪，无人敢救，曾肇挺身而出，极力进行辩解。建中靖国元年（1101），因兄曾布位居宰相之职，避嫌拜龙图阁学士，提举中太一宫。出知陈州，再任太原、应天府、扬州、定州（今湖北麻城）地方长官。先后参与修《哲宗实录》《神宗宝训》《国朝会要》等。

崇宁四年（1105）春旱，有司犹讲春宴。曾肇同彭汝砺上疏曰："天菑方作，正君臣侧身畏惧之时。乃相与饮食燕乐，恐无以消复天变。"②次日，徽宗有旨罢春宴。蔡确贬新州，曾肇先与彭汝砺相约极论其事，为蔡确鸣不平。恰好此时朝廷任命他为给事中，彭汝砺独封还制书，言者谓曾肇出卖朋友，曾肇无法也不想为自己辩解。以宝文阁待制知颍州，徙邓、齐、陈州、应天府。③

南丰曾氏为书香门第之家。自曾巩之祖父曾致尧于太宗太平兴国八年（983）举进士起，77年间曾家出了进士19位。进士中，致尧辈7人，其子易占辈6人，其孙巩辈6人。此外，曾巩之妹婿王安国、王补之、王彦深等一批人亦皆进士。纵阅《建昌府志》《南丰县志》及诸曾著作如巩之《元丰类稿》《隆平集》等，我们不能不被该家族的儒学底蕴、文化积淀与苦学精神所震惊。苏轼、苏辙赠诗给曾巩称："儒术远追齐稷下，文词近比汉京西。"不难看出，此绝非虚言也。

---

① ［元］脱脱：《宋史》卷319《曾肇传》，中华书局1977年版。
② ［元］脱脱：《宋史》卷319《曾肇传》，中华书局1977年版。
③ ［元］脱脱：《宋史》卷319《曾肇传》，中华书局1977年版。

曾肇为政清明，广施仁政，爱惜民力，赏罚公平，敢于直谏。尤擅长诗文创作，咏物诗词亲切感人，文多阐发儒学经义，温润有法，婉约典雅，其文一出，时人争抄。元人修《宋史》时对其高度评价："（曾）肇天资仁厚，而容貌端严。自少力学，博览经传，为文温润有法。""（曾）肇以儒者而有能吏之才。宋之中叶，文学法理，咸精其能，若刘氏、曾氏之家学，盖有两汉之风焉。"[1] 宋人陈黄裳如此评价曾肇及曾氏族人："曾文定公巩，如谢家子弟，虽时偃蹇不，端正自爽，岂有一种风气。文肃公布，如高丽使人抗浪，甚有意气。文昭公肇，如玉环拥腫，自是太平人物。"[2]

黄履（1030—1101），字安中，福建邵武人。嘉祐元年（1056）进士及第，首授南京（今河南商丘）法曹。可见，黄履一生仕宦生涯始于南京应天府。又为高密、广平王二宫教授、馆阁校勘、同知礼院。熙宁元年（1068），宋神宗即位后，擢升为监察御史里行，因觉得自己年轻资历尚浅，辞去监察御史之职，改任崇政殿说书兼知谏院。

黄履画像

宋神宗曾问及天地合祭是否合乎祖宗法制，黄履对曰："国朝之制，冬至祭天圆丘，夏至祭地方泽，每岁行之，皆合于古。犹以有司摄事未足以尽，于是三岁一郊而亲行之，所谓因时制宜者也，虽施之方今，为不可易。惟合祭之非，在所当正。然今日礼文之失，非独此也，愿

---

① ［元］脱脱：《宋史》卷319《曾肇传》，中华书局1977年版。
② ［清］孙岳颁：《佩文斋书画谱》卷10《宋陈黄裳评曾氏兄弟书》，影印文渊阁《四库全书》本819册，台湾商务印书馆1986年版。

敕有司正群祀，为一代损益之制。"①宋神宗诏置局详定，命黄履负责其事，北郊之议遂定。同修起居注，进知制诰、同修国史。因其母亲去世，丁母忧离职，服丧期满，召回任礼部尚书之职。

神宗熙宁年间（1068—1077），福建地区患苦盐法，向朝廷申诉者不可胜数。这实际上是打着反对盐法的旗号反对王安石变法改革。由于黄履是福建人，神宗派他去处理此事。黄履主张改革朝政，认为变法条款业已颁布，不宜朝令夕改，必须付诸实施，因此遭到家乡人的非议。不久，黄履调任御史中丞。当时北宋因循旧制，凡官吏触犯刑律，不论巨细悉以罚金赎罪。黄履十分反对这种做法，他引用贾谊"遇之以礼，则群臣自喜"②之言，上书神宗当根据事实严明赏罚，对有严重犯罪行为的大臣应予惩办，甚至将其罢职；对偶有过失的人则可原谅，着重教育，只有这样才能达到惩恶扬善的目的。朝廷采纳了黄履的部分建议。同时，他还要求朝廷广开言路，让职位较低的官吏也能参与到朝政中来，但是他的建议限于种种因素未被朝廷采纳。

元丰八年（1085）神宗驾崩，哲宗即位，拜黄履为翰林学士。黄履一向与蔡确、章惇、邢恕相交结，每确、惇有所嫌恶，则使邢恕道风旨于黄履，黄履即排击之。哲宗即位，更以定策功自居。刘安世揭发其罪行，以龙图阁直学士知越州，因向朝廷荐举御史不当，降天章阁待制。历舒、洪、苏、鄂、青州、江宁府、应天府、颍昌府之职。黄履也是北宋仕宦名臣中为数极少的两次任职于南京应天府之人。

元祐八年（1093）九月，高太后病死，哲宗赵煦亲政。次年四月，哲宗下诏改元祐九年为绍圣元年，决心继承其父神宗遗志，继续推行改革，便启用章惇为相，黄履入朝复职御史中丞。变法派在哲宗支持下，再度掌握朝政大权，便展开对保守派的反击。绍圣元年（1094），复龙

① ［元］脱脱：《宋史》卷328《黄履传》，中华书局1977年版。
② ［元］脱脱：《宋史》卷328《黄履传》，中华书局1977年版。

图阁直学士，为御史中丞。他极力弹劾元祐年间吕大防、刘挚、梁焘等在高太后垂帘时所作所为，乞正典刑。同时，上言哲宗司马光变更先朝已行之法为罪，为司马光废除的新法鸣不平，得到了哲宗的支持。哲宗追夺了司马光、吕公著死后所赠谥号，毁所立碑；吕大防、刘挚、苏辙、梁焘等人，随之贬官。

元符二年（1099），黄履拜尚书右丞，遇正言邹浩反对章惇请立刘妃为皇后，遭到迫害，他为之鸣不平，上言朝廷曰："（邹）浩以亲被拔擢之故，敢犯颜纳忠，陛下遽斥之死地，人臣将视以为戒，谁复敢为陛下论得失乎？乞徙善地。"① 遭到宰相章惇的报复，被贬职知亳州（今安徽亳州）。元符三年（1100），哲宗驾崩，无子，其弟赵佶即位，是为宋徽宗，召黄履为资政殿学士兼侍读，复拜右丞。建中靖国元年（1101），以大学士、提举中太一宫致仕，不久离世。

黄履历经神宗、哲宗、徽宗三朝，是位居高位的北宋名臣。他的政治生涯起于南京应天府，之后再次履新应天府，一生与应天府有着不解之缘。由于他反对"元祐更化"，故而打击报复司马光，弹劾吕大防、刘挚、梁焘等人。元代修《宋史》时，是反对新法的，对司马光为首的"元祐更化"是持肯定态度的，故元人对黄履评价不高。"哲宗亲政之初，见虑未定，范、吕诸贤在廷，左右弼谟，俾日迩忠谠，疏绝回遹，以端其志向，元祐之治业，庶可守也。清臣怙才躁进，阴觊柄用，首发绍述之说，以隙国是，群奸洞之，冲决莫障，重为荐绅之祸焉。至于兴大狱以倾冯京、苏轼者，璪也。助成手实之法，以坏人材、谰司马光者，宗孟也。讦垂帘之事，击吕大防、刘挚等去之者，履也。清臣真小人之靡，三子抑其亚乎。焘论议识趣，有可称述，虽立朝无附，而依违蔡确、章惇间，无所匡建，非大臣之道也。"② 笔者认为，这种"非大臣之道"的

---

① ［元］脱脱：《宋史》卷328《黄履传》，中华书局1977年版。
② ［元］脱脱：《宋史》卷328《黄履传》，中华书局1977年版。

论断有失偏颇，不能仅仅依据变法派对反变法派的报复就认为他们人品等有问题，其实反变法派上台后，对变法派的打击报复不亚于前者，故以黄履等人揭露司马光等人的罪行就对其加以全盘否定是不符合历史事实的，也是难以服众的。

邢恕，字和叔，郑州阳武（今河南原阳）人。早年从二程学，博贯经籍，能文章，喜功名，论古今成败事，有战国纵横之气习。从程颢学，因出入司马光、吕公著门。登进士第，补永安主簿。吕公著荐于朝，得崇文院校书。

宰相王安石亦爱之，通过宾客谕意，使养晦以待用。邢恕不能从，而对王安石子王雱说新法存在诸多不便，致使王安石怒，谏官亦言新进士未历官而即处馆阁，不符合祖宗法制，遂出知延陵县。不久，延陵县被撤消，在陕、洛间长达七年，无所事事，这期间恰是王安石主政变法期间。随着王安石的首次罢相，朝廷才起复他崇文院校书之职。

宰相吴充又任用他为馆阁校勘，不久又迁为历史馆检校、著作佐郎。神宗元丰五年（1082），蔡确接替吴充拜尚书右仆射兼中书侍郎。蔡确与吴充素有间隙，上台之后，吴充所任用的人几乎统统被贬。邢恕对此深为恐惧。偏是这时，神宗皇帝读了一篇邢恕所写的《送文彦博诗》，而且还在蔡确面前称赞该诗文辞清丽，颇具功力。蔡确何等聪慧之人，对于神宗之意立刻心领神会，不久拜邢恕为职方员外郎。邢恕不知内中根由，一时感激涕零。蔡确又看出皇帝有复用司马光、吕公著之意，回想当年邢恕未及第时便常出入此二公之门，于是又掉过头来巴结邢恕。邢恕也以蔡确为靠山，深自附托，为蔡确出谋划策，收召名士，二人越发情投意合，仿若素交①。值得注意的是，元人修《宋史》时将蔡确、邢恕均列入奸臣传，有着浓厚的贬低其形象的色彩，故上文对二人狼狈为奸的记载不足全信。

---

① ［元］脱脱：《宋史》卷471《邢恕传》，中华书局1977年版。

　　元丰八年（1085）三月，神宗驾崩，哲宗继位，其祖母高太后垂帘听政。邢恕因"定策有功"迁左司员外郎、起居舍人。邢恕不甘寂寞，为高太后侄子拟写奏折，乞尊崇哲宗生母朱太妃，惹怒了高太后。时邢恕方召试中书，遂黜知随州，改汝、襄、河阳。邢恕被贬之久，蓄怒愤，与蔡确交恶。后蔡确得罪被贬，邢恕亦责监永州酒之闲职。

　　哲宗绍圣（1094—1098）初年，章惇、蔡卞得政，力排元祐党人，引邢恕以自助，召为刑部侍郎，再迁吏部尚书兼侍读，旋改御史中丞。邢恕是个颇不知好歹的家伙，一下爬上来又反诬高太后当年有废哲宗之谋，并引用司马光所说的北齐娄后宣政故事以作佐证。又让高太后的伯父高遵裕之子高士京追讼他父亲生前，王珪曾和他哥哥高士充谋议拥立雍王，遭到高遵裕的反对。还让蔡懋上疏弹劾文及甫私拟隐辞，历抵梁焘、刘挚曾阴图不轨。又给司马光、吕公著编织了一大堆罪名。章惇命蔡京在同文馆设狱，组织万端，详察此事，结果毫无所得，绝属子虚乌有。故不难看出，邢恕在政治上绝对是个反复无常的小人。

　　邢恕不仅会罗织莫须有的罪名上谤君后、下诬忠良，也会装模做样地取悦哲宗皇帝。有一次在经筵读先皇宝训，讲到仁宗皇帝谕辅臣说人君如修举政事，"则日月薄食、星文变见为不足虑"，邢恕应声和道："仁宗之旨虽合于荀卿书，然自古帝王孰肯自谓不修政事者，如此则天变遂废矣。"[①] 哲宗对邢恕所言颇为嘉赏，但章惇恐他出了风头夺了己位。邢恕同样在哲宗面前屡次诋毁章惇，揭露其恶行。于是，章惇先下手为强，寻了个借口，又将他贬为汝州知府，不久又迁徙到应天府。

　　哲宗驾崩，无子，其弟赵佶继位，是为徽宗，重用蔡京，蔡京起用邢恕为鄜延经略安抚使，不久又改为泾原经略安抚使，擢至龙图阁学士。恰逢西夏党项族南下侵宋，蔡京又任用他为西北边帅。但邢恕根本不懂军事，他一会儿建筑萧关，一会儿用车战法，一会儿又改熙河

---

① ［元］脱脱：《宋史》卷471《邢恕传》，中华书局1977年版。

造船，计谋迂诞，根本无法施行，更别谈抵御西夏进攻了。转运使李复直言不讳地说邢恕的计谋简直如同儿戏，根本无法采用。徽宗也很恼恨他的乖张战术，但蔡京是其后台，竟然未被罢免。边关日见吃紧，报急的文书日至京师五、六次，蔡京才开始惊恐，贬逐邢恕为太原知府，后连徙永兴、颍昌、真定，最后无奈之下削夺了他的官职。但是念及旧情，复显谟阁待制，只是并没有什么实际权力。

元人将其列入奸臣传，故对其评价没有褒扬之言："（邢）恕本从程门得游诸公间，一时贤士争与之交。恕善为表襮，盖致声名，而天资反覆，行险冒进，为司马光客即陷光，附章惇即背惇，至与三蔡为腹心则之死弗替。上谤母后，下诬忠良，几于祸及宗庙。"① 姑且不论他是奸臣还是忠臣，毕竟在当时的时代背景下，他的所作所为我们亦不能用当下的价值观去衡量，邢恕作为北宋晚期具有重要影响的大臣则不能仅仅因为元人将其列入《宋史·奸臣传》而全盘否定。

应天府地区为北宋王朝的肇兴之地，其特殊的政治地位决定了朝廷对其的重视。且应天府地区地理区位优势明显，北宋朝廷对镇守此地的军事统帅极为重视。

建隆元年（960）正月"辛亥，石守信自义成节度使、殿前都指挥使为归德节度使"②。建隆二年（961），高怀德任归德军节度使。③ 石守信、高怀德均为太祖亲信，为"义社"成员，北宋开国之初，先后以二人镇守北宋肇兴之地凸显出朝廷对应天府地区的重视。北宋末年，以南京应天府地区为核心建立东道都总管，以知应天府胡直孺为长官④，作为拱卫京师的重要屏障。

供职于应天府地区的政治名流，其中有些也是思想文化领域的领军

---

① ［元］脱脱：《宋史》卷 471《邢恕传》，中华书局 1977 年版。
② ［宋］李焘：《续资治通鉴长编》卷 1，中华书局 2004 年版。
③ ［元］脱脱：《宋史》卷 250《高怀德传》，中华书局 1977 年版。
④ ［元］脱脱：《宋史》卷 23《钦宗纪》，中华书局 1977 年版。

人物，如欧阳修、宋祁、范仲淹等。范仲淹，他在大中祥符四年（1011）入应天书院，大中祥符八年（1015）举进士离开此地，前后在应天书院学习长达五年之久。在宋仁宗天圣五年（1027），范仲淹为母守丧而退居应天府时，受当时南京留守晏殊之聘，掌管府学，以教生徒。前后执教两年，为北宋朝廷培养和输送了一批优秀人才。宋祁为天圣二年（1024）进士，历官龙图阁学士、史馆修撰、知制诰，曾与欧阳修等合修《新唐书》。《新唐书》大部分为宋祁所作，成为不朽之名著。

二　年高退居商丘的"睢阳五老"

庆历末年，原宰相、太子太师致仕杜衍，太子宾客致仕王涣，光禄卿致仕毕世长，兵部郎中分司朱贯与尚书郎致仕冯平五位北宋大臣致仕后，退居南京地区（今河南省商丘市），五位大臣时常举行宴会，赋诗对饮。对此，史载："庆历末，杜祁公告老，退居南京，与太子宾客致仕王涣、光禄卿致仕毕世长、兵部郎中、分司朱实、尚书郎致仕冯平为五老会，吟醉相欢，士大夫高之。祁公以故相耆德，尤为天下倾慕。兵部诗云：'九老且无元老贵，莫将西洛一般看。'五人年皆八十余，康宁爽健，相得甚欢，故祁公诗云：'五人四百有余岁，俱称分曹与挂冠。'① 而毕年最高，时已九十余，故其诗云：'非才最忝预高年。'是时，欧阳文忠公留守睢阳，闻而叹慕，借其诗观之。因次韵以谢，卒章云：'闻说优游多唱和，新诗何惜借传看。'"② 当时画家为五位老人绘画作像，称之为《睢阳五老图》。宋仁宗至和三年（1056 年）钱明逸为《睢阳五老图》作序，该图流传千年，至今尚存，宋、元、明、清诸多名家为

---

① 据厉鹗《宋诗纪事》卷 8 所载杜衍该诗全文为："五人四百有余岁，俱称分曹与挂冠。天地至仁难补报，林泉幽致许盘桓。花朝月夕随时乐，雪鬓霜髯满座寒。若也睢阳为故事，何妨列向画图看。"
② ［宋］王辟之：《渑水燕谈录》卷 4，中华书局 1981 年版。

之撰写题跋。宋蒋璨等《睢阳五老图题跋》册现存于上海博物馆。^①《睢阳五老图》问世后名声大振，誉满北宋都城汴京城。欧阳修、晏殊、范仲淹、文彦博、司马光、程颢、程颐、苏轼、黄庭坚、苏辙等北宋名臣名人纷纷为之作诗以示敬奉。"睢阳五老"中官职最高、影响最为深远的就是杜衍。

杜衍（978-1057），字世昌。越州山阴（今浙江绍兴）人。大中祥符元年（1008），杜衍登进士甲科，补扬州观察推官，历知乾、扬、天雄、永兴、并等州军，以善辨狱闻于世。对此，史载："以太常博士提点河东路刑狱，迁尚书祠部员外郎。按行潞州，折冤狱，知州王曙为作《辨狱记》。高继升知石州，人告继升连蕃族谋变，逮捕系治，久不决，（杜）衍辩其诬，抵告者罪。宁化军守将鞫人死罪，不以实，衍覆正之。守将不伏，诉之，诏为置狱，果不当死。徙京西路，又徙知扬州。有司奏衍辨狱法当赏，迁刑部。章献太后遣使安抚淮南，使还，未及他语，问杜衍安否，使者以治状对。太后叹曰：'吾知之久矣。'"^② 不仅如此，杜衍从宋真宗大中祥符元年转任平遥知县至宋仁宗康定元年（1040）官拜同知枢密院事，^③ 三十余年间，长期在地方任职，表现出卓绝的军事才能，其政绩显著。对此，欧阳修给予了高度评价，诚如他所言："公治吏事，如其为人。其听狱讼虽明敏而审核愈精，故屡决疑狱，人以为神。其簿书出纳，推析毫发，终日无倦色。至于条目，必使吏不得为奸而已。及其施于民者，则简而易行。"^④

康定元年九月，杜衍迁枢密副使之职，这距其拜同知枢密院事仅仅一个月。与杜衍升迁职务的同时，晏殊拜枢密使，王贻永与郑戬拜枢密

---

①　上海博物馆编：《再读睢阳五老：艺术史的维度》，北京大学出版社 2017 年版。

②　［元］脱脱：《宋史》卷 310《杜衍传》，中华书局 1977 年版。

③　［元］脱脱：《宋史》卷 10《仁宗纪》，中华书局 1977 年版。

④　［宋］欧阳修：《欧阳修全集》卷 31《太子太师致仕杜祁公墓志铭》，中华书局 2001 年版。

副使。① 事实上，朝廷密集调整枢密院长贰原因在于此时西夏政权不断挑起边境战事，朝廷军事危机加重。早在同年正月，"元昊寇延州，执鄜延、环庆两路副都总管刘平、鄜延副都总管石元孙。诏陕西运使明镐募强壮备边。"② 十二月,北宋朝廷决定对西夏采取积极主动的进攻策略。杜衍对宋夏战争形势始终保持着清醒的判断，他反对不顾双方力量对比贸然出兵攻打西夏。尤其需要指出的是，中书门下与枢密院长贰中唯有杜衍一人坚决反对。对此，史载："诏鄜延、泾原两路取正月上旬同进兵入讨西贼。上与两府大臣共议，始用韩琦等所画政策也。枢密副使杜衍独以为侥倖出师，非万全计，争论久之，不听，遂求罢，亦不听。"③枢密院作为宋朝最高军事管理机构，"掌军国机务、兵防、边备、戎马之政令，出纳密命，以佐邦治。凡侍卫诸班直、内外禁兵招募、阅试、迁补、屯戍、赏罚之事，皆掌之。……宋初，循唐、五代之制，置枢密院，与中书对持文武二柄，号为'二府'"④。宋仁宗庆历三年（1043）四月，杜衍迁枢密使。次年九月，拜同中书门下平章事兼枢密使。⑤ 杜衍官拜枢密院长贰期间正是北宋朝廷与西夏政权矛盾尖锐时期，双方进行了激烈角逐，经过北宋朝臣的不懈努力，双方最终重新确定了西夏对北宋的臣属关系。然而，宰相杜衍由于支持范仲淹主持下的"庆历新政"，仅仅为相百日而罢。对此,史载："帝欲罢（范）仲淹、（富）弼政事,（杜）衍独左右之,然（杜）衍平日议论，实非朋比也。以尚书左丞出知兖州。"⑥

庆历七年（1047）正月，杜衍致仕。史载："尚书左丞、知兖州杜衍为太子少师，致仕。衍时年方七十，正旦日上表愿还印绶。宰相贾昌朝素不喜（杜）衍，遽从其请。议者谓衍故宰相，一上表即得谢，且

① ［元］脱脱:《宋史》卷 10《仁宗纪》，中华书局 1977 年版。
② ［元］脱脱:《宋史》卷 10《仁宗纪》，中华书局 1977 年版。
③ ［宋］李焘:《续资治通鉴长编》卷 129，中华书局 2004 年版。
④ ［元］脱脱:《宋史》卷 162《职官志》，中华书局 1977 年版。
⑤ ［元］脱脱:《宋史》卷 11《仁宗纪》，中华书局 1977 年版。
⑥ ［元］脱脱:《宋史》卷 310《杜衍传》，中华书局 1977 年版。

位三少，皆非故事，盖昌朝抑之也。"① 对于宰相贾昌朝的刻意打压，杜衍并不在意，这或许是他经历了朋党风波后，对宋仁宗与北宋朝廷都产生了一定的疏离感。② 庆历七年正月，杜衍退居南京应天府地区，直到仁宗嘉祐二年（1057）二月病逝，他十年间从未离开过南京地区，过着归老田园的生活。史载："太子太师致仕杜衍退寓南都凡十年，性不殖产，第室庳陋，才数十楹，居之裕如也。出入从者才十余人，乌帽、皂绨袍、革带。亲故或言宜为居士服，（杜）衍曰：'老而谢事，尚可窃高士名耶！'王洙尝谒告归应天府，有诏抚问。及被病，帝遣中使赐药，挟太医往视，已卒。赠司徒、兼侍中，谥正献。衍临终戒其子努力忠孝，敛以一枕一席，小圹卑坟以葬。自作遗疏，其略曰：'无以久安而忽边防，无以既富而轻财用，宜早建储副，以安人心。'语不及私。"③ 由此不难看出，杜衍虽曾官拜宰相之职，但是他连自己的一处宅院都没有，退居南京应天府后，曾暂寄居于南京驿舍。对此，史载："公自布衣至为相，衣服饮食无所加，虽妻子亦有常节。家故饶财，诸父分产，公以所得悉与昆弟之贫者。俸禄所入，分给宗族，赒人急难。至其归老，无屋以居，寓于南京驿舍者久之。"④ 杜衍此时的境遇非常窘困，从上文"至其归老，无屋以居，寓于南京驿舍者久之"可以看出个中究竟。不仅如此，杜衍还曾遭到应天府地区纨绔子弟的羞辱。史载："世传杜祁公罢相归乡里，不事冠带。一日在河南府客次，道帽深衣坐席末。会府尹出，衙皂不识其故相，有本路运勾至，年少贵游子弟，怪祁公不起揖，厉声问：'足下前任甚处？'祁公曰：'同中书门下平章事。'客次与坐席间固不能遍识，常宜自处卑下，最不可妄谈事及呼人姓名，恐对人子弟道其父兄名及所短者，或其亲知，必贻怒招祸，俗谓口快，乃是大病。"⑤ 杜衍的这些窘迫遭遇与以当朝宰相贾昌朝为代表

①　[宋] 李焘：《续资治通鉴长编》卷 160，中华书局 2004 年版。

②　上海博物馆编：《再读睢阳五老：艺术史的维度》，北京大学出版社 2017 年版。

③　[宋] 李焘：《续资治通鉴长编》卷 185，中华书局 2004 年版。

④　[宋] 欧阳修：《欧阳修全集》卷 31《太子太师致仕杜祁公墓志铭》，中华书局 2001 年版。

⑤　[宋] 朱彧：《萍洲可谈》卷 3，中华书局 2007 年版。

的政敌对他的刻意打压有着密切关系。"（杜）衍为宰相，贾昌朝不喜，议者谓故相一上章得请，以三少致仕，皆非故事，盖昌朝抑之也。皇祐元年，特迁太子太保，召陪祀明堂，仍诏应天府敦遣就道，都亭驿设帐具几杖待之，称疾固辞。"①事实上，上文元人编修《宋史》为杜衍立传时，只提及了朝廷于皇祐元年给杜衍恢复待遇，所谓迁太子太保，召陪祀明堂等，而对他最初退居南京应天府地区的窘迫遭遇只字不提，原因在于元人为传主立传时主要取材于传主后人提供的关于他的行状、墓志铭与神道碑等，而这些原始材料对传主一般扬其美而隐其丑。同时，宋仁宗为了照顾寓居南京地区的杜衍，特意安排杜衍之子杜诉到南京任职。②

杜衍既为能吏，又能兼擅民政，在枢密院任职后，对宋与辽、夏的外交事务多有参与，为宋夏之间停止战争作出了积极贡献。庆历四年（1044），杜衍拜相后，支持范仲淹推行的"庆历新政"。后也受此牵连而被罢相。元代史官曾这样高度评价杜衍道："李迪、王曾、张知白、杜衍，皆贤相也。四人风烈，往往相似。方仁宗初立，章献临朝，颇挟其才，将有专制之患。……（张）知白、（杜）衍劲正清约，皆能靳惜名器，裁抑侥幸，凛然有大臣之概焉。宋之贤相，莫盛于真、仁之世，汉魏相，唐宋璟、杨绾，岂得专美哉。"③宋人王称亦这样高度评价杜衍一生功绩："事有矫拂于人之情，而吾独不愧于中者，公而已。（杜）衍相仁宗，抑侥幸，修纪纲，而圉以至，公一时怨府有所不恤也。昔姚、宋罢斜封官而开元之盛实归之，衍亦多封环内降，而仁宗赖以绝滥进之阶，庆历之光明俊伟，衍与有力焉。呜乎，（杜）衍之贤，其知为治之体者，与其得为相之道与。"④

① ［元］脱脱：《宋史》卷 310《杜衍传》，中华书局 1977 年版。
② ［宋］李焘：《续资治通鉴长编》卷 176，中华书局 2004 年版。
③ ［元］脱脱：《宋史》卷 310《杜衍传》，中华书局 1977 年版。
④ ［宋］王称：《东都事略》卷 56《杜衍传》，齐鲁书社 2000 年版。

第五章　繁荣昌盛的应天文化

　　应天府作为北宋王朝的肇兴之地，备受朝廷关注，后升格为陪都南京，作为北宋王朝的政治中心、经济中心之一，且与北宋都城汴京相距较近，无疑为当地文化的繁荣和发展提供了有利条件。北宋时期，应天府籍名人众多，在应天府地区任职的仕宦名流遍布朝野，多数为北宋时期的著名人物，既促进了应天文化的发展和繁荣，也是当地文化繁盛的真实写照。

第一节　应天书院的建立和教育事业的发展

　　应天书院是北宋著名的四大书院之首，是应天文化的精华之所在，也是陪都南京的文化象征，培养和吸引了北宋大批社会精英，为北宋王朝作出了突出贡献，具有十分重要的历史地位。

一　应天书院的建立

　　应天书院创办于五代后晋天福六年（941），始名宋州南都学舍，创办人为杨悫。当时天下大乱，割据一方的封建统治者无暇顾及教育，而宋州虞城却有一位"力学勤志，不求闻达"①的学者杨悫，聚徒讲学，

———————
① ［元］脱脱：《宋史》卷 457《戚同文传》，中华书局 1977 年版。

热心教育事业。南都学舍成立后建有藏书楼，办学成绩显著，培养出了一批人才，名儒戚同文便是其中的一位。杨悫死后，戚同文继承了老师的事业，在宋州继续从事教育活动，影响甚大。当时住在宋州的将军赵直为他筑室数楹，让他聚徒授教。因戚同文学识渊博，精通五经，执教有方，前后门下登第者相继不绝，宗度、许骧、王砺、陈象舆、高象先、滕涉等都是他的学生。可以说，正是杨悫、戚同文早年的聚徒讲学，开了宋州兴教重学的风气，它不仅为北宋培养了一批人才，更为应天书院的诞生奠定了基础。

戚同文死后，景德二年（1005），宋真宗升宋州为应天府。应天府民曹诚曾为南都学舍学生，对老师聚徒讲学的情景十分怀念，于是慷慨出资 300 万，在府城戚同文旧舍造屋 150 间，聚书 1500 卷，从而恢复了南都学舍。为赢得政府的支持，曹诚愿将所建学舍和书籍全部捐给政府。曹诚的举动得到政府支持，大中祥符二年（1009），宋真宗亲自批复曹诚的请求，并御赐书院匾额"应天府书院"。从此，这所书院得到官方承认，由应天府幕职官直接提举。应天书院在晏殊任南京留守时获得较快发展。晏殊是北宋著名贤相、政治家、文学家。他感到北宋王朝表面上看是太平盛世，但实际危机四伏，人才匮乏，内无良相，外无强兵，人民贫困，社会浮靡。要扭转这种局面，就必须培养人才。而要培养人才，就必须兴学校、请名师。他当时就延请了硕学名儒王洙和曾在应天书院求过学的著名政治家、文学家范仲淹到书院讲学授课。其时的应天书院盛况空前，闻名远近。"由是四方从学者辐辏，其后宋人以文学有声名于场屋朝廷者，多其所教也。"① 经过王洙、范仲淹的努力和官府的支持，应天书院又一次得到振兴，"人乐名教，复邹鲁之盛；士为声诗，登周召之美。既而丘园初秀，阀阅令嗣，拳拳允集，济济如归。"其盛况可以与孔孟邹鲁讲学媲美。自真宗大中祥符二年（1009）

---

① ［宋］司马光：《涑水记闻》卷 10，中华书局 1989 年版。

至仁宗天圣六年（1028），应天书院的学生"相继登科"，当时更是"魁甲英雄，仪羽台阁，盖翩翩焉未见其止"[①]，成为北宋一大学府。仁宗景祐二年（1035）书院改为府学，并给学田10顷，正式编入官学系列。这时的应天府学更加兴旺，"生徒实繁，规模大备，风教日盛，诗礼日闻。以是出名流、取甲第者多矣，历公卿、居富贵者多矣。得非兴学明道之显效欤？"[②]庆历三年（1043），又升府学为南京国子监，其地位高于一般地方学校，并与东京、西京的国子监互相辉映。这样一来，应天书院历北宋一代经久不衰，为赵宋王朝培养了不少人才。

二　应天书院教育事业的发展

应天书院作为北宋四大书院之一，在中国教育发展史上占有重要地位，在其发展过程中为北宋培养了大批人才。在北宋应天书院创办和发展过程中，有众多学子在此求学，如应天府的戚纶、张方平、王尧臣、王洙、赵概、滕康、石延年等人，都是通过应天书院的培养教育，为朝廷作出杰出贡献，进而成为北宋名臣的。

许多外地学子也纷纷到此求学，如范仲淹、孙复、石介、郭赞、傅求、赵瞻、郑雍、许翰、陈抟等。他们的到来，一方面说明了应天府教育事业的繁荣，另一方面又促进了应天府文化教育事业的进一步发展。特别是范仲淹，他在大中祥符四年（1011）入应天书院，大中祥符八年（1015）举进士离开此地，前后在应天书院学习五年。正是这五年的寒窗苦读，使范仲淹具备了作为一个大政治家的基本素质。当然，范仲淹第二次来到应天书院时，他又为母校的振兴作出了贡献。仁宗天圣四年（1026），范仲淹的母亲去世，按照封建社会的丧期惯例，范仲淹

---

① ［宋］范仲淹撰，李勇先、王蓉贵点校：《范仲淹全集》卷8《南京书院题名记》，四川大学出版社2007年版。

② ［宋］林表民：《赤城集》卷5《丹丘州学记》，影印文渊阁《四库全书》本1356册，台湾商务印书馆1986年版。

要离职丁忧。当范仲淹安葬老母亲后，就退处睢阳，闭户幽居。正是在这期间，南京留守晏殊延请范仲淹到书院授课。范仲淹于这年春末夏初入书院授徒，到天圣六年（1028）底除服离去，前后执教二年，而这二年正是应天书院历史上发展最快的时期。孙复、石介经过在这里的学习，后来都成为北宋的巨儒名臣，宋初三先生，他俩就占有其二。

北宋兴学始于应天府。应天书院名人辈出，学子们"不远千里"而至。书院在曹诚等人尤其是应天知府、著名政治家、文学家晏殊的支持下，得以大扩展。著名的政治家、文学家范仲淹等一批名人名师在此求学任教。范仲淹曾在此求学长达五年，任教二年，后人立《范文正公讲院碑记》以兹纪念。

另外，南京应天府地理位置优越，教育发达，一些硕学名儒也乐意到此定居、停留。如著名诗人石延年，祖籍幽州，契丹占领幽州后，其祖石自成率族人南下归宋，便选应天府宋城定居。北宋名臣王尧臣，祖籍山西太原，唐末其祖避乱东迁，遂迁到宋州虞城。赵概，祖籍河朔，唐末为避乱，其祖也迁到宋州虞城。此外，一些名士也乐意在应天府定居。如北宋名相杜衍，在宋仁宗庆历七年（1047）告老退职后，就定居南京，他和先后退休居此地的礼部侍郎王涣、司农卿毕世长、兵部郎中朱贯等赋诗酬唱，研习书法，安度晚年。这些名儒俊士的到来，促进了南京应天府文化教育事业的发展，对当地文化教育事业的繁荣作出了贡献。整个北宋时期，应天书院为北宋培养了大批人才，具有代表性的如下表所列：

北宋时期应天书院培养杰出人才表

姓名	生卒年	籍贯	学位、官职及著作简况	史料来源
薛居正	912—981	开封	进士、左仆射，司空，监修《旧五代史》，著《文惠集》	《宋史》卷264《薛居正传》
张去华	938—1006	睢县	进士，工部郎中，著有《信臣文集》15卷	《宋史》卷306《张去华传》
宋庠	996—1066	民权①	进士、兵部侍郎、同平章事，著有《元宪集》	《宋史》卷284《宋庠传》
石介	1005—1045	兖州	进士，著有《徂徕集》	《宋史》卷432《石介传》；《文献通考》卷234《经籍考》
梅尧臣	1002—1060	宣城	赐进士、国子监直讲，著有《宛陵先生文集》等	《宋史》卷443《梅尧臣传》
王尧臣	1003—1058	虞城	进士、吏部侍郎，著有《崇文总目》130卷及文集50余卷等	《宋史》卷292《王尧臣传》
张方平	1007—1091	宋城	御史中丞、三司使，著有《玉堂集》20卷、《乐全集》40卷	《宋史》卷318《张方平传》
赵瞻	1019—1090	永城	进士、枢密院同知，著《史记抵牾论》《唐春秋》	《宋史》卷341《赵瞻传》
赵概	995—1083	虞城	枢密使、参知政事，著《谏林》120卷	《宋史》卷15《神宗纪》；《宋史》卷318《赵概传》
苏舜钦	1008—1049	绵州	状元，光禄寺主簿，著有《苏学士文集》	《宋史》卷442《苏舜钦传》
陈尧佐	963—1044	河朔	进士，参知政事，著有《希元文集》30卷	《宋史》卷284《陈尧佐传》
晏殊	991—1055	临川	进士，应天知府，集贤殿学士，著有《珠玉词》	《宋史》卷311《晏殊传》

① 据《宋史》卷284《宋庠传》记载，宋庠祖籍安州安陆，后迁居开封府雍丘县双塔乡（今河南省商丘市民权县双塔乡）。

（续表）

姓名	生卒年	籍贯	学位、官职及著作简况	史料来源
孙复	992—1057	晋州	秘书省校书郎，国子监直讲，著有文集	《宋史》卷432《孙复传》
范仲淹	989—1052	苏州	进士，参知政事，著有《范文正公集》等	《宋史》卷314《范仲淹传》
胡瑗	993—1059	如皋	太常博士，教育家，著有《论语说》《春秋口义》	《宋史》卷432《胡瑗传》
李觏	1009—1059	建昌	太学直讲，著有《直讲李先生文集》	《宋史》卷432《李觏传》
张载	1020—1077	横渠	太常礼院同知，著有《正蒙》《易说》等	《宋史》卷427《张载传》
戚纶	954—1021	楚丘	进士，秘书阁校理，著有《论思集》	《宋史》卷306《戚纶传》
欧阳修	1007—1072	庐陵	进士，枢密副使、参知政事，著有《欧阳文忠公集》	《宋史》卷319《欧阳修传》
杜衍	978—1057	越州	进士，御史中丞，枢密副使，著有文集	《宋史》卷310《杜衍传》
王洙	997—1057	宋城	进士、翰林学士，应天府学教授，著有《昌元集》10卷、《易传》10卷	《宋史》卷294《王洙传》
石延年	994—1041	宋城	太子中允，秘阁校理，著有《石曼卿诗集》	《宋史》卷442《石延年传》
富弼	1004—1083	洛阳	进士，宰相，著有《札子集》《安边策》	《宋史》卷313《富弼传》
韩琦	1008—1075	安阳	进士，宰相，著有《安阳集》	《宋史》卷312《韩琦传》
蔡襄	1012—1067	仙游	进士，著作佐郎，翰林院学士，著有《蔡襄集》	《宋史》卷320《蔡襄传》
王安石	1021—1086	临川	进士，参知政事，著有《临川集》等	《宋史》卷327《王安石传》
许翰	？—1133	睢县	进士，资政殿学士，著有《襄陵集》等	《宋史》卷363《许翰传》

（续表）

姓名	生卒年	籍贯	学位、官职及著作简况	史料来源
杨大雅	965—1033	宋州	进士，著有《两汉博闻》12卷、《大隐集》等	《宋史》卷300《杨大雅传》
滕康	1085—1132	宋城	进士，端明殿学士，著有《龙图籍》	《宋史》卷375《滕康传》
蔡挺	1014—1079	宋城	进士，龙图阁大学士，工于词	《宋史》卷328《蔡挺传》
韩维	1017—1098	杞县	进士，翰林大学士，著有《南阳集》等	《宋史》卷315《韩维传》

从上面列表可以看出，应天书院培养的人才不仅有政治家、思想家、文学家，还有教育家、军事家、学者和诗人等，他们在北宋政治文化舞台上发挥了重要作用，扮演了重要角色。特别是范仲淹在应天书院的学习和执教，更提高了应天书院的知名度，为朝廷培养了诸多人才。正如刘卫东先生所说："北宋三大唯物主义思想家李觏、张载、王安石；三大教育家孙复、胡瑗、石介；三大军事家和战将庞籍、文彦博、韩琦；三大现实主义诗人石延年、梅尧臣、苏舜钦；三大诗文改革家穆修、尹洙、欧阳修；四大进步政治家富弼、余靖、蔡襄、叶清臣等，他们都是范仲淹的学生，长期受到其师的奖赏、奖掖与教诲，并较好地继承了老师的追求新知、热衷创新进取的思想。他们活跃于当时的政治、军事、经济、文化教育、学术思想等各个领域，成为中国历史上的显赫人物，有的甚至影响了中国历史和中国文化史的发展进程。这是范仲淹教育思想的功绩，也是应天府书院引以自豪、令人钦佩的辉煌历史。"[1]

北宋初年，地方州、县学很少，且不许州、县官随便兴学，应天府书院为州县置学之始。应天书院在南京留守晏殊时得到较快发展，他延请硕学名儒王洙和著名政治家、文学家范仲淹到书院讲学授课，极大地

---

[1]　刘卫东：《论应天府书院教育的历史地位》，《河南大学学报》（社会科学版）2001年第5期。

提升了应天书院的知名度，促进了应天书院的发展。应天书院是北宋四大书院中唯一一个坐落于都城（陪都南京），由皇帝亲赐匾额的书院，位居北宋四大书院之首，是朝廷培养经世治国人才的摇篮之一。范仲淹、欧阳修、晏殊等人皆与应天书院有着不解之缘，在中国古代文化发展史上，有着举足轻重的地位。然而，岁月沧桑，沧海桑田，应天书院的昔日辉煌只能出现在历史记忆中，一座堪称北宋历史文化象征的应天书院因历史原因荡然无存，不能不让人扼腕长叹。

范仲淹与应天书院有着极为密切的关系，是应天书院培养造就了他，也是他在宋仁宗天圣年间（1023—1032）振兴了应天书院。范仲淹于真宗大中祥符四年（1011）来到南京应天书院求学，当时正是应天书院的鼎盛时期。他十分珍惜这一大好时机，刻苦攻读，立志成才。据史载："少有志操，既长，知其世家，乃感泣辞母，去之应天府，依戚同文学。昼夜不息，冬月愈甚，以水沃面。食不给，至以糜粥继之，人不能堪，仲淹不苦也。举进士第。"[①] 范仲淹还写了一首《睢阳学舍书怀》诗，诗中以颜回自比，抒发了豪情壮志。

> 白云无赖帝乡遥，汉苑何人吹洞箫。
>
> 多难未应歌凤鸟，薄才犹可赋鹡鸰。
>
> 瓢思颜子心还乐，琴遇钟君恨即销。
>
> 但使斯文天未丧，涧松何必怨山苗。[②]

这首《睢阳学舍书怀》就是范仲淹在应天书院求学时的一丝感慨。据相关史书记载，范仲淹此时生活拮据不堪，但是作为年轻人胸怀大志，不忧苦难，积极乐观克服困难认真学习，展现了富有理想的青年一代高尚风格。这首诗首先表达作者如同浮游不定的白云，远离家乡、孤苦伶仃的凄凉之情，而远方飘来的无名箫声，更加剧了凄凉。然后，

---

① ［元］脱脱：《宋史》卷314《范仲淹传》，中华书局1977年版。
② ［宋］范仲淹：《范仲淹全集》卷4《睢阳学舍书怀》，四川大学出版社2007年版。

转而勉励自己虽处境凄凉，但不能自甘沉沦，而是积极进取、奋发向上。接着表达自己像颜回一样以苦为乐、磨砺意志，希望遇到知己和伯乐以实现自己的宏志，体现了他追求儒家内圣外王的境界。最后，表达自己对未来充满信心，相信自己会实现心中的抱负。这首诗"直抒胸臆，格调高迈，催人奋发，而且用典贴切，语言朴素，情景交融，达到了深刻的思想内容和完美的艺术形式的高度统一，在当时承袭五代柔靡浮艳风气、西昆体盛行的宋初诗坛上，是一首难得的佳作"①。

总之，范仲淹在应天书院克服了许多困难，经过了五年的刻苦攻读，终于学有所成。大中祥符八年（1015），范仲淹考中进士，出任广德军司理参军，开始踏上仕途。他的勤、俭、坚、忧的奋斗精神非常值得我们继承。

在宋仁宗天圣五年（1027），范仲淹为母守丧而退居应天府时，受当时南京留守晏殊之聘，掌管府学，以教生徒。前后执教两年，为社会输送了一批优秀人才。史载："初，以忧去官，晏殊知应天府，表掌府学。"②"母丧去官。晏殊知应天府，闻仲淹名，召寘府学。"③

范仲淹还用他那身居学舍而胸怀国家的爱国爱民思想影响着应天书院，在书院中写下了《上执政书》，提出了一系列革新政治的建议。其改革思想，在此时初步形成，两年执教生涯，为以后庆历年间的新政作了人才、舆论上的准备。范仲淹还特别注意师资队伍建设，对当时的一些硕学名儒，他能留则留，能延则延。如对王洙，他代晏殊上书朝廷，乞留王洙继续为书院讲学。天圣七年（1029），范仲淹离开书院后，王洙一直留在书院任教，直到被荐为国子监说书才离开。经过王洙、范仲淹的努力和官府的支持，应天书院又一次得到振兴。当时的应天书院盛况空前，闻名远近，四方从学者辐辏而至，可与孔孟邹鲁讲学媲美。

① 刘洪生：《范仲淹在应天府的诗文创作》，《河南广播电视大学学报》2003 年第 2 期。
② ［宋］曾巩撰、王瑞来校证：《隆平集校证》卷 8《范仲淹传》，中华书局 2012 年版。
③ ［元］脱脱：《宋史》卷 314《范仲淹传》，中华书局 1977 年版。

自真宗大中祥符二年（1009）至仁宗天圣六年（1028），应天书院的学生"相继登科"，真是"魁甲英雄，仪羽台阁，盖翩翩焉未见其止"①，成为北宋一大学府。仁宗景佑二年（1035）书院改为府学，给学田 10 顷，正式编入官学系列，这时的应天府学更加兴旺。庆历三年（1043），升府学为南京国子监，地位高于一般地方学校，与东京、西京的国子监互相辉映。这样一来，应天书院历北宋一代经久不衰，为赵宋王朝培养了不少人才，也促进了应天府教育事业的发展。

应天书院的教育，最早可上溯到应天书院的鼻祖戚同文。《宋史·戚同文传》记载："戚同文，字同文。宋之楚丘人。世为儒。幼孤，祖母携于外氏，奉养以孝闻……始，闻邑杨悫教授生徒，日过其学舍，因授《礼记》，随即成诵，日讽一卷，悫异而留之。不终岁毕通《五经》，悫即妻以女弟。自是弥益勤励读书，累年不解带……同文纯质尚信义，人有丧者，力拯济之，宗族间里贫乏者周给之，冬月，解衣裘与寒者。不积财，不营居室，或勉之，辄曰：'人生以行义为贵，焉用此为！'由是深为乡里推服。"②可见，好学不倦，诲人不倦，乐善好施，崇尚德义仁教自始就是应天书院的学风、师风。范仲淹深知母校应天书院的教育精神，他在应天书院执教期间进一步继承和发扬了这个优良传统。回顾历史，范仲淹在应天书院的教育实践主要有三点：

第一，塑造良好校风学风。应天书院自戚同文时就以尊师重道著称，声名远扬。范仲淹执教时更是整饬校风、学风。首先塑尊师重道的校风。范仲淹躬亲示范，他对晏殊的荐举之恩始终以门生师之，同时对博学的老师极力挽留。一代名儒王洙在应天书院教授期满，范仲淹代留守晏殊上书宋仁宗，留王洙继续在应天书院讲学。其次立严谨的治学之风。在范仲淹的影响下，学生们更加注意严谨治学，对经学研究多求本意，

---

① ［宋］范仲淹：《范仲淹全集》卷 8《南京书院题名记》，四川大学出版社 2007 年版。
② ［元］脱脱：《宋史》卷 457《戚同文传》，中华书局 1977 年版。

少涉及注疏。

第二，关爱学生，做到有教无类，诲人不倦。范仲淹在授课的同时，经常与学生交流。他对学生提出的问题总是细心讲解。"仲淹讯通《六经》，长于《易》，学者多从质问。为执经讲解，亡所倦，推其奉以食四方游士。"① 当时许多穷苦学子来应天书院求学，范仲淹不分贵贱都给予求学者以耐心的指导，还经常把自己的薪俸拿出来接济他们。宋初三先生之一的孙复就是其中之一。孙复，字明复，跟范仲淹学习，因家贫而辍学。范仲淹知晓后不仅资助他，而且还给他在书院中安排学职，每月挣三千文以供家用，使孙复能安心学习。孙复极为感激，勤奋攻读，最后终于成了"德高天下"的大儒。

第三，治校严谨。史载："晏丞相殊留守南京，（范）仲淹遭母忧，寓居城下。晏公请掌府学，仲淹常宿学中，训督学者，皆有法度，勤劳恭谨，以身先之。夜课诸生读书，寝食皆立时刻，往往潜至斋舍诃之。见有先寝者，诘之，其人绐云：'适疲倦，暂就枕耳。'仲淹问：'未寝之时，观何书？'其人亦妄对。仲淹即取书问之，其人不能对，乃罚之。出题使诸生作赋，必先自为之，欲知其难易，及所当用意，亦使学者准以为法。由是四方从学者辐凑。其后宋人以文学有声名于场屋朝廷者，多其所教也。"② 由此可见范仲淹对学生的严格要求和细致入微的关怀。

教育实践离不开教育理论的指导，范仲淹在应天书院的教育思想主要体现在以下四个方面：

第一，教育是国之大计。唐末五代十国长时间的战乱和政权更替，使我国的教育事业受到了很大的影响。宋王朝建立后，教育才开始逐步地发展起来，但仍然没有得到统治者的足够重视。范仲淹在应天书院执教时，给朝廷的《上执政书》中批评当时士风巧伪，建议政府重视

---

① ［元］脱脱：《宋史》卷 314《范仲淹传》，中华书局 1977 年版。
② ［宋］司马光：《涑水记闻》卷 10，中华书局 1989 年版。

教育。"到于明经之士，全暗指归，讲议未尝闻，威仪未尝学，官于民上贻笑不暇，责其能政，百有一焉。诗谓长育人才，亦何道也？古者庠序，列于郡国，王风云迈，师道不振，斯文错散，由圣朝之弗教乎？当太平之朝，不能教育，俟何时而教育哉？乃于选用之际，患其才难，亦由不务耕而求获矣。"①并进一步指出学校教育的益处："三代圣王，致治天下，必先崇学校、立师资、聚群材、陈正道。使其服礼乐之风，乐名教之地，精治人之术，蕴致君之方，然后命之以爵，授之以政。济济多士，咸有一德。列于朝，则有制礼作乐之盛；布于外，则有移风易俗之善。故声诗之作，美上之长，育人材正在此矣。"②《上执政书》《代人奏乞王洙充南京讲书状》均为范仲淹在应天书院执教时所作。从中我们可以看出他此时已把兴教育、厚风化和育人才结为一体，把教育作为兴国的一个根本大计。他在《上执政书》中说："行可数年，士风丕变。斯择才之本，致理之基也……既在承平之朝，当为长久之道……原相府念祖宗之艰难，建风化之基本。"

第二，重视教师的基本素质和思想品德教育。史载："辟文学掾以专其事，敦之以《诗》《书》《礼》《乐》，辨之以文行忠信。"③范仲淹非常重视教师的基本素质和对学生进行品德教育。他要求教师不仅学识渊博，还要力行仁义道德，即才德俱佳。对学生的思想品德教育，他有完备的理论体系。他的总体要求是要做到"从道"："道者何？率性之为也。从者何？由之谓也。臣则由乎忠，子则由乎孝，行己由乎礼，制事由乎义，保民由乎信，待物由乎仁，此道之端也。"④他不仅对学生如此，对自己的孩子要求尤为严格，并且身体力行，以自己的实际行动教育他们。

---

① ［宋］范仲淹：《范仲淹全集》卷9《上执政书》，四川大学出版社2007年版。
② ［宋］范仲淹：《范仲淹全集》卷19《代人奏乞王洙充南京讲书状》，四川大学出版社2007年版。
③ ［宋］范仲淹：《范仲淹全集》卷9《上执政书》，四川大学出版社2007年版。
④ ［宋］范仲淹：《范仲淹全集》卷8《南京书院题名记》，四川大学出版社2007年版。

范仲淹及第后任广德军司理参军，即把母亲接来侍养。他没有忘记继父的养育之恩，对朱氏子侄也格外关照，严格要求，当作自己的兄弟。

第三，注重培养学生经世致用和文武全才的能力。宋初朝廷在选拔人才上有两大弊端，一是科举取士以诗赋为主，二是重文抑武。以诗赋致仕的官吏多尚虚无，以文官治兵又多次惨遭失败。基于此，范仲淹主张在教育和科举考试上都应以培养和选拔经世致用的人才为主。他在《上执政书》建议："倘使呈试之日，先策论以观其大要，次诗赋以观其全才。以大要定其去留，以全才升其等级。""今可于忠孝之门。搜智勇之器，堪将材者，密授兵略，历试边任，使其识山川之向背，历星霜之艰难……又臣僚之中，素有才识，可赐孙吴之书，使知文武之方，异日安边，多可指任，此育将才之道也。"

第四，在教学内容、教学方法和教学目标上，强调学以致用。宋开国后，在教育上大力尊孔崇儒，重建孔庙，强化儒家经典教育。书院的教育内容也主要以儒家经典为主。范仲淹主张学生应学经之大义，强调学以致用。教学方法上，范仲淹主张教学相长，教学民主，师生可以相互讨论，以贤者为师，唯真理是从。他还给学生安排了严格的作息时间表，学生上夜课不到休息时间不准回去休息。他的教育目标是："通《易》之神明，得《诗》之风化，洞《春秋》褒贬之法，达《礼》《乐》制作之情，善言二帝三王之书，博涉九流自家之说者。善互有人焉。若夫廊庙之器，有忧天下之心，进可为卿大夫者；天人共学，能乐古人之道，退可为乡先生者。"[①] 可见他的人才观仍是达则兼济天下，退则独善其身，实现内圣外王的统一。

范仲淹与应天书院有着不解之缘。大中祥符年间（1008—1016），他在应天书院苦学五年，高中进士。天圣年间（1023—1032），他又在母校应天书院辛勤执教两年，取得了巨大成功。这七年虽然短暂，但在

---

① ［宋］范仲淹：《范仲淹全集》卷8《南京府学生朱从道名述》，四川大学出版社2007年版。

他的一生中占据着重要地位。特别是在应天书院的两年执教中，在政治、教育、学术和文学等方面都取得了重大成就。

（一）政治上，范仲淹不以一心之戚，而忘天下之忧，向朝廷呈《上执政书》，希望改革振国。

范仲淹自幼丧父，孤苦伶仃，在成长和为官的过程中，他深深地看到了百姓的疾苦、国家的危难。他知道宋王朝表面上繁荣昌盛，里面却隐藏着尖锐复杂的阶级矛盾和民族矛盾。而当政者却一味因循守旧、不思进取，冗兵、冗官、冗费，致使国内人民困苦不堪，不断激起人民的起义反抗，国外无力抵抗少数民族的威胁。为此，他在应天书院辛勤教学的同时，冒臣子守丧不能上书言事的礼制，向朝廷上了一份长达万言的《上执政书》。他在书中详细分析了当时的社会现状，指出宋王朝面临的可怕危机："朝廷无忧则苦言难入，天下久平则倚伏可畏，兵久弗用则武备不坚，士曾未教则贤材不充，中外奢侈则国用无度，百姓穷困则天下无恩。"[1] 他进一步指出如不立即革新将造成严重的后果，"苦言难入，则国听不聪矣；倚伏可畏，则奸雄或伺其时矣；武备不坚，则戎狄或乘其隙矣；贤才不充，则名器或假于人矣；国用无度，则民力已竭矣；天下无恩，则邦本不固矣。"[2] 不仅如此，他还有针对性地提出了以固邦本、厚民力、重名器、备戎狄、杜奸雄与明国听为仪表的改革方案。对此史载："固邦本者，在乎举县令，择郡守，以救民之弊也；厚民力者，在乎复游散，去冗僭，以阜时之财也；重名器者，在乎慎选举，敦教育，使代不乏材也；备戎狄者，在乎育将材，实边郡，使夷不乱华也；杜奸雄者，在乎朝廷无过，生灵无怨，以绝乱之阶也；明国听者，在乎保直臣，斥佞人，以致君于有道也。"[3]

从中我们可以看出，范仲淹的倡言改革是非常具有针对性的，即

---

[1] ［宋］范仲淹：《范仲淹全集》卷9《上执政书》，四川大学出版社2007年版。

[2] ［宋］范仲淹：《范仲淹全集》卷9《上执政书》，四川大学出版社2007年版。

[3] ［宋］范仲淹：《范仲淹全集》卷9《上执政书》，四川大学出版社2007年版。

改革时弊，防微杜渐。为了使自己的建议具有说服力，范仲淹以儒家的通变和仁政思想作为其申论的理论基础。他先总结了历史上周、汉、李唐兴亡的经验教训，指出："否极者泰，泰极者否，天下之理如循环焉。惟圣人设卦观象，穷则变，变则通，通则久。非知变者，其能久乎！此圣人作《易》之大旨，以授于理天下者也，岂徒然哉！"① 宋王朝经过几十年的发展，积弊甚重，必须及时进行改革，才能"为富为寿数百年"。在他提出的具体改革措施上，充分体现了范仲淹民惟邦本的政治思想。"百姓穷困，则天下无恩"，"天下无恩，则邦本不固矣"。为了实现邦本的稳固，他认为最重要的是择良守，其次是厚民力。择良守，选有德才之士为官，方可均徭役，中刑罚，兴民利，除民害，恤鳏寡，禁游堕，增播艺，功孝悌，以安天下生灵，固国家基本。可见，范仲淹把整顿吏治作为实现仁政的一种手段，而非局限于简单的"仁政""德政"说教。厚民力也就是藏富于民，为此，他建议复游散、去冗僭。当时，宋王朝士、农、工、商、兵及缁黄六民浮其业者甚多，四海又广建寺庙，而这些都取之于民，致使物价飞涨，百姓生活困苦。禁止游散和修建寺庙，既可生产财富，又可节省财富，从而实现国富民强。另外，范仲淹的政治思想中极难能可贵的是他非常重视教育，培养经世致用的文武全才把教育作为兴国的根本大计之一，这种认识的高度在我国古代历史中是极其少有的，充分表现了范仲淹作为一代圣贤的远见卓识。总之，这份上书包括政治、经济、教育和军事等方面，可谓高屋建瓴，全面而又系统。我们也可以看出范仲淹政治思想的特点是具有改革时弊的政治倾向。他力求通过整顿吏治等手段使百姓享有更多的权益（如官员选拔上重视贫素出身），这与封建专制主义地主阶级的根本利益是矛盾的，因而必然遭到他们的激烈反对，这也是范仲淹后来主持庆历新政失败的原因之一。

---

① ［宋］范仲淹：《范仲淹全集》卷 9《上执政书》，四川大学出版社 2007 年版。

　　在北宋王朝的改革史中，范仲淹可谓是前继古人后启来者。"这是继真宗时名臣王禹偁、田锡以来，最重要的政治宣言，不仅成为庆历新政时上十事疏的张本，也启迪了王安石的万言书的改革思路。"① 正是一批批像范仲淹、王安石这样的忧国忧民、坚毅果敢的忠臣贤士，不计荣辱、排除阻力、前仆后继厉行改革，才进一步促进了北宋王朝的稳定和繁荣。虽然范仲淹当时的这份进言虽没收到什么效果，但引起了当时宰相王曾对他的赏识。天圣六年（1028），范仲淹守孝期满，王曾授意晏殊举荐范仲淹为秘书阁校理，开始了他的立朝生涯。现在我们来看范仲淹的一生与他的这份进言有着极密切的关系。苏轼在《范文正公集序》中这样高度评价他："公在天圣中居太夫人忧，已有忧天下致太平之意，故为万言书以遗宰相，天下传诵。至为将，擢为执政，考其生平所为，无出此书者。"②

　　（二）教育上，范仲淹在应天书院培养了一批北宋名臣，如孙复、张方平等。

　　孙复（992—1057），字明复，宋晋州平阳（今山西临汾）人。宋初三先生之一。他早年家里贫穷上不起学。范仲淹听说他忠厚仁孝、热爱学习，于是请他到应天书院学习，并在学院中给他安排学职，每月挣三千文钱以贴家用，解除他的后顾之忧。同时，范仲淹给他的学习以特别的指导。孙复深感范仲淹对他的教育

孙复像

① 方健：《范仲淹评传》，南京大学出版社 2001 年版。
② ［宋］苏轼：《苏轼文集》卷 10《文正公集叙》，中华书局 1986 年版。

之恩和爱惜之情，学习更加用功。他研习儒家经典，对《春秋》有许多
独到的见解。范仲淹被调到京城后，他也离开了应天书院，到泰山脚下，
办私学，招生徒，讲《春秋》。因他道德高尚，学问精湛，不久便闻名
遐迩。范仲淹也多次聘请他到地方学校教学。庆历二年（1042），范仲
淹又举荐他为秘书省试校书郎、国子监直讲。孙复与随后到国子监任
教席的石介（宋初三先生之一）为太学的兴盛作出了重要贡献。孙复
主要从事教育工作，为国家培养了大量有用人才，并开启了理学研究，
后人受他的影响甚多。综观孙复的一生，他的成就与范仲淹的培养和
提携是密切相关的。

　　张方平（1007—1091），字安道，晚号乐全居士，南京（今河南商
丘）人。北宋杰出的政治家、理论家和文学家。历仕仁宗、英宗、神
宗三朝。张方平十三岁入应天书院读书。他颖悟绝人，凡书一阅终身
不再读，写文章不打稿，千万言立就。宋当时名臣蔡齐、宋绶赞赏他
为"天下奇才"。当范仲淹在应天书院执教时，张方平接受了他的变革
思想，范仲淹也非常赏识张方平的才华。仁宗明道二年（1033），范仲
淹与宋绶、蔡齐、范讽共列名荐张方平茂才异等，景祐元年（1034）中选，
授校书郎，知昆山县，开始了他的仕途生涯。以后，范仲淹不断举荐
张方平。张方平尝自述：尝蒙范"荐更台阁之要，久依户牗之严"①。范
仲淹主持庆历改革时，张方平成为他的左膀右臂。王巩撰《张方平行状》
称："范文正公参知政事，时政有所厘革，必伺公入直，始出事目，降
束文词，尝谓朝士：张舍人于教化深，非但妙于文辞也。"②可见，范仲
淹对张方平的倚重。张方平也非常感激范仲淹的知遇之恩，终生以其
门生自居。范仲淹去世后，由苏颂代为起草的祭文道出了二人生前的
深厚情谊："某早岁之幸，辱公周旋，乡闾相从，日接燕闲。洎登禁闼，

---

① ［宋］张方平撰,郑涵点校：《张方平集》卷32《杭州范资政》,中州古籍出版社1992年版。
② ［宋］张方平撰，郑涵点校：《张方平集》卷40《状志传记·行状》，中州古籍出版社
　　1992年版。

尝从内班，昨麾武林，复踵于贤。明好之笃，晚乃益坚，论议相直，中无间然。"①

　　另外，范仲淹身为臣子敢于担当责任，位卑言轻却积极倡言改革的精神对宋代学术的发展也深有影响。宋代的学术精神也表现在革新政治上。钱穆先生论两宋学术云："宋学精神，厥有两端：一曰革新政令，二曰创通经义，而精神之所寄则在书院；革新政治其事至荆公（王安石）而止；创通经义，其止至晦庵（朱熹）而遂。"②范仲淹自中进士被授官后，他在地方工作不是贪图享受、无所作为，而是广查民情，为百姓分忧解难。不仅如此，他还不断为整个宋王朝的安危而殚精竭虑。位卑言轻的范仲淹在执教应天书院前便已有《上时务书》。而他在应天书院丁忧执教期间，再次冒获罪之险向宰相上《上执政书》倡言改革。宋代士大夫勇于负责、敢于担当的精神在范仲淹身上首先表现出来。广大士大夫接受这种精神并发扬光大。政治上，他们不断掀起除旧革新的思潮，并付诸实践。学术上，以此种精神为动力破旧立新，积极构建新的理论。著名思想家劳思光也高度评价宋代士大夫这种积极负责的精神："此种心态投射于学术思想一面，遂使宋代学术特重创建，对于道德文化之轨范，礼乐刑政之措施，无不欲作积极性之努力。其立言行事，固常以既有之文化成绩为基础，但其治学之基本精神，则是欲在此种基础上作积极之建立，非步趋墨守一类态度。此是宋代学风特色之一。"③

　　综上所述，范仲淹在宋学渊源中的开拓地位是不可否认的。他在应天书院时期积极提倡复兴儒学、兴学育才、疑经惑经、敢于担当责任等实践活动对北宋理学思潮的兴起和发展功不可没。他是宋学初期把

---

① ［宋］苏颂：《苏魏公文集》卷70《代张端明祭范资政》，影印文渊阁《四库全书》本1092册，台湾商务印书馆1986年版。
② 钱穆：《中国近三百年学术史》，商务印书馆1997年版。
③ 劳思光：《新编中国哲学史》三卷上，广西师范大学出版社2005年版。

兴学育才和振兴宋朝、革新政治的现实需要相结合的首位政治家。范仲淹在宋学的发展史上起着开新启后的重要作用。

应天府教育事业的发达，交通的便利，也吸引外地学子纷纷到此求学。如孙复、石介、郭贽、傅求、赵瞻、郑雍等慕名而来。他们的到来，带动和促进了应天府文化教育事业的进一步发展。孙复、石介通过在应天书院的学习，成为北宋的巨儒名臣，宋初三先生，他俩就占有其二。一些名士退休后，也乐意在应天府颐养晚年。如北宋名相杜衍，在宋仁宗庆历七年（1047）告老退职后，就定居南京，他和先后退休居此地的礼部侍郎王涣、司农卿毕世长、兵部郎中朱贯赋诗酬唱，研习书法，安度晚年。这些名儒俊士的到来，促进了应天府文化教育事业的发展，为当地文化教育的繁荣作出了贡献。

第二节　应天文化与北宋理学

应天书院不仅在宋代教育发展史上占有重要地位，为北宋培养了大批人才。同时，范仲淹在应天书院执教期间，重视人才培养，关心社会时局变迁，以积极入仕的进取精神，投入到宋代社会改革发展洪流之中，使应天书院在开启北宋理学思潮和奠定宋代学术基础方面，发挥了重要作用。

关于理学的发生，传统的观点认为由周敦颐开山，其间经程颢、程颐、张载、邵雍的发展而奠定基础并初步形成，这已为历代学人所广泛接受。

然而，从历史的事实来看，理学从其滥觞到初兴并进而成为潮流，是一个极其复杂的过程。尤其范仲淹作为当时士人领袖之一，与北宋理学思潮的兴起有着非常密切的关系。朱熹在其理学史开创之作的《伊洛渊源录》中就指出了这一点。"本朝道学之盛……亦有其渐，自范文正以来已有好议论，如山东有孙明复，徂徕有石守道，湖州有胡安定；

到后来遂有周子、程子、张子出。故程子平生不敢忘此数公，依旧尊他。"① 从这里我们可以看出，朱熹认为理学的兴起"亦有其渐"，而这个"渐"开创者应为范仲淹。著名思想家钱穆先生在其著作《中国近三百年学术史》中也肯定了范仲淹在北宋理学思潮兴起过程中的开启地位。"盖自朝廷之有高平（范仲淹），学校之有安定，而宋学规模遂建。后以濂溪为宋学开山，或乃上推之于陈抟，皆非宋儒渊源之真也。"② 那么，范仲淹究竟在哪些方面开启了北宋理学思潮的兴起，他与应天书院的关系是如何呢？下面我们从范仲淹在应天书院学习和执教活动中略做探析。

　　应天书院对理学思潮兴起的开启，其一，体现在范仲淹对儒学复兴的积极提倡和重视兴学育才上。范仲淹提倡复兴儒学的原因，一方面在于当时的统治者在宋王朝面临外忧内患接踵而至时，依然采用黄老之术，因循定制，墨守成规，不愿除弊革新，而范仲淹认为黄老的守成只是权宜之计，只有儒家的修理政教才是真正的治国之本。对此，史载："昔曹参守萧何之规，以天下久乱，与人息肩，而不敢有为者，权也；今天下太平，修理政教，制作礼乐，以防微杜渐者，道也。"③ 另一方面，范仲淹把国家内忧外患的根源归于政治的腐败，尤其是吏治的不整，而吏治败坏的原因又在于士大夫弃儒学尚文辞、士风巧伪，缺乏治世之才。因此，要扭转这种颓势，国家在选官制度上必须改革。"慎选举、敦教育"，大力发展教育，以儒家经典教学，彻底改善预备官员的素质。重视"明经"和"策论"，选拔有真才实学的人为官。此时的范仲淹在思想上已把复兴儒学、培养人才作为兴宋的根本，为此在实践上他极重视教育、

① ［宋］黎靖德：《朱子语类》卷129《自国初至熙宁人物》，中华书局1986年版。
② 钱穆：《中国近三百年学术史》，商务印书馆1997年版。
③ ［宋］范仲淹撰，李勇先、王蓉贵点校：《范仲淹全集》卷9《上执政书》，四川大学出版社2007年版。

培育人才。这在他执教应天书院期间已突出地表现出来。尊师重道、严谨治学、有教无类、诲人不倦、爱护学生、严格要求等这些都是范仲淹在应天书院期间的执教实践。他的辛勤耕耘效果显著，培养了一批像孙复、张方平这样的北宋名臣，四方学者也奔赴应天书院求学，以致在全国兴起了影响深远的尊师重道和兴办书院之风。尊师重道，不仅有利于儒学复兴，而且有益于学术思想的创新，理学思潮的兴起。而兴办书院则在实践上有力地促进了宋代学术的发展。兴学育才扭转了士风，培育了人才，开拓了学术新天地。随后各著名理学家都在书院讲学授徒，促进了理学的发展和兴盛。宋代"学术精神则在书院"①，范仲淹对宋代书院的兴起有开创奠基之功。

其二，应天书院对理学思潮兴起的贡献，还在于范仲淹疑经惑经，培养了在理学发展史上有重要地位的北宋三先生之一——孙复。孙复在范仲淹执教应天书院时跟范仲淹学习《春秋》等儒家经典。范仲淹对孙复的影响主要集中在"疑经惑经"和"尊师重道"两方面。史载："后之作疏者无所发明，但委曲踦于旧之注说而已。复不佞，游手执事之墙藩者有年矣！执事病全说之乱六经，六经之未名，复亦闻矣。"②正是由此，才有孙复著《春秋尊王发微》十二篇，强调尊王以正名分是《春秋》之大义，开义理之学的先声，进一步促进了北宋学术的兴起和发展。疑经思潮是理学发生发展的催生剂，伴随着理学发生发展的全过程。而尊师重道是孙复在泰山讲学，名闻天下的一个很重要原因。

综上所述，范仲淹在宋学渊源中的开拓地位是不可否认的。他在应天书院时期积极提倡复兴儒学，兴学育才，疑经惑经，敢于担当责任等实践活动对北宋理学思潮的兴起和发展功不可没。他是宋学初期把兴学育才和振兴宋朝、革新政治的现实需要相结合的首位政治家。范

---

① 钱穆：《中国近三百年学术史》，商务印书馆 1997 年版。
② 四川大学中文系古典文学教研室选注：《宋文选》卷 9，人民文学出版社 1980 年版。

仲淹在宋学的发展史上起着开新启后的重要作用。而所有这些，大多都是他在应天书院执教期间发生的，与应天书院有着不可分割的关系，从这个角度说应天书院在开启北宋理学思潮，奠定宋代学术基础上的作用是不容抹杀和忽视的。

此外，哲学领域，应天府地区的代表人物是程迥。他不仅是一位正直的官吏，而且颇有文名，因为家住宁陵沙随镇，人称"沙随先生"。他潜心研究经学，著有《古易考》《易传外编》《古易章句》《论语传》《孟子章句》等。[①] 他继承了儒家救世匡时的优良传统，关心民众疾苦，表现出宋学提倡通经致用的基本特点，成为程朱理学承上启下的一名大师。哲学家朱熹曾赞誉他"著书满家，足以传世，亦足以不朽"。

第三节　应天文化与北宋史学

北宋时期，提及史学发展，欧阳修、宋祁所撰《新唐书》是不可忽视的重要内容，成为后世学者学习与参考的典范之作。而史学领域被称为"二宋"之一的宋祁、王尧臣和王洙等均与应天府有着密切关系。宋祁曾奉诏同欧阳修等合修《唐书》，史家称《新唐书》。王尧臣著有《崇文总目》20卷。这些鸿篇巨著对后世影响深远。

一　宋祁与《新唐书》编修

《新唐书》是北宋时期宋祁、欧阳修、范镇、吕夏卿等合撰的一部记载唐朝历史的纪传体史书，为清代乾隆皇帝钦定"二十四史"之一。全书共有225卷，其中包括本纪10卷、志50卷、表15卷、列传150卷。其中列传部分主要由宋祁负责完成。

宋祁（998—1061），字子京，北宋文学家、史学家。祖籍安州安陆（今

---

① ［元］脱脱：《宋史》卷437《程迥传》，中华书局1977年版。

湖北省安陆市），高祖父宋绅徙居开封府雍丘县（今河南省商丘市民权县），遂为雍丘人。① 在河南省商丘市民权县城西北六十里有一个名叫双塔的集镇，镇内有一对塔，因特殊原因被毁坏。据史书记载，北宋仁宗天圣二年（1024），宋庠、宋祁两兄弟中同榜甲科进士，始建双塔，以示纪念。当地群众称之为"双状元塔"。

明神宗万历七年（1579），重修总成寺双塔碑记载："寺有双浮图……韧始于唐末。自天圣初，二宋以兄弟首擢双魁，人以为双浮图之应。"遂修六棱十三级砖塔一对，名曰"双塔"，以示纪念。双塔由此得名。因此，宋祁作为商丘应天府地区文化名人，具有深远的历史影响。

宋祁与兄长宋庠并有文名，时称"二宋"。诗词语言工丽，因《玉楼春》词中有"红杏枝头春意闹"句，世称"红杏尚书"。逝世后，范镇为其撰神道碑。

《新唐书》前后修撰历经 17 年，于宋仁宗嘉祐五年（1060）完成。《新唐书》修成后，其监修宰相曾公亮曾上皇帝表"其事则增于前，其文则省其旧"②，认为这是本书胜过《旧唐书》的地方。《新唐书》在体例上第一次写出了《兵志》《选举志》，系统论述唐代府兵等军事制度和科举制度。

五代时期，后晋刘昫撰有《唐书》（即《旧唐书》），但宋仁宗认为《唐书》"纪次无法，详略失中，文采不明，事实零落"③，庆历四年（1044）下诏重修。史载："唐有天下且三百年，明君贤臣相与经营扶持之，其盛德显功、美政善谋固已多矣。而史官非其人，记述失序，使兴败成坏之迹晦而不章，朕其恨之。肆择廷臣，笔削《旧书》，勒成一家。具官欧阳修、宋祁，创立统纪，裁成大体，范镇等纲罗遗逸，厥协

① ［元］脱脱：《宋史》卷 284《宋庠传》，中华书局 1977 年版。
② ［宋］欧阳修：《欧阳修全集》卷 91《进新修唐书表》，中华书局 2001 年版。
③ ［宋］欧阳修：《欧阳修全集》卷 91《进新修唐书表》，中华书局 2001 年版。

异同。"① 至和元年（1054）七月，仁宗催促"速上所修《唐书》"。前后参与其事的有宋敏求、范镇、欧阳修、宋祁、吕夏卿、梅尧臣。《新唐书》所依据的唐人文献及唐史著作均审慎选择，删除当中的谶纬怪诞内容，裁减旧史本纪十分之七。总的说来，列传部分主要由宋祁负责编写，志和表分别由范镇、吕夏卿负责编写。最后在欧阳修主持下完成。宋祁在文学、史学领域均卓有成绩，宋人魏泰称其"博学能文章，天资蕴藉"②。因为列传部分出自宋祁之手，而欧阳修只是主持了志、表的编写，出于谦逊，同时欧阳修认为宋祁是前辈，所以他没有对宋祁所写的列传部分从全书整体的角度作统一工作，因而《新唐书》存在着记事矛盾、风格体例不同的弊端。所以《新唐书》署名"欧阳修、宋祁撰"。

"二十四史"之《新唐书》书影

北宋中期，由于上层知识分子们普遍认同道德至上观，因此，学者们对先秦经学非常推崇，故而在从事史书编纂的过程中，学者们往往以经学为指导或在经学的影响下撰写史著，从而取得了一系列显著的成就。宋祁更是在列传的类传中对善恶之事大书特书。在列传中，宋祁把忠义、卓行、孝友三个类传依次排在类传之首。这三种类传虽然内容不同，但是突出的都是忠义思想。在强调忠君思想的同时，《新唐书》还对所谓乱臣贼子的恶予以揭露，

---

① ［元］马端临：《文献通考》卷192《经籍考》，中华书局2011年版。

② ［宋］魏泰：《东轩笔录》卷15，中华书局1983年版。

以起到警醒统治者的作用。为此,《新唐书》的类传新增了藩镇、奸臣、叛臣、逆臣四个类传。[①]《新唐书》采用完整的本纪、表、志、传编写体例,为以后《宋史》等所沿袭。自司马迁创纪、表、志、传体史书后,魏晋至五代,修史者志、表缺略,至《新唐书》始又恢复了这种体例的完整性。以后各朝官修正史,多循此制,这无疑是《新唐书》对中国古代史学发展史的一大贡献。

二 王尧臣与《崇文总目》

王尧臣(1003—1058),字伯庸,应天府虞城(今河南虞城)人。北宋文学家、书法家。仁宗天圣五年(1027),王尧臣状元及第。累擢知制诰、翰林学士。宋夏战争时,历任陕西体量安抚使、泾原路安抚使,于边防部署、将帅任用方面多有建树。后任权三司使,奏止增收民房租及夔州盐井岁课。皇祐三年(1051),升枢密副使,任内务裁抑侥幸。嘉祐元年(1056),拜参知政事。有中国古代著名大型目录书《崇文总目》传世,对史学发展影响深远。

《崇文总目》是宋代的官修书目,著录经籍共3445部,30669卷,是北宋最大的目录书。《崇文总目》六十六卷,按四部分四十五类。宋仁宗景祐元年(1034)命翰林学士张观、李淑、宋祁等校定整理三馆与秘阁藏书,去芜存菁、刊其讹舛,编成书目,不久又命翰林学士王尧臣、聂冠卿、郭稹、吕公绰、王洙、欧阳修等人校正条目,讨论撰次,又仿唐代《开元群书四部录》,编列书目。至庆历元年(1041)七月成书,前后长达七年之久,共60卷,庆历元年十二月,由翰林学士王尧臣上奏仁宗,赐名崇文总目,是中国现存最早的一部国家书目。

---

① 李峰:《论北宋中期的史学思潮及其实践》,《史学史研究》2012年第2期。

《崇文总目》内文

目录分类是中国古代书目著作的主要表现形式。自古至今编撰目录都特别重视分类，历来也有许多目录学家对分类进行深入研究。毫不夸张地说，它是目录学研究的一个重要组成部分，图书分类是否正确与合理会直接影响到图书的利用效率。诚如郑樵所言："学之不专者，为书之不明也。书之不明者，为类例之不分也。有专门之书则有专门之学，有专门之学则有世守之能。人守其学，学守其书，书守其类，人有存没而学不息，世有变故而书不亡。以今之书校古之书，百无一存，其故何哉。士卒之亡者，由部伍之法不明也。书籍之亡者，由类例之法不分也。类例分则百家九流各有条理，虽亡而不能亡也。巫医之学亦经存没而学不息，释老之书亦经变故而书常存。观汉之《易》书甚多，今不传，惟卜筮之《易》传。法家之书亦多，今不传，惟释老之书传。彼异端之学能全其书者，专之谓矣。"①《崇文总目》著录丰富，体例完备，

---

① ［宋］郑樵：《通志》卷 71《校雠略》，中华书局 1987 年版。

每类有叙释即类序，每书有解题。之后晁公武著《郡斋读书志》、陈振孙所著《直斋书录解题》均效仿其体例，具有重要的影响。

此外，王洙作为著名教育家，为应天府书院的发展作出过突出贡献。同时，他又是一位卓有成效的史学家。王洙尝修《集韵》，校订《史记》、前后《汉书》，编《国朝会要》《乡兵制度》《祖宗故事》《三朝经武圣略》。另有《易传》10篇，文集《王氏谈录》传世，这些对研究宋代政治、经济、文化史有着重要的历史价值。

第四节 应天文化与北宋文学

文学领域成就最大的是"诗豪"石延年。他作文师法韩、柳，以气格劲健著称。他的诗歌以飘逸豪放、奇峭跌宕为主体风格，深受文坛领袖欧阳修推崇。在仁宗天圣（1023—1032）、宝元（1038—1040）年间，石延年与范仲淹、梅尧臣、苏舜钦、欧阳修等交往甚密，形成了北宋诗文革新运动前期的重要作家群。除了诗名大以外，他还颇有安邦定国的才略，关心国家安危，主张练兵于平时，防患于未然。

同胞兄弟宋庠、宋祁在北宋政坛、文坛上皆有建树，有一定地位，时称"二宋"。宋庠天资忠厚，为官刚正，不畏豪强，敢于伸张正义，知识渊博，著述甚多，尝校订《国语》，撰《补音》3卷，又辑《纪年通谱》12卷，《掖垣丛志》3卷，《尊号录》1卷，《别集》40卷。代表作《元宪集》广泛收集其诗文及著述，内容十分广泛丰富，表达了作者复杂的思想感情和当时宫廷生活的许多方面。宋祁在诗词创作上，形成了自己的风格，语言工丽，描写生动。散文以精博、典雅、善议论著称，虽佳作有限，但足以名家。

张方平少时就被称为"天下奇才"，著述宏富，文笔简洁。代表作《乐全集》，不仅有较高的文学价值，还是珍贵的历史资料。张方平一生历仕四朝，不仅在北宋政治舞台上发挥了重要作用，而且在北宋文学史上也占有一定地位。他积极致力于改革北宋文风。宋初文坛沿袭晚唐五代的浮艳文风，仁宗天圣初年，范仲淹提出改革文风，张方平积极响应。庆历六年（1046），他知贡举，上疏大倡朴厚的文风。在四川成都，张方平结识了并推荐三苏父子，建议他们到京城获取功名，并向欧阳修推荐，受到欧阳修重视。第二年，欧阳修知贡举，得苏轼兄弟和曾巩等人，使平实朴素的文风占据了文坛的主导地位，取得了这次诗文革新运动的彻底胜利。同时，张方平著述宏富，除了编著《唐书·乐书》《嘉祐禄令》《驿令》，编选《唐书奏御》外，著作有《玉堂集》20 卷、《乐全集》40 卷。《玉堂集》主要收录的是张方平知制诰为学士时的内外制辞和杂著。张方平在《谢刘莘老寄玉堂集序》中云：“自惟孤陋，三入承明之庐。暇日阅两禁词册，因俾两院史翻录前后所当内外制、告、命、令、书、诏及禁中诸词语，类次为二十卷。虽思致荒浅，不足为文章风体，然国家典册号令，至于史牍所载，亦有以美教化、厚风俗、示劝戒者，非徒为之空文而已也。”① 由此可知，集中文字是研究宋代历史的珍贵史料，但遗憾的是此集已经亡佚，只有少数文章保留在《宋文鉴》中。《乐全集》收录张方平诗 4 卷，近 300 首；颂 1 卷；刍尧论 10 卷；杂论 2 卷；对诏策 1 卷；论事 9 卷；表状 3 卷；书 1 卷；笺启 1 卷；记序 1 卷；杂著 1 卷；祭文、碑志 6 卷。张方平的《乐全集》，他本人并未刻意去作。他自己说：“凡所经述，或率意，或应用，每有稿草，投入箧中，未尝再阅。”② 哲宗元祐二年（1087），张方平八十一岁时，由苏轼编成四十卷并作序行世。今传四库全书本《乐全集》，所收诗文只是他一生著述的一小部分。他自云：“十存三、四，聊以付子孙而已。”③ 可见，散佚

① ［宋］张方平撰，郑涵点校：《张方平集》卷 34《谢刘莘老寄玉堂集序》，中州古籍出版社 1992 年版。
② ［宋］张方平撰，郑涵点校：《张方平集》卷 34《谢苏子瞻寄乐全集序》，中州古籍出版社 1992 年版。
③ ［宋］张方平撰，郑涵点校：《张方平集》卷 34《谢苏子瞻寄乐全集序》，中州古籍出版社 1992 年版。

的是比较多的。苏轼在《乐全集序》中说道："公在人主前论大事，他人终日反复不能尽者，公必数言而决，灿然成文，皆可书而诵也。"①《四库全书总目提要》说他："天资颖悟，于书一览不忘，文思敏赡，下笔数千言立就，才气本什伯于人，而其识又能灼见事理，专断明决，故集中论事诸文，无不豪爽畅达，洞如龟鉴。"②这些评价是较中肯的。《乐全集》不仅具有较高的文学价值，还是珍贵的历史资料。集中疏奏、论事、对策等文，广泛涉及了从仁宗至神宗40余年的外交、军事、内政、经济等方面的问题，特别是他曾两次为三司使，总管四方贡赋和国家财政达六年之久，对食货很多方面都有论及，为我们研究北宋的经济，提供了科学依据。

王洙，字元叔，应天宋城人，王砺季子，教育家。王洙少年时聪悟博学，记闻过人。"其生始能言，已知为诗，指物能赋。"宋仁宗天圣二年（1024）进士，累官天章阁侍讲、翰林学士。王洙博学多才，为当时的硕学名儒。"学问自六经、《史记》、百氏之书，至于图纬、阴阳、五行、律历、星官、算法、训诂、字音，无所不学，学必通达，如其专家。"③所以他在教授生徒时，能够旁征博引，左右逢源，得心应手。"其语言初如不出诸口，已而辨别条理，发其精微，听者忘倦。决疑请益，人人必得其所欲。故自其少也，一时名臣贤士，皆称慕之，其名声著天下。"④天圣五年（1027），晏殊知应天府时，便延请王洙到应天书院讲学，直到明道二年（1033）才离开此地。王洙一生，虽然官做得不高，但他每充一任，每到一地，都勤勤恳恳，极力政事。特别是他以自己渊博的知识，为古代文化教育事业作出了很大贡献，留下了许多宝贵的文化遗产。

---

① ［宋］苏轼:《东坡全集》卷34《乐全先生文集叙》，影印文渊阁《四库全书》本1107册，台湾商务印书馆1986年版。
② ［清］纪昀:《四库全书总目提要》卷153《乐全集》，河北人民出版社2000年版。
③ ［宋］欧阳修:《欧阳修全集》卷32《翰林侍读侍讲学士王公墓志铭》，中华书局2001年版。
④ ［宋］欧阳修:《欧阳修全集》卷32《翰林侍读侍讲学士王公墓志铭》，中华书局2001年版。

王洙"尝修《集韵》，校订《史记》、前后《汉书》，编《国朝会要》《乡兵制度》《祖宗故事》《三朝经武圣略》"①。他还奉诏撰《大享明堂记》，修雅乐，晚年喜习书法，著《易传》10卷，另有杂文千余篇。其私人藏书颇为丰富，仅其家藏书目著录者，就有四万余卷，而类书之卷帙浩繁者，如《太平广记》之类，还不包含在内。他每得一书，必求别本参校无误后，以鄂州蒲圻县生产的棉纸，抄为书册，每册厚度不超过40页，此本专门为借人和子弟阅览之用；另抄一本以黄绢裱后，称为"镇库书"。仅镇库书就达5000余卷。他和藏书家宋绶私交甚厚，曾介绍古籍修复之法给宋绶，一时藏书家争相仿效，对宋代乃至后世均有着重要影响。

戚纶，字仲言，北宋应天楚丘（今河南商丘）人。他出身于书香世家，其父为宋初教育家戚同文。在父亲的教育、影响下，戚纶少年时期就"笃于古学，喜谈名教"②。太平兴国八年（983），戚纶考中进士后，相继担任过沂水主簿、太和知县、大理评事、光禄寺承、永嘉知县、著作佐郎、太常丞、盐铁判官、龙图阁待制、右司谏、兵部员外郎、吏部选事、户部郎中、枢密直学士以及杭州、扬州、徐州、青州等地知府。"江外民险悍多构讼，为《谕民诗》五十篇，因时俗耳目之事，以申规诲，老幼多传诵之。每岁时必与狱囚约，遣归祀其先，皆如期而还。迁光禄丞，坐鞫狱陈州失实，免官。著《理道评》十二篇，钱若水、王禹偁深所赏重。久之，复授大理评事、知永嘉县。境有陂塘之利，浚治以备水旱。复为光禄寺丞，转运使又上其政绩，连诏褒之。"③显然，戚纶一生虽在政治上无显著成就，但他笃于古学，善谈明理，喜言民政，关心国家前途和人民疾苦。他敢于进谏，主张改革，崇尚信义，乐于荐贤，善训子弟。天禧四年（1020）冬天，戚纶由于患病请求回归故里宋城县，改任太常

---

① ［宋］欧阳修：《欧阳修全集》卷32《翰林侍读侍讲学士王公墓志铭》，中华书局2001年版。
② ［宋］曾巩撰、王瑞来校证：《隆平集校证》卷13《戚纶传》，中华书局2012年版。
③ ［元］脱脱：《宋史》卷306《戚纶传》，中华书局1977年版。

少卿,分司南京(今河南商丘)。^①戚纶著有文集 20 卷,《理道评》12 篇。有关他的前后奏议、劝戒利害和备边均田之策,编为《论思集》10 卷。不幸的是,这些著作均已经失传。

赵概,字叔平,虞城人。赵概从小学习刻苦、勤奋,器识宏远,为一时名辈刘筠、戚纶、黄宗旦称许。仁宗天圣五年(1027)擢进士一甲第三,即探花。先后历宋仁宗、英宗和神宗三朝,共四十余年。在地方,先后出任过通州、洪州、青州、滁州、苏州、郓州、曹州、徐州、应天府等知州、知府。在朝廷,曾任兵、刑部员外郎,户、吏、礼部侍郎,右司郎中,御史中丞,吏部尚书,后官拜枢密使、参知政事。此外,还先后被加封翰林学士、龙图阁学士、观文殿学士等。不论在地方做官,还是在朝中任职,赵概都能够按照社会下层的情况和实际需要,为群众办事。在赵概的一生中,无论是为官执政,还是掌管朝廷文秘典籍,以及与友人交往,他都写下了大量诗赋文章。尤其是在他告老隐居睢阳期间,仍然博闻多学,著文立说。他搜集整理古今历代谏诤之事,撰写了《谏林》120 卷,并上奏朝廷。宋神宗阅后大为褒奖,特赐诏曰:“请老而去者,类以声闻不至朝廷为高。唯卿有志爱君,虽退处山林,未尝一日忘也。当置于坐右,时用省阅。”^②从现在所见到的有关资料以及赵概的诗文、奏章、言论可以看出,《谏林》一书的主要内容包括开明君主的纳谏如流,兴邦治国的成功经验以及忠臣贤士的抨击时弊等。这些内容反映了赵概的忠君爱国以及为了北宋王朝长治久安和稳定统治的良苦用心。

杨大雅(965—1033),字子正,宋州人。初名侃,“至是,避真宗藩邸讳,诏改之。”^③唐靖恭诸杨虞卿之后,唐朝天祐初年,杨虞卿孙子杨承休,以尚书刑部员外郎为吴越国册礼副使。后适逢唐室衰微,907 年,朱温灭唐,杨行密割据江、淮地区,故北归之路被阻断,遂定居杭州钱塘。

①　[元]脱脱:《宋史》卷 306《戚纶传》,中华书局 1977 年版。
②　[元]脱脱:《宋史》卷 318《赵概传》,中华书局 1977 年版。
③　[元]脱脱:《宋史》卷 300《杨大雅传》,中华书局 1977 年版。

杨大雅，乃是杨承休四世孙。

太宗太平兴国初，钱俶归顺北宋王朝，杨大雅挈其族定居于宋州（今河南商丘）。杨大雅素好学，日诵数万言，吃饭之时仍然手不释卷，其刻苦精神难能可贵。进士及第，历新息、鄢陵县主簿，改光禄寺丞、知新昌县，徙知浔州，监在京商税，再迁秘书丞。

真宗咸平（998—1003）中，交趾献犀，因奏赋祝贺，真宗召试，迁太常博士。之后，杨大雅又上书自荐，献所为文，真宗复召试。直集贤院，出知筠、袁二州，提举开封府界诸县镇事，为三司监铁判官，知越州，提点淮南路刑狱。

任满还朝，考试国子监生，因所荐之人存在问题而被牵连，迭降监陈州酒。徙知常州，判三司都磨勘司、户部勾院。迁集贤殿修撰、知应天府。虽然被贬多地，但是能够回到家乡应天府任职无疑是值得庆幸的一件事。任满还朝，纠察在京刑狱，以兵部郎中知制诰。两年后，拜右谏议大夫、集贤院学士、知亳州。

杨大雅朴学自信，因他不肯攀附权贵，长达25年未升迁。在他之后的很多士大夫，往往得以高升，他被人嘲笑的事时常发生。杨大雅叹曰："吾不学乎世，而学乎圣人，由是以至此。吾之所有，不敢以荐于人，而尝自献乎天子矣。"① 天禧（1017—1021）中，使淮南，循江按部，过金陵境上，因遭遇大风船翻，得傍卒拯之，上岸以后，行李尽丢。时丁谓镇守金陵，遣人遗衣一袭，杨大雅辞不受。丁谓对他非常不满，宰相王钦若与丁谓关系好，对他也是有所不满，如此一来，杨大雅的回朝任职便被二人所阻，变得十分艰难。直到王钦若、丁谓先后被罢，杨大雅才有机会回朝任职，知制诰。杨大雅尝因转对，上《原治》十七篇。所著《大隐集》三十卷，《西垣集》五卷，《职林》二十卷，《两汉博闻》十二卷。不幸的是，除了《两汉博闻》十二卷尚存，其他皆亡佚。

---

① ［元］脱脱：《宋史》卷300《杨大雅传》，中华书局1977年版。

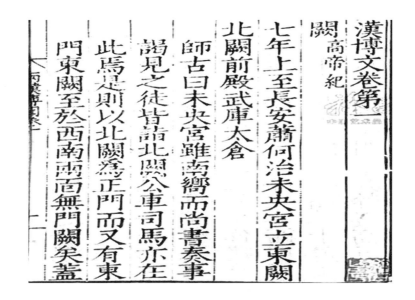

《两汉博闻》内文

　　此外，应天府地区在文学史上有着突出贡献的人还有程迥。他不仅是一位正直的官吏，而且颇有文名，因为家住宁陵沙随镇，人称"沙随先生"。他潜心研究经学，著有《古易考》《易传外编》《古易章句》《论语传》《孟子章句》等。他继承了儒家救世匡时的优良传统，关心民众疾苦，表现出宋学提倡通经致用的基本特点，成为程朱理学承上启下的一名大师。哲学家朱熹曾赞誉他"敬惟先德，博闻至行，追配古人，释经订史，开悟后学，当世之务又所通该，非独章句之儒而已。曾不得一试，而奄弃盛时，此有志之士所为悼叹咨嗟而不能已者。然著书满家，足以传世，是亦足以不朽"①。

①　［元］脱脱：《宋史》卷437《程迥传》，中华书局1977年版。

第五节　应天文化与北宋医学

医学方面，应天府的代表人物主要有王怀隐和王贶。王怀隐医道高明，主编《太平圣惠方》，为后人留下珍贵的医学遗产。王贶医术受到皇上嘉许，徽宗宣和年间，封为朝请大夫，著有《全生指迷方》，为祖国医学作出了杰出贡献。他们创造的文化成就，是我国古代文化的重要组成部分，同时，也使应天府在北宋时期走在了全国文化的前列。

王怀隐，睢阳人，北宋初年著名医学家，他主编的《太平圣惠方》，为后人留下了宝贵的医学遗产，在我国医学史上占有重要地位。《太平圣惠方》一书是王怀隐等人在广泛收集民间医方的基础上，吸取了北宋以前的各家方书的有关内容，集体编写而成的。它主要以《千金要方》《千金翼方》和《外台秘要》为蓝本。全书共 100 卷，自太平兴国三年 (978) 至淳化三年 (992)，历时 14 年编成。本书为我国现存公元 10 世纪以前最大的官修方书，汇录两汉以来迄于宋初各代名方 1670 门、16834 方，包括宋太宗赵光义在潜邸时所集千余首医方及太平兴国三年诏医官院所献经验方万余首，经校勘类编而成。首叙脉法、处方用药，以下分述五脏病症、伤寒、时气、热病、内、外、骨伤、金创、妇、儿各科诸病病因症治，及神仙、丹药、药酒、食治、补益、针灸等内容。每门之前均冠以隋代巢元方《诸病源候论》有关病因论述，其后分列处方及各种疗法。每方列主治、药物及炮制、剂量、服法、禁忌等。本书录方宏富，堪称"经方之渊薮"。

书中强调医者治疗必须辨明阴阳、虚实、寒热、表里，务使方随症设、药随方施；并论述病因病机症候与方剂药物的关系，体现了理法方药较完整的辨证论治体系。所选用的药物品种繁多，而且有些是前代所罕用或不用的。宋人蔡襄曾说《圣惠方》多"异域瑰奇"之品。在经络、腧穴及针灸治法等方面，也都"采摭前经，研复至理"。宋太宗在《太平圣惠方》序言中讲道：“凡诸论证，并该其中；品药功效，悉载其内。凡候痰之深浅，先辨虚实，次察表里，然后依方用药，则无不愈也。”该书不仅保存了两汉到隋唐之间的许多名方，同时也保存了许多已失医书的内容，如书中保存了人们研究张仲景的《伤寒杂病论》的许多重要历史资料，具有重要历史价值。

《太平圣惠方》是总结公元十世纪以前中国医学的临床方书，是继唐代《千金方》《外台秘要》之后由政府颁行的又一部大型医学方书。该书详尽地记录了北宋之前方书及当时民间的医方，对中医方剂学发展有重大影响，在医学理论方面也有颇多论述和阐发。由于卷帙庞大，仁宗庆历六年（1046）由何希彭选其精要，辑成《圣惠选方》，作为教材应用了数百年之久。本书对整理和研究中医药学具有重大历史意义和现实价值。作为宋以前医方集成之宏著，备受历代医家重视，广为征引。

《太平圣惠方》书影

还流传到朝鲜、日本，成书于朝鲜李朝初期的《乡药集成方》，即大量引用本书。故不难看出《太平圣惠方》在我国医学史上具有重要意义，是王怀隐对我国医学的重大贡献。

王贶，宋代医学家。字子亨，为南京（今河南商丘）名医宋道方婿，并从宋学。曾用针刺治愈一失惊吐舌不能复入之奇疾，名动京师。后更加意于方书。北宋宣和（1119—1125）年间以医得幸，人称“王朝奉”。著有《全生指迷方》三卷。每详记病状，论述病源。其脉论及辨脉法诸条，明白通晓，被视为诊家枢要。

《全生指迷方》，3 卷①，为药方书，又名《济世全生指迷方》，简称《指迷方》，约成书于 12 世纪初。自序称："采古人之绪余，分病症之门类，别其疑似，定其指归。"② 足以解惑指迷，扶危拯困，故名。原书早已经遗失。清朝乾隆年间四库馆臣从《永乐大典》中辑出，厘为 4 卷，分为 21 门。卷 1 为脉论及诊脉法，卷 2—4 为寒症、热症、风食、风湿、疟疾、痹症、劳伤、气病、血症、诸积、诸痛、眩晕、厥症、痰饮、消症、疸病、咳嗽、喘症、呕吐及小便等 20 种病症。每症之前，皆详述病状，推究病源；次列方剂，诸方或采自古方，或录自当时名医的著作。

清代四库馆臣高度评价该书："方书所载，大都皆标某汤某丸，主治某病，详其药品铢两而止。独贶此书，于每症之前，非惟详其病状，且一一论其病源，使读者有所据依，易于运用。其脉论及辨脉法诸条，皆明白晓畅，凡三部九候之形，病症变化之象，及脉与病相应不相应之故，无不辨其疑似，剖析微茫，亦可为诊家之枢要。"③ 可见，该书无论于中医脉学还是方剂学方面都有切实的参考价值。从四库馆臣的评价中不难看出，《全生指迷方》的价值之高可见一斑，对后世影响深远。

第六节　应天府文化繁盛的原因

北宋时期，应天府地区之所以文人俊士众多，文化成就巨大，呈现出人才济济、文化蓬勃发展的局面，原因是多方面的。除了北宋重文轻武、崇尚文化、重视人才、有着完备的科举选拔人才的制度外，也是与下列因素分不开的。

第一，北宋应天府地理位置优越、交通便利，是北宋陪都南京的所

---

① 据《四库全书总目》卷 103《全生指迷方》所载疑为"四卷"。
② [清]周中孚：《郑堂读书记》卷 42《全生指迷方》，上海书店出版社 2009 年版。
③ [清]纪昀：《四库全书总目提要》卷 103《全生指迷方》，河北人民出版社 2000 年版。

在地。隋唐五代时这里称宋州，北宋建立前，赵匡胤为后周归德节度使，在宋地为其建立北宋王朝奠定了基业。赵匡胤陈桥兵变后，即改国号为"宋"，这就是历史上的北宋。因为宋州是赵氏王朝的发迹地，所以在宋真宗景德三年（1006）二月，升宋州为应天府，意为"顺应天命"。大中祥符七年（1014）正月，又升应天府为南京，成为北宋陪都之一。

应天府一带，自古就为战略要地，它"南控江淮，北临河济，彭城居其左，汴梁连于右，形胜联络，足以保障东南，襟喉关陕，为大河南北之要道焉"①。北宋定都开封，应天府便成为京城东南之门户，近可屏蔽淮徐，远可南通吴越。这里"舟车之所会，自古争在中原，未有不以睢阳为腰膂之地者"②。显而易见，应天府的地理位置极为重要。北宋时期，这里交通畅达，北有汴河，南有涡河，汴河从应天府穿越而过。汴河是北宋连接南北的交通大动脉，每年经汴河运往京师的粮食就有七百万石之多。宋庠在诗中曾描写过汴河繁忙的运输景象："虎眼春波溢岩沟，万艘衔尾响中州。控淮引海无穷利，枉是滔滔半浊流。"③汴河两岸，还形成了许多热闹的河市，经营粮食面粉、牛马牲畜、瓜果蔬菜以及纸张等日用生活品，繁忙热闹的景象，这里实为"一方之都会"。④优越重要的地理位置和便利的交通条件，对南京应天府的政治、经济和文化发展起到了积极的推动作用。

第二，北宋时期南京应天府良好的经济基础推动了文化事业的发展。隋唐五代以来，这里就商旅辐辏，经济繁荣。北宋时，南京应天府经济又得到进一步发展。农业方面，通过兴修水利工程和土壤放淤改造，粮食产量得到大幅度提高。南京应天府地区地势平坦，久雨极易积涝

---

① 清康熙四十四年《商丘县志》。
② ［清］顾祖禹撰，贺次君、施和金点校：《读史方舆纪要》卷 50《河南》，中华书局 2005 年版。
③ ［宋］宋庠：《元宪集》卷 15《汴河春望漕舟数十里》，影印文渊阁《四库全书》本 1087 册，台湾商务印书馆 1986 年版。
④ ［清］徐松辑、刘琳等点校：《宋会要辑稿》方域 2 之 1，上海古籍出版社 2014 年版。

成灾。大中祥符八年（1015），这里就因水涝造成民田数百顷被毁，寇准派邓希甫发民工开渠排涝，尽泄积水于淮河。天圣二年（1024），又在开封、应天府一带大搞排涝工程，并利用黄河丰富的水利资源，进行盐碱地的放淤改造。宋真宗时，在应天府以西的汴河两岸设置水门，淤田百顷。宋神宗时，这里的淤田改造得到进一步扩大和加强。淤田的结果促进了农业经济的发展，原来不可种植的盐碱地，经过灌淤改造后都成为良田，原来亩产五、七斗，现在可达二、三石。灌淤后的良田，土质极为细润，农作物生长良好。当时的农作物有稻、麦、粟、豆、芝麻和萝卜等，果品业主要有樱桃、枣、桃等，特别是应天府的金桃①，常运往京师，是朝廷贡品。北宋时期，南京应天府的商品生产和商业活动也异常繁荣。农村桑柘甚盛，家家户户种桑养蚕。城市有许多从事丝织、纺纱的作坊。应天府纺织品的质量均属上乘，官方常常不惜重金大量求购，宋太宗时就曾诏应天府的税捐归内藏库收贮②。应天府的酿酒业也很著名，这里出产的桂香酒和北库酒是天下名酒③。北宋时期，正是由于南京应天府地区的社会发展和经济繁荣，才有力支撑带动了这里文化事业的快速发展和人才的大量涌现。

第三，北宋时期，应天府教育事业发达，讲学重教风气浓厚，应天书院从私学到官学，从书院升为府学，再由府学升到国子监，这样良好的教育环境，吸引了大批优秀学子到此学习深造，从而为国家和朝廷输送了大批人才。正是由于应天府教育事业的发展，才造就了应天府士人的大量涌现和文化成就的辉煌。

在应天府教育发展史上，戚同文和曹诚是两位重要人物。戚同文跟随宋州名师杨悫求学，杨悫死后，他继续在宋州从事教育活动，影响甚大。当时住在宋州的将军赵直为他筑室数楹，让他聚徒授教。因戚

① ［宋］孟元尧：《东京梦华录》卷 8《是月巷陌杂卖》，中华书局 2006 年版。
② ［清］徐松辑、刘琳等点校：《宋会要辑稿》食货 51 之 1，上海古籍出版社 2014 年版。
③ ［宋］朱弁：《曲洧旧闻》卷 7，中华书局 2002 年版。

同文学识渊博，精通五经，执教有方，他门下登第者相继不绝，像宗度、许骧、王砺、陈象舆、高象先、滕涉等都是他的学生。可以说正是杨悫、戚同文早年的聚徒讲学，开了宋州兴教重学之风，他不仅培养了一批人才，更为应天书院的诞生奠定了基础。宋真宗大中祥符二年（1009），应天府民曹诚出资三百万，在府城戚同文旧舍为屋150间，聚书1500卷，建成书院，这就是著名的应天书院。应天书院在晏殊任南京留守时得到较快发展。晏殊是北宋著名贤相、政治家、文学家。他看到当时的北宋王朝，表面上是太平盛世，但实际危机四伏，人才匮乏，内无良相，外无强兵，人民贫困，社会浮靡。要扭转这种局面，就必须要培养人才。而要培养人才，就必须兴学校，请名师。他延请了硕学名儒王洙和著名政治家、文学家、曾在应天书院求过学的范仲淹到书院讲学授课。其时的应天书院盛况空前，闻名远近。"由是四方从学者辐辏，其后宋人以文学有声名于场屋朝廷者，多其所教也。"①经过王洙、范仲淹的努力和官府的支持，应天书院又一次得到振兴，"人乐名教，复邹鲁之盛；士为声诗，登周召之美。既而丘园初秀，阀阅令嗣，拳拳允集，济济如归"。其盛况可以与孔孟邹鲁讲学媲美。自真宗大中祥符二年（1009）至仁宗天圣六年（1028），应天书院的学生"相继登科"，当时更是"魁甲英雄，仪羽台阁，盖翩翩焉未见其止"②，应天书院成为北宋一大学府。仁宗景祐二年(1035)书院改为府学，并给学田10顷，正式编入官学系列。这时的应天府学更加兴旺，"生徒实繁，规模大备，风教日盛，诗礼日闻。以是出名流、取甲第者多矣，历公卿、居富贵者多矣。得非兴学明道之显效欤？"③庆历三年（1043），又升府学为南京国子监，其地位高于

---

① ［宋］司马光：《涑水记闻》卷10，中华书局1989年版。
② ［宋］范仲淹撰，李勇先、王蓉贵点校：《范仲淹全集》卷8《南京书院题名记》，四川大学出版社2007年版。
③ ［宋］林表民：《赤城集》卷5《丹丘州学记》，影印文渊阁《四库全书》本1356册，台湾商务印书馆1986年版。

一般地方学校，并与东京、西京的国子监互相辉映。这样一来，应天书院历北宋一代经久不衰，为赵宋王朝培养了不少人才，也造就了北宋南京应天府士人和文化成就的繁盛。

由于这里教育发达，交通便利，许多外地学子纷纷到此求学。如范仲淹、孙复、石介、郭赟、傅求、赵瞻、郑雍、许翰、陈抟等。他们的到来，又带动和促进了应天府文化教育事业的发展。特别是范仲淹，他在大中祥符四年入应天书院，大中祥符八年举进士离开此地，前后在应天书院学习五年。正是这五年的寒窗苦读，使范仲淹具备了作为一个大政治家的基本素质。当然，范仲淹第二次来到应天书院时，他又为母校的振兴做出了贡献。仁宗天圣四年(1026)，范仲淹的母亲去世，按照封建社会的丧期惯例，范仲淹要离职丁忧。当范仲淹安葬老母亲后，就退处睢阳，闭户幽居。正是在这期间，南京留守晏殊延请范仲淹到书院授课。范仲淹于这年春末夏初入书院授徒，到天圣六年底除服离去，前后执教二年，而这二年正是应天书院历史上发展最快的时期。孙复、石介经过在这里的学习，成为北宋的巨儒名臣，宋初三先生，他俩就占有其二。同时，一些硕学名儒也乐意到此定居、停留。如著名诗人石延年，祖籍幽州，契丹占领幽州后，其祖石自成率族人南下归宋，便选应天府宋城定居。北宋名臣王尧臣，祖籍山西太原，唐末其祖避乱东迁，遂迁到宋州虞城。赵概，祖籍河朔，唐末为避乱，其祖也迁到宋州虞城。此外，一些名士也乐意在应天府定居。如北宋名相杜衍，在宋仁宗庆历七年(1047)告老退职后，就定居南京，他和先后退休居此地的礼部侍郎王涣、司农卿毕世长、兵部郎中朱贯等赋诗酬唱，研习书法，安度晚年。这些名儒俊士的到来，对当地文化教育事业的繁荣起到了积极的推动作用。

北宋南京应天府籍的众多士人，以及他们在政治、教育、文学、医学等方面创造的文化成就，是我国古代文化成果的重要组成部分。同时，它也使应天府一带的古代文化在北宋时期走在了全国前列，成为全国颇具影响的文化、教育中心和人才培养的重要基地。

　　综上所述，商丘在宋代历史地位独特，它是宋朝重要的政治中心、经济中心和文化教育中心。商丘是宋太祖赵匡胤的发迹地，是宋朝国号的来源地，是北宋的陪都南京，也是南宋首位皇帝宋高宗的登基即位地，是北宋的政治中心。同时，商丘在宋代农业发展、交通和手工业、商业等方面具有重要地位，商丘经济繁荣，成为北宋经济中心。在宋代文化教育方面，应天书院是北宋四大书院之一，历经北宋一代不衰，为北宋培养和造就了大批人才，而且应天府在整个北宋时期名人俊士辈出，著述丰厚，文化成就突出，使商丘成为北宋的文化教育中心。北宋南京应天府名人俊士荟萃，文化繁荣，声名卓著，这是北宋崇尚文化、倡导科举、重视人才的结果，更是南京应天府地理位置优越、交通便利，经济发展和兴学重教的结果。正因为商丘是宋朝的政治中心、经济中心和文化教育发展中心，所以其在宋朝的历史地位极为重要。正是商丘在宋朝所具有的独特地位，也使得宋朝成为商丘在中国历史上影响较大的一个时期，值得我们认真探讨和研究。

参考文献

一、古籍

［战国］孟子：《孟子》，中华书局，2015 年。

［清］王先谦：《荀子集解》，中华书局，1988 年。

［元］脱脱：《宋史》，中华书局，1977 年。

［汉］司马迁：《史记》，中华书局，1982 年。

［汉］班固：《汉书》，中华书局，1962 年。

［汉］房玄龄：《晋书》，中华书局，1982 年。

［后晋］刘昫：《旧唐书》，中华书局，1975 年。

［宋］欧阳修、宋祁：《新唐书》，中华书局，1975 年。

［宋］欧阳修：《新五代史》，中华书局，2015 年。

［宋］司马光：《资治通鉴》，中华书局，2014 年。

［宋］李焘：《续资治通鉴长编》，中华书局，2004 年。

［宋］王溥：《唐会要》，上海古籍出版社，2006 年。

［宋］郑樵：《通志》，中华书局，1987 年。

［元］马端临：《文献通考》，中华书局，2011 年。

［清］秦蕙田：《五礼通考》，影印文渊阁《四库全书》本，台湾商务印书馆，1986 年。

［清］谢旻、陶成：《江西通志》，影印文渊阁《四库全书》本，台湾商务印书馆，1986 年。

［清］阮元：《十三经注疏》，中华书局，2009 年。

［清］顾祖禹撰，贺次君、施和金点校：《读史方舆纪要》，中华书局，2005 年。

［清］徐松辑，刘琳等点校：《宋会要辑稿》，上海古籍出版社，2014 年。

［宋］曾巩撰，王瑞来校证：《隆平集校证》，中华书局，2012 年。

［宋］王称：《东都事略》，齐鲁书社，2000 年。

［唐］李泰撰，贺次君辑校：《括地志辑校》，中华书局，1980 年。

［宋］王明清：《挥麈录》，中华书局，1961 年。

［宋］李昉：《太平御览》，中华书局，2011 年。

［清］王夫之：《读通鉴论》，中华书局，1975 年。

［清］王夫之：《宋论》，中华书局，1964 年。

司义祖整理：《宋大诏令集》，中华书局，1962 年。

［宋］江少虞：《宋朝事实类苑》，上海古籍出版社，1981 年。

［明］解缙等编：《永乐大典》残本，中华书局 1959 年影印本。

［唐］韩愈撰，马其昶校注，马茂元整理：《韩昌黎文集校注》，上海古籍出版社，2014 年。

［清］董诰等编：《全唐文》，中华书局，1983 年。

［宋］苏轼：《苏轼文集》，中华书局，1986 年。

［宋］魏泰：《东轩笔录》，中华书局，1983 年。

［宋］周密：《齐东野语》，中华书局，1983 年。

［宋］朱彧：《萍洲可谈》，中华书局，2007 年。

［清］黄宗羲：《宋元学案》，中华书局，1986 年。

［宋］司马光：《涑水记闻》，中华书局，1989 年。

［清］纪昀：《四库全书总目提要》，河北人民出版社，2000 年。

［宋］吕中：《类编皇朝大事记讲义》，上海人民出版社，2014 年。

［宋］沈括：《梦溪笔谈》，中华书局，2015 年。

［宋］王辟之：《渑水燕谈录》，中华书局，1997 年。

［宋］张邦基：《墨庄漫录》，中华书局，2002 年。

［宋］朱弁：《曲洧旧闻》，中华书局，2002 年。

［宋］黎靖德：《朱子语类》，中华书局，2004 年。

［清］厉鹗：《宋诗纪事》，上海古籍出版社，2013 年。

［宋］孟元老：《东京梦华录》，中华书局，2006 年。

［宋］蔡絛：《铁围山丛谈》，《全宋笔记》第三编，大象出版社，2008 年。

［清］周中孚：《郑堂读书记》，上海书店出版社，2009 年。

［宋］黄升：《唐宋诸贤绝妙词选》，国家图书馆出版社，2011 年。

商丘县志编纂委员会：《商丘县志》，生活·读书·新知三联书店，1991 年。

河南省商丘地区地方志编纂委员会编，杨子建、莫振麟点校：《归德府志》，中州古籍出版社，1994 年。

丁放、武道房等选注：《宋文选》，人民文学出版社，1980 年。

［宋］苏颂：《苏魏公文集》，中华书局，1988 年。

［宋］欧阳修：《欧阳修全集》，中华书局，2001 年。

［宋］张方平撰，郑涵点校：《张方平集》，中州古籍出版社，1992 年。

［清］全祖望：《鲒埼亭集》，四部丛刊初编本。

［宋］范仲淹撰，李勇先、王蓉贵点校：《范仲淹全集》，四川大学出版社，2007 年。

［宋］杜大珪：《名臣碑传琬琰集》，影印文渊阁《四库全书》本，台湾商务印书馆，1986 年。

［清］田文镜、王士俊：《河南通志》，影印文渊阁《四库全书》本，台湾商务印书馆，1986 年。

［明］胡应麟：《少室山房笔丛》，影印文渊阁《四库全书》本，台湾商务印书馆，1986 年。

［宋］林駉：《古今源流至论》，影印文渊阁《四库全书》本，台湾商务印书馆，1986 年。

［宋］刘延世：《孙公谈圃》，影印文渊阁《四库全书》本，台湾商务印书馆，1986 年。

［宋］陶谷：《清异录》，影印文渊阁《四库全书》本，台湾商务印书馆，1986 年。

［清］孙岳颁：《佩文斋书画谱》，影印文渊阁《四库全书》本，台湾商务印书馆，1986 年。

［宋］宋庠：《元宪集》，影印文渊阁《四库全书》本，台湾商务印书馆，1986 年。

［宋］王安石：《临川文集》，影印文渊阁《四库全书》本，台湾商务印书馆，1986 年。

［宋］李昭玘：《乐静集》，影印文渊阁《四库全书》本，台湾商务印书馆，1986 年。

［宋］高斯得：《耻堂存稿》，影印文渊阁《四库全书》本，台湾商务印书馆，1986 年。

［明］解缙：《文毅集》，影印文渊阁《四库全书》本，台湾商务印书馆，1986 年。

［清］朱彝尊：《曝书亭集》，影印文渊阁《四库全书》本，台湾商务印书馆，1986 年。

［宋］吕祖谦：《宋文鉴》，影印文渊阁《四库全书》本，台湾商务印书馆，1986 年。

［宋］林表民：《赤城集》，影印文渊阁《四库全书》本，台湾商务印书馆，1986 年。

二、今人著作（以出版时间为序）

王国维：《观堂集林》，中华书局，1959 年。

郭沫若主编:《中国史稿地图集》,中国地图出版社,1990 年。

李可亭:《商丘通史》,河南大学出版社,2000 年。

孙宝义、刘春增、郭桂兰:《毛泽东的读书人生》,中央文献出版社,2001 年。

方健:《范仲淹评传》,南京大学出版社,2001 年。

戴吾三编著:《考工记图说》,山东画报出版社,2003 年。

钱穆:《中国近三百年学术史》,商务印书馆,2005 年。

劳思光:《新编中国哲学史》,广西师范大学出版社,2005 年。

薛凤旋:《清明上河图:北宋繁华记忆》,中华书局,2017 年。

上海博物馆编:《再读睢阳五老:艺术史的维度》,北京大学出版社,2017 年。

三、论文(以发表时间为序)

郭文佳:《宋代豫东地区经济状况浅析》,《商丘师范学院学报》2000 年第 3 期。

刘卫东:《论应天府书院教育的历史地位》,《河南大学学报》(社会科学版)2001 年第 5 期。

郭文佳:《范仲淹爱民活动浅论》,《殷都学刊》2002 年第 4 期。

刘洪生:《范仲淹在应天府的诗文创作》,《河南广播电视大学学报》2003 年第 2 期。

郭文佳:《北宋时期应天府文化繁盛论》,《商丘师范学院学报》2003 年第 3 期。

郭文佳:《北宋南京应天府士人及文化成就》,《河南社会科学》2004 年第 1 期。

郭文佳:《以"商宋文化"命名商丘地域文化问题分析》,《商丘师范学院学报》2008 年第 2 期。

郭文佳:《应天书院与北宋文化的发展》,《商丘师范学院学报》

2009 年第 2 期。

　　郭文佳 :《试论商丘在宋代的历史地位》,《商丘师范学院学报》
2010 年第 10 期。

　　李峰 :《论北宋中期的史学思潮及其实践》,《史学史研究》2012 年
第 2 期。

　　魏清彩 :《应天书院与商丘地方社会关系略论》,《三门峡职业技术
学院学报》2013 年第 6 期。

后　记

　　商丘位于河南省东部，古黄河南岸，北依山东，东接江苏，南临安徽，是国务院命名的中国历史文化名城之一，有着悠久的历史和灿烂的文化，是历史上商族的发源地和宋国所在地。春秋战国时期，宋国与齐、鲁两国一样，都是先进文化的代表，是儒、道、墨三大学派的活动中心。西汉时，这里是梁国的封地。隋时称宋州，唐玄宗时改称宋州为睢阳郡，仍是中原经济文化最发达的地区之一，是兵家必争的战略要地。李存勖灭后梁建后唐后，改宋州宣武军为归德军。

　　商丘在宋代历史地位独特，它是宋朝重要的政治中心、经济中心和文化教育中心。商丘是宋太祖赵匡胤的发迹地，是宋朝国号的来源地，是北宋的陪都南京，也是南宋首位皇帝宋高宗的登基即位地，是北宋的政治中心；同时，商丘在宋代农业发展，交通和手工业、商业等方面具有重要地位，经济繁荣，成为北宋经济中心；在文化教育方面，应天书院是北宋四大书院之一，历经北宋一代不衰，为北宋培养和造就了大批人才，而且应天府在整个北宋时期名人俊士辈出，著述丰厚，文化成就突出，商丘成为北宋的文化教育中心。正是因为商丘是宋朝的政治中心、经济中心和文化教育发展中心，所以其在宋朝的历史地位极为重要。正是商丘在宋朝所具有的独特地位，也使得宋朝成为商丘在中国历史上影响较大的一个时期，值得认真探讨和研究。

　　近年来，商丘市委高度重视地方文化研究与建设。"游商丘古都城，读华夏文明史"已成为商丘人民的骄傲,启动《文化商丘》系列丛书的撰写,使商丘辉煌灿烂的文化,不仅昭示于人,更造福于人,以推动商丘经济更好更快发展。

《应天文化》是《文化商丘》丛书构成之一。该书从应天文化与北宋政治、应天文化与北宋教育、应天文化与北宋经济、应天文化与北宋名人及繁荣昌盛的应天文化五个方面,系统论述了北宋时期商丘的政治地位、经济发展和教育文化成就,使我们对宋代商丘有了全面了解和认识。

全书由商丘师范学院郭文佳教授主持,拟定撰写思路和大纲,商丘师范学院教师韩坤撰写第一、二章,商丘师范学院人文学院龙坡涛博士撰写第三至五章,最后由郭文佳教授统筹定稿。

由于方方面面的原因,撰写过程中遇到了种种困难,特别是为更加生动形象地展现商丘的应天文化,书中插入了部分图片,这些图片有我们亲自拍摄的,也有转载引用的,限于书稿引文的规范要求,难于一一注明,在此一并表示感谢!也正是大家互相鼓励,最终完成了撰写任务。对大家的付出和奉献表示感谢!

最后,为向本书撰写提供指导和帮助的商丘师范学院孙旭博士表示衷心感谢,向为该丛书出版付出艰辛努力的市委宣传部常务副部长刘玉洁、市委宣传部刘少杰、商丘师范学院人文学院李可亭教授表示感谢!感谢大家的努力和付出!

郭文佳

2018 年 3 月